中国近代人物文集丛书

江 标 集

郑 麦 编

中 华 书 局

图书在版编目(CIP)数据

江标集/郑麦编. —北京:中华书局,2021.6
(中国近代人物文集丛书)
ISBN 978-7-101-10642-8

Ⅰ.江… Ⅱ.郑… Ⅲ.江标(1860~1899)-文集 Ⅳ.C52

中国版本图书馆 CIP 数据核字(2014)第 293089 号

书　　名	江标集
编　　者	郑　麦
丛 书 名	中国近代人物文集丛书
责任编辑	张玉亮　刘冬雪
出版发行	中华书局 (北京市丰台区太平桥西里 38 号　100073) http://www.zhbc.com.cn E-mail:zhbc@zhbc.com.cn
印　　刷	北京瑞古冠中印刷厂
版　　次	2021 年 6 月北京第 1 版 2021 年 6 月北京第 1 次印刷
规　　格	开本/850×1168 毫米　1/32 印张 12¾　插页 6　字数 293 千字
印　　数	1-1500 册
国际书号	ISBN 978-7-101-10642-8
定　　价	52.00 元

江标全身照

甲午五月十八日為銷夏詩畫書社第一集於吉甫侍講同年齋中此即吉甫自寫其庭階紫薇所以紀實也時同集者敘甫興臣吉甫興元雋甫興秀達甫興徵劉静皆世五遠齋錫臣期而不至者壽臣增李木齋盛鐸建霞江標記

甲午销夏诗画书社第一集

忆京师葡萄

于鼎克鼎釋文跋（一八八九年六月二十九日）

金僮

克鼎銘二百八十八字，不可寘釋者二十字。㞢即䧹，㞢本蔑之象形；乙䧹音義可通也。盤即淑字，邪叔不淑，字正作盭，皆下从心，与曾伯霥簠同，古文多如此。𩰫即辟字，从吳窓齋世丈說。遣即遠，与師遽方尊作𢓊同。𤨏即新字；𠄞即上下二字合文，毛公鼎、𩰫井鐘皆如此。𩠞即懸字之省，巠即經字。保辥周邦，辥即辟字，見前說。𩰫舊釋作纘，他器文有作宰口右者甚多，或纘宰字可通。善夫即膳夫之省文，与睽鼎善夫敘、大鼎善夫驗皆与此同。文廷上一字不可辨，以他器文例之，當中字。今余雅纘熏乃命句，古器文有此句者甚多，薛氏款識，緒熏皆釋作嗣京。今案下一字當即綷字，玉篇：綷，亂也；亂治本一字；上一字可据毛公鼎釋作纘（毛公鼎今余雅纘先王命亦作雅），纘治乃命，文義明達矣。參回乃膝駒之省文，睪上象手，下象足，丨象身，○象常，師奎父鼎常作巿，即从此而變也。即蔑横之蔑。𡨧即畢字，上言矇然，下言畢湮，乃對文。鬲即綬字之古文，可象井上轆轤，象汲綆，門象兩手汲綆形，今之綬作繹，猶約略相似。峻加田，猶峻加㚇，即作畯，仍本字也。6即招之省文。康軌書：庶康寰也，謂重閣。玉篇：虛也，室也。匽，周禮天官宫人注匽，路廁也；鄭康成謂匽豬。是康、匽皆非地名之證。傳即博字，或疑陳字，非博字。从十解甚曲，或古博字本从阜，博字得聲原，从尊也。博原廣原也。从玉篇義塞山，邊界之山也。從廣韻義，皆非地名。𨑢即遂字，𦢊即𨋫字，許書：𨋫、靜也，从女井聲，字从雙井，猶則从兩貝也。瀀、中廄，与孟鼎文同。

己丑六月二日，鄭盦夫子賜克鼎精搨本，命釋文，謹效釋如右，寫呈鈞誨。門人江標記上。

于鼎克鼎释文跋

致孙传凤书

光緒己丑五月十五日過子涵吾兄槐陰精舍綠陰初蓋闃無一人案頭得此佳箑信筆臨古金八種大佀羊欣白練裙也建霞弟江標記

题沈曾桐扇面跋

王勃集

南宋書棚本唐人小集 光緒二十一年

乙未影刻於湖南使院元和江標記

影刻书棚本《王勃集》

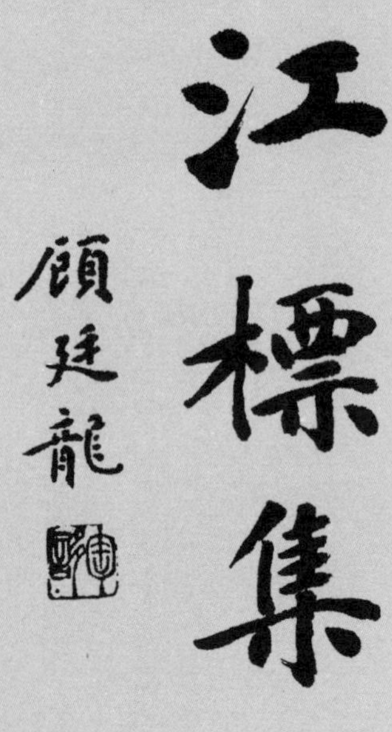

著名古籍版本学家、目录学家顾廷龙为本书题写书名

目　录

前　言 …………………………………………………… 1
编　例 …………………………………………………… 7

卷一　文录

江南乡试同怀朱卷(光绪戊子科)

〇〇〇〇〇〇子曰可与共学未可与适道可与适道未可与立可与立未可与权唐棣之华偏其反而岂不尔思室是远而子曰未之思也夫何远之有 ……… 11

〇〇〇〇〇〇及其广厚载华岳而不重振河海而不泄 …………………………………………… 12

〇〇〇〇〇〇堂高数仞榱题数尺我得志弗为也食前方丈侍妾数百人我得志弗为也般乐饮酒驱骋田猎后车千乘我得志弗为也在彼者皆我所不为也 ………………………………………………… 14

赋得金罍浮菊催开宴 …………………………… 15

衡鉴堂原刻〇〇〇〇〇〇为电 ………………… 15

〇〇〇〇〇〇淮海惟扬州 ………………………… 17

〇〇〇〇〇〇既景乃冈相其阴阳观其流泉 ……… 18

第三问 ………………………………………………… 19

〇〇〇〇〇〇旅酬下为上 ………………………… 23

召校官弟子作雅乐奏《鹿鸣》赋 …… 24
会试朱卷(光绪己丑科)
〇〇〇〇〇〇子曰行夏之时乘殷之辂服周之冕乐则韶舞 …… 26
〇〇〇〇〇〇取人以身修身以道 …… 28
〇〇〇〇〇〇〇曰子不通功昜事以羡补不足则农有馀粟女有馀布子如通之则梓匠轮舆皆得食于子 …… 29
〇〇〇〇〇〇赋得马饮春泉踏浅沙 …… 30
序跋
《留沤吟馆词草》序 …… 31
《然脂集》跋 …… 31
《读说文杂识》记 …… 32
《一切经音义》附《华严经音义》跋七则 …… 33
《唐写本说文解字木部笺异》跋 …… 33
纫秋馆主《小阑花韵图》序 …… 34
《筠清馆金石文字》校并跋 …… 35
聊城杨氏《海源阁藏书目》跋 …… 35
题沈曾桐扇面跋 …… 36
于鼎克鼎释文跋 …… 36
吴大澂临《小松画册》跋 …… 37
《古泉精选拓本》跋 …… 38
《汉碑录文》跋 …… 39
士礼居刻《汲古阁珍藏秘本书目》跋 …… 39
日本古刻《成唯识论》跋 …… 39
题《日本国之江岛图》 …… 40
记甲午销夏册 …… 41
序《汶民遗文》 …… 41

丰顺丁氏《持静斋宋元校钞名本书目》跋 …………… 42
《宋元名家词》十五种叙 …………………………… 42
跋《朔方备乘札记》 ………………………………… 43
序《德国议院章程》 ………………………………… 43
跋《说文解字索隐》附《补例》 …………………… 44
《修书图》叙 ………………………………………… 44
叙菉友《臆说》 ……………………………………… 45
叙安邱王菉友先生《教童子法》 …………………… 46
序《前尘梦影录》 …………………………………… 46
序《士礼居藏书题跋记续录》 ……………………… 47
《张忆娘簪华图卷题咏》记 ………………………… 47
《湘学报》序 ………………………………………… 47
《西学通考》叙 ……………………………………… 49
《龚定盦先生己亥杂诗》记 ………………………… 50
《沅湘通艺录》叙 …………………………………… 50
《藏书纪事诗》序 …………………………………… 51
题王献之《鸭头丸帖》 ……………………………… 52
《中外经济政治汇考》自序 ………………………… 52
《中外经济政治汇考》中新政策按 ………………… 53
《金石学录》跋二则 ………………………………… 53
《怀令李超墓志铭》跋 ……………………………… 54
《重刻山海经笺疏》后序 …………………………… 54

文赋

白莲花赋 …………………………………………… 56
管君申季诔并序 ……………………………………… 57
江母华太夫人六十寿言 ……………………………… 59
广志赋 ………………………………………………… 61

提督学院江批沅州府知连培基《扩修沅水校经堂禀稿》…… 63
清光绪甲午二十年觐见记 …… 64
恭报接印任事日期由 …… 66
恭报湘省四府二州岁试情形由 …… 67
邹筠溪公传 …… 68
恭报岁试岳常澧等属完竣由 …… 69
湖南学政奏报全省岁科两试完竣情形折 …… 70
湖南学政奏请推广书院章程讲求新学以励人才折 … 71
恭报任满交卸起程日期由 …… 73
江标润格 …… 73

书简

上俞樾书 …… 74
上陈宝箴书 …… 75
上吴大澂书 …… 79
上汪鸣銮书 …… 81
上缪荃孙书 …… 82
上叶昌炽书 …… 84
致汪康年书…… 108
致汪鸿钧书…… 115
致陆笃斋书…… 117
上潘祖年书…… 117
致程秉钊书…… 117
致徐乃昌书…… 118
致唐仁斋书…… 122
致曹元忠书…… 123
致傅以礼书…… 123

致盛宣怀书…… 124
致王惕庵书…… 126
致越若同年书…… 126
致金溎生书…… 127
与刘佛卿书…… 127
致孙传凤书…… 128

卷二　诗词

红蕉词一卷

自序…… 133
菩萨蛮…… 133
罗敷媚…… 135
望江南…… 135
相见欢…… 135
真珠帘…… 136
踏莎行…… 136
忆旧游…… 136
虞美人…… 137
一剪梅…… 137
柳梢青…… 137
洞仙歌…… 137
临江仙…… 138
点绛唇…… 138
玉团儿…… 139
洞仙歌…… 139
忆秦娥…… 141
丑奴儿…… 141

集外词

题《照镜仕女图》诗……………………………………………… 141
题《梅花仕女怅看》四绝…………………………………………… 141
无题五律四首……………………………………………………… 142
幕中九友歌………………………………………………………… 143
荛翁年谱二次稿毕喜而作………………………………………… 143
《今世说》十一首…………………………………………………… 144
丰顺丁氏《持静斋书目》题辞……………………………………… 146
五言一律…………………………………………………………… 146
宫词六首…………………………………………………………… 146
题《梅花图》诗……………………………………………………… 147
光绪己丑会试北上途中作………………………………………… 148
光绪庚寅日本旅次二首…………………………………………… 148
为王芾卿题所藏《斯文赠言卷》三首……………………………… 148
为丽香主人画凤仙花于秋扇并题五律二首……………………… 149
七绝一首…………………………………………………………… 149
题《卅一岁镜写真》三首…………………………………………… 149
《来蝶仙堂诗画册》诗二十五首…………………………………… 150
和过淇水旅店壁间见东昌女妓金声题壁残诗…………………… 155
疏影………………………………………………………………… 155
题乾隆年间造蜡笺………………………………………………… 156
题《望岳图》诗……………………………………………………… 156
和顺德李文田《和林诗》十四首…………………………………… 157
题《卞王京楹帖》诗………………………………………………… 159
题湘潭刘辑瑞《自怡山房诗存》…………………………………… 159

卷三　黄荛圃先生年谱

卷上……………………………………………………………… 163

卷下…………………………………………………………… 204

卷四 政治经济言(节录)

序……………………………………………………………… 249

目录…………………………………………………………… 249

卷三…………………………………………………………… 256

卷五…………………………………………………………… 265

卷六…………………………………………………………… 270

卷七…………………………………………………………… 277

卷八…………………………………………………………… 285

卷九…………………………………………………………… 298

卷十…………………………………………………………… 299

卷十一………………………………………………………… 301

卷十二………………………………………………………… 308

附 录………………………………………………………… 311

江建霞像赞…………………………………………………… 311

前四品京堂湖南学政江君传………………………………… 311

江建緺事实…………………………………………………… 314

江建霞京卿事实……………………………………………… 315

江京卿传……………………………………………………… 318

江标传………………………………………………………… 319

江标传………………………………………………………… 320

江标传略……………………………………………………… 320

江标考略……………………………………………………… 320

江标考略……………………………………………………… 321

哭季弟………………………………………………………… 321

挽江建霞京堂联……………………………………………… 322

江标集

挽江标联…………………………………………………… 323
挽江建霞联…………………………………………………… 323
元和江建霞…………………………………………………… 323
吊江建霞文…………………………………………………… 323
闻江建霞京卿卒于苏州感赋二首………………………… 324
谭嗣同谈江标……………………………………………… 325
梁启超忆江标……………………………………………… 326
《浏阳兴算记》摘录………………………………………… 327
我的先师江建霞先生……………………………………… 328
保荐使才疏………………………………………………… 331
江标任满循例具奏折……………………………………… 332
光绪二十四年八月二十二日谕…………………………… 333
江标夫人汪鸣琼致谭延闿书……………………………… 333
题影印江标《来蝶仙堂诗画册》诗………………………… 334
叶昌炽与江标师友录……………………………………… 334
江标著述目录……………………………………………… 363
江标刻书目录……………………………………………… 365
江标灵鹣阁藏书目录……………………………………… 372

后　记………………………………………………………… 391

前　言

江标原名善寰，字建霞，号师鄦，自署笘誃，又署灵鹣。江苏元和（今苏州）人。生于清咸丰十年庚申（1860），卒于清光绪二十五年己亥（1899）。是我国近代史上戊戌变法维新派重要活动人物之一。

"大丈夫立身，当使我用天下人，不可使天下人用我。"这是江标的格言，而他短暂的一生，就是以此为准则的。江标出身贫寒，出生才三个月，父亲就去世了。兄弟三人，赖其母华太夫人含辛茹苦抚养成人，开蒙师长就是他的母亲，因此江标对他的母亲是极孝敬的。江标聪颖过人，自幼就读于金匮荡口外祖母家。博极群书，穷览六略，弱冠补诸生。二十四岁应高勉之学使之聘，随幕游楚北。后来又入妻兄钱塘汪鸣銮学使之幕，北历齐鲁，南游粤东。随幕历六载，广交文学名士，切磋砥砺，学乃大进。然而更重要的是，这六年的社会考察，对他日后的人生道路有着很大的影响。他在给业师叶昌炽的信中写道："黄水泛滥，又决巨口，哀鸿遍地，赈抚孔艰。外夷交征，南风不竞，荆襄教起，党连数省，出没靡常，清源无本，时事之艰，何以能言？"忧国忧民之心，溢于言表。

清光绪十四年（1888），江标与其长兄江衡，并中江苏戊子科举人。次年会试，江标联捷成光绪己丑科进士，点翰林院庶吉士。旋南归省亲。是年十一月，曾作台湾之行，拟考察风土民情，途中遇台风，船被吹至澎湖岛，后取道香港，经广州归家。翌年三月，北上赴翰苑。八月，乞假赴日本考察一月。返京后，授翰林院编修，这是江标仕途生涯的开始。

江标在北京翰林院的五年中，深感“国运日危，外患无已”。他和当时许多进步的知识分子一样，在寻找自强救国之路，开始注意时务、经济和实学。在此期间，江标辑录了《西学通考》、《西政通考》、《咸同中俄交涉记》、《格致精华录》等书，提倡新学，尤其值得注意的是他编选的《政治经济言》一书，他从大量的中国古代名人的著述中，选摘了有关政治、经济、军事、地理、社会等的精辟言论，成为专集，古为今用，为改革政治、改造社会制造舆论。清末学者俞樾在该书的序言中写道：“使天下之公理仍还之天下。是书一出，群视之为经济正宗也，庶不至任东洋学派侵蚀吾中华数千年之大经济耶！”

中日甲午战争，清政府惨遭失败，签订了丧权辱国的《马关条约》，中国进一步陷入了半殖民地的深渊。正当民族矛盾和阶级矛盾空前尖锐的情势下，江标参加了由康有为发起、文廷式出面组织的以挽救时局为宗旨的强学会，传播变法思想。当时清政府出使大臣薛福成忧心时局，深感“交涉之端日益广，需才之事日益多，而握其大纲，泛应咸宜者，尤以豫储使才为急务”，于清光绪二十年(1894)上《保荐使才疏》，向朝廷推荐曾广钧、江标、王同愈三人，说江标“研究群书，好学不倦，留心时事，志趣卓然”。由于薛福成的保举，加上例行的每年一度翰林的考试，于清光绪甲午二十年八月“命编修江标提督湖南学政”(《清实录》卷三四六第二页)，以五品京堂官的身份，任湖南全省学政。在湖南任职的三年，江标以资产阶级改良主义者的姿态，积极投身于维新变法的潮流。

当时的湖南，民风极为闭塞，素称守旧，视西学如仇雠。江标在任期内，毅然以开发湖南新风气为己任。“丁时局之多艰，恫皇舆之失纽，揽衣屑涕，于滋三年。思以体用赅贯之学，导湘人士。”（江标：《湘学报类编》序）维新派极重视教育和培养人才，正如梁启超在《论变法不知本原之害》中所说：“变法之本，在育人才；人才之兴，在开学校；学校之立，在变科举。”江标正是从改革教育入手，开展维新活动，宣扬自己的教育主张的，他强调“学以致用”和“讲求西学”。他首先于校经书院兴办实学。设舆地、方言、算学等新课程，建立藏书楼，捐资购置有关时务和洋务的新书，购置矿质仪器等。他身为学政，是朝廷科举取士的命官，而却反对八股试帖，对其学生说：“邵阳先辈魏源，你们知得吗？读过他的书吗？你们要学魏先生，请求经世之学。中国前途极危，不可埋头八股试帖，功名不必在科举。”（石陶钧：《六十年的我》节录）江标命题，喜涉洋务，以舆地、掌故、算学试士，“有能通地球形势以及图算、物理者，虽制义不工，得置高等。又许即制义言时事，一决数百年拘牵忌讳之藩篱”（《唐才常集》第一九五页）。江标与湖南巡抚陈宝箴规划新政，创办《湘学报》，聘请唐才常为主笔，宣传变法维新思想，爱国维新志士谭嗣同评论《湘学报》：“诸新政中，又推《湘学报》之权力为最大，盖方今急务，在兴民权，欲兴民权，在开民智，《湘学报》实巨声宏，既足以智其民矣。而立论处处注射民权，尤觉难能而可贵。”（谭嗣同：《与徐砚甫书》）《湘学报》成为当时很有影响的维新派的喉舌。湖南巡抚陈宝箴在《陈饬各州县订购〈湘学新报〉札》中说：“本年春间，提督院江，于校经堂创设学会，多士向往景从，获益甚巨。乃复创为《湘学新报》，区分史学、掌故、舆地、算学、商学、交涉六门，指事类情，洵足开拓心胸，为学者明体达用之助。”连当时的两湖总督张之洞也通饬湖北各道、州、县购阅《湘学报》，称它是“大率皆教人讲求经济时务之法”，“议论闳通，于读书讲艺之方，次第秩然”。创办时务学堂，请梁启超为总教习，改革传统的教学方法，除课堂讲授外，主要的是学生作札记，教师则批答而指导之，发还札记时，师生相互讨论。批答的内容“皆当时一派之民乐论，又多言清代故实，胪举失政，盛倡革命”（《梁启超年谱长编》第八十三页）。湖南的维新气象日盛，陋俗颓风为之一变，湖南成为维新运动最活跃的省份之一。爱国志士谭嗣同、唐才常、毕永年等多出其门下，蔡锷是时务学堂的高材生。江标慨然地说：“湖南真人才渊薮哉！他日天纲溃弛，出而任天下事者，其在兹土乎！”（唐才常：《前四品京堂湖南学政江君传》）清光绪二十四年（1898）春，瓜代回京复命，乞假返里侍奉老母华太夫人。当时正值戊戌变法开始，六月十一日光绪帝下《定国是诏》，颁布了不少新政上谕。新政辅行，急需大批维新志士，由于当年薛福成的推荐，和江标在湖南推行新政的活动，光绪帝擢升江标为四品京堂候补，在总理衙门行走。当时江标尚在元和家居，他决心以身许国，整装待发，但尚未踏上征途，新政告吹，谭嗣同等六君子罹难，江标亦被革职，永不叙用，禁锢于家。次年，清光绪二十五年（1899）忧愤病卒，年仅四十岁。

江标学贯中西，自历代典章、文物、金石文字、目录版本，及泰西物理、图算诸书，皆能穷极源委。诗文书画援笔立就，有和平冲夷之致。在他短暂的一生中，留下不少著作，生前刊行的只有《红蕉词》一卷、收入《灵鹣阁丛书》中的《黄荛圃先生年谱》二卷和《宋元行格表》一卷。他所辑的《中外经济政治汇考》和《政治经济言》，是黄遵宪、俞樾在他身后付印的。《修书图》和《来蝶仙堂诗画册》是民国年间根据稿本影印的。其他著作，如《声类考逸》、《西政通考》、《西学通考》等书已经散佚，有的散见于清人的诗文别集和报刊上。

研究戊戌变法运动，研究资产阶级改良派思想的进步性和局限性，是研究中国近代史的一个重要课题。江标是戊戌变法运动的重要活动人物之一，但他的著述未系统辑录，今辑成《江标集》，以供社会科学工作者研究参考。江标著述甚多，虽尽力搜集，仍不免有疏漏之处，尚希读者补正。

郑　麦

一九八四年初稿

一九八七年定稿

二〇〇八年增订

编　例

一、本书为江标著作集。凡能搜集到的江标著述均入此集中。

二、本书的编辑主要从历史角度，根据江标著述的内容分为文录（含朱卷、序跋、文赋、书简）、诗词（含《红蕉词》和集外词）、专著（两种，即《黄荛圃先生年谱》、《政治经济言》）及附录。基本上按撰刻的年月次序编排，如有原件难于查究写作时间者则注明约撰于何时，或注“写作时间不详”。然书简部分，因前后交叉，年月不详，则按人编排。

三、本书一般采用原有的标题。遇有原无标题的，则由编者根据内容分别冠以标题，以便检阅。

四、本书收录的是江标本人的著述，至于《宋元行格表》、《沅湘通艺录》等书，因刊本流传较广，故不再收入，只收江标编著的《黄荛圃先生年谱》二卷、《政治经济言》（节录）十二卷。

五、本书个别不常见的资料注明出处。为便于阅读，作简单的标点。凡缺字或字迹不清者用□号标出。

六、本书资料主要搜集自北京图书馆（中国国家图书馆）、上海图书馆、华东师范大学图书馆、复旦大学图书馆、苏州大学图书馆等藏书单位，及有关书报杂志。

七、本书附录部分，搜辑有江标的传记、论赞以及江氏著书、刻书、藏书等资料，作为研究江标政治、学术思想的参考。

八、本书简体横排，但个别人名包括字、号仍用原文繁体字、异体字，而清人避康熙帝讳改“玄”为“元”，避乾隆帝讳改“弘”为“宏”的，则一并回改。

卷一　文录

江南乡试同怀朱卷(光绪戊子科)[①]

中式第三十一名举人江标江苏苏州府元和县本科优贡生民籍

○○○○○○子曰可与共学未可与适道可与适道未可与立可与立未可与权唐棣之华偏其反而岂不尔思室是远而子曰未之思也夫何远之有

(1888 年)

权以精思为本,诗教通于《春秋》矣。夫学至可权,则适道与立,皆其所已至矣。然非深于思者,何以知反经之为权哉! 今夫《春秋》一书,圣人之权书也。

何言乎权? 精思以合乎经也。自夫人昧于用思,虽曰习夫百家之学,群圣之道,毅然有以自立矣。而可与处常,未可与处变。圣人忧之,因举《诗》之言思者,为天下用权者告,此《春秋》之作,所以补诗教之衰也。闻之权者,从变而移,《春秋》之常辞也,谓离经可以言权,其言固未之思;谓行权必不合经,其言亦未之思也。夫子不遽与言权也,先与论思;亦不遽与言思也,先与论学,夫学亦蕲至于道而已。道也者非他,仁义之善道也。适尧舜文王者为正道,非尧舜文王者他道。君子正而不他,则一切异端之说,奚从惑之。所谓立德、立功、立言,非其选欤? 由是而进于权,苟利于事,不必胶见;苟通于法,不必尊前。不义之中有义,义之中有不义,辞不能及,皆在于指,非精心达思,其孰能知之。若是者,《唐棣》之诗尝言之矣,其

① 录自上海图书馆藏《乡会试联捷朱卷光绪戊子、己丑科》。

词曰:"唐棣之华,偏其反而。"唐棣移也,其华先反后合,诗人之意,盖喻权道之先反常,而后至于大顺也。又曰:"岂不尔思,室是远而。"以言思其人而不见者,其室远也;思其权而不见者,其道远也。春秋之世,宋襄之仁,荀息之忠,目夷子臧之节,守一时之经,而流祸及于数世,非不知权,不知思耳。夫子曰:"未之思也,夫何远之有。"谓释《诗》可,谓述《春秋》之志,亦无不可。

虽然,经可反乎?不知溺则捽父,祝则名君,反乎经正所以合乎善。夫经者法也,法久必变,《易》曰:"穷则通,通则变,变则久。"故反寒为暑,反暑为寒,日月运行,一寒一暑,乃为顺行。恒寒恒燠,则为咎征。礼减而不进则消,乐盈而不反则放,此反之说,亦权之说也。《春秋》赴问数百,应问数千,同留经中。幡援比类,其学至精,其道至颐,而其立天下之大防又至严,是以史不能究,而游、夏不能主也。如之何勿思,苟不然者,拘于一隅,而不能反覆以思,则祭仲之不忠,而《春秋》以为贤,不予夷狄而予中国,其常教也,而邲之战偏然反之,推之逢丑父当斮,而辕涛涂不宜执,何一不启后人之疑?而《春秋》之学荒矣。此夫子所由以《诗》明权也。

○○○○○○及其广厚载华岳而不重振河海而不泄

(1888 年)

欲征广厚之全体,载与振皆动象也。夫华岳至难载也,河海至难振也。而广厚者独见为不重、不泄,非地之顺动,曷以及此?且扶舆磅礴郁积之气,耸而峙者,不知几何高也;融而不流者,不知几何深也。苟非有大气以举之,孰能负之而趋哉?岂知地以圆而顺动,即以动而生力。而凡峙者以形附形，流者以气合气，莫不为地心之力所摄引，而适如其分量焉。夫乃叹滂沲四溃者，固若是之高而不危，满而不溢也。不然，第以撮土言地，是直部娄已耳，是直涓滴已耳，犹未及其广厚也。试进论之，章亥纪东西之步，持筹者往往侈语奇零，顾按尺寸而度之，逐其末者未足探其本。《周髀》合浑盖之精，覆矩者往往矜言勾股，顾凭仪器而测之，验诸实者尤贵运于虚。闻之地厚盖三万里，以周三径一之率计之，其周为九万里，由是以推全体之幂积，当得二百七十亿里。然则地之广厚，为何如乎？则试征之于载华岳，则试征之于振河海。

八埏八纮之旷邈而无极也，苟不举宇内嶙峋之绝境以为之程，则地所载者，非地亦能载之，何以见坤轴运行之妙。间尝仰观天表，见夫三峰巢嵲，削成者上薄丹霄；千仞崔巍，环拱者遥连翠巘。其绵亘于雍豫之郊者，维华与岳，重莫能比矣。地以广厚者载之，九州作镇，用以幖识夫封疆；两界所分，借以纪纲乎天下。故虽太华、少华疑其擘，吴岳、西岳异其称，而千古常有此华岳者。夫何虞八柱之或折也，谓非运行者妙哉！

四极四荒之坱圠而无垠也，苟不极寰中漭沆之奇观以为之例，则地所振者，非地亦可振之，何以征坤舆翕受之宏。间尝俯察坎流，见夫百川奔注，望碣石而争趋；万派朝宗，问归墟之何在。其包络夫州域之外者，维河与海，泄之诚易矣。地以广厚者振之，波涛郁起，初不见其盈亏；潮汐流行，卒不闻夫挹注。故虽河流之改易靡常，海陆之变迁无定，而亘古不废此河海者。夫何有尾闾之能容也，谓非翕受者宏哉！

不重不泄，地之广厚为何如乎？论绕日而行之理，地转而莫不与之俱转。举凡华岳之高出地上，河海之深入地中者，直附丽焉耳，故载与振亦忘其固有之能。论顺天而动之机，地游而莫不与之俱游。举凡华岳以相抵而定，河海以互推而流者，直翕合焉耳，而重与泄遂失其本然之性。更观万物之载，地之广厚可知，地之顺动益可知矣。

○○○○○○堂高数仞榱题数尺我得志弗为也食前方丈侍妾数百人我得志弗为也般乐饮酒驱骋田猎后车千乘我得志弗为也在彼者皆我所不为也

（1888 年）

极形富贵之事，观人即以自警焉。夫富贵之人，仅宫室起居游宴之美耳。孟子有观于当日之富贵，不可自警其志乎？且甚哉宫室之美，岌嶪而杳窱；起居之适，华错而缤纷；游宴之乐，徘徊而容与。试执人而语之曰："此志不可有。"岂不疑其矫情乎？然而不必疑也，彼在醉梦之中，而吾处寥廓之外，穹隆也，丽靡也，飙厉也，彼方快然，而我益淡然矣。我何以藐大人哉？盖以我游列国，见夫富贵之家，辉辉然，锷锷然，神明郁其特起，遂偃蹇而上跻者，堂也；碧当流离，鳞眴而栈齴，上辨华而交纷者，榱题也。巍乎焕乎，溶矣炕矣。其志如此，而我则何取？又见夫衎衎行庖，皤皤易饮，并山为肴，调味惟隽；又复二八侍娥，九侯娵女，前示姱容，后陈步绮，在他人见之，当志与目移也。而我则何取？又有人焉，谓藐眇不壮，是衣冠而桎梏也；衔勒不戒，是六师无耳目也。于是造我而言曰："某将有储跱之事，惟君同之。"则见夫大绥徐下，佐车扣轮，罗衣綷縩，奄忽无尘。后之从者，则皆驾驯驳之驷，乘赤檀之轮，如是者亦可以为天下之穷览极观者矣。有志如此，而我则何取？嗟乎！天下事之一发而不可收者，十常八九，岂人尽不知之哉！人因我创，人同我异，人通我褊，于是争高以为先，致大以为足，涓涓不修，莘莘是乐。在我历国邑，行万里，数十年间，抚迹怀人，芳流而景歇者，比比也。吁！天地一蘧庐耳，虽璇台之九重，而仅足容一骸焉；虽蛾眉之万眇，而不能夺一目焉；虽游畋乎万里，而止雄此一瞬焉。盖自我观之，草舍耳，饭糗耳，狂乐耳，土木被朱紫，劳神而苦形。不如从我之志，而逍遥乎道艺之林。夫人各异性，本不相类，世有读三代书者，当知古圣王之制度，不以当前之富贵骄天下可矣，天下之不富贵者，亦毋藏头畏尾徒碌碌也。

赋得金罍浮菊催开宴
得鸣字五言八韵

（1888 年）

蕊榜将开候，群催宴鹿鸣。
罍黄金错采，酿白菊浮英。
器列雷文古，花含露气清。
牺尊排灿烂，蚁酝泛轻盈。
好重龙门价，何劳羯鼓声。
癸辛商款识，甲乙宋科名。
爵咏周南句，欢增楚客情。
圣朝思泽渥，坡老句重赓。

衡鉴堂原刻〇〇〇〇〇〇为电

（1888 年）

卦有取象于天文者，可以体用验之也。盖离为火，故取象为电，电有体用，不可继日以验之乎？今夫有象而无远近者，燿燿兮若烈火之始翔，爚爚兮若初日之未央。始凝睇于东隅，继转眴于西方。烁明金，摄奇璜，引之撙撙，即之茫茫，外泽纯气，中含幽光。胡触手而㹮栗，忽值吐而耀芒。偶蓄之而淫裔，乃疾去其无方。占象者乃属使者求之，三反而无见也。于时小学元士，天文之家，万毕方术化冶变幻之上卿客儒，瞩斯象也。翕然而动，慉然而灵。眩者遇之而明，瞀者睹之而精，剌掞者㑆之而饱，蹶痿者触之而醒。占象者神思屏然，穆若有问，以属元士，元士乃起而对曰："斯殆黔易激燿而致欤？闻之黔易相薄为雷，黔激易为电，电是雷光。盖易气之发，硫石之精，地气阴冷，格斗而成。《说》其文则从雨从申。从申雨者，天气之降，地气之腾。气之回屈则为雷，气之引申则为电，电者乃自其光燿言之。或有谓电即馀声之霆者，此讹说也。或曰电殄也，乍见则殄灭，此说也，吾于《释名》得之，盖展转相训，不离初音，乾健也，坤顺也，即此证也。声音之理通，而《六经》之旨得矣。"占象者闻之而色喜，方以为尽说矣。天文之家乃推而进之曰："此说也，吾虽闻之，而未得为确也。斯电也，浩荡兮无极，倏忽兮不识，胎乎无始之乡，酿乎自然之域，环行乎地球九万里，则一瞬可三匝焉。电本无光，磨荡而出，光极而后得声，则为雷，雷者居乎电之后。试证诸激火之理，则先见火而后闻声，其声则以光之远近，而后分迟速。小学家以雷霆而次电之前者，此亦未得其确理也。电有气，气有黔旸，有暵湿，有冷热，电之体如是，其用则仆病未能也。"于是方技之家，并起而对曰："卦之爻有互象，有假象，有专象。专象者，盖取诸用也。今且征夫电，则有漫漫衍衍，不绝如线，执其两端，各蓄其电。电以金烁，彼动此击，应也如响，万不错一，重溟绝域，弹甲可接。目以瞟眇，耳亦髣髴，熚烁五金，腐解木石。光幻陆离，力摄虎伯，或有瘀伤颠眴，蹈䐑嗽获，亦能启其惰窳，和其血脉。虽令扁鹊治内，巫咸治外，何能及哉?”占象者曰:“善，此离之所以为电也。”遂命通《易》者笔诸书，破二千载不传之惑。

淮海惟扬州

（1888 年）

由徐及扬，淮海其界也。夫界不正则水不可治，以淮海界扬州，地理始分，禹故继徐而治之，惟皇地祇，为主山川，不能自辨其位。是故古昔，《书》有八索，以政其人民，皆将于是乎东、于是乎西、于是乎南、于是乎北，则一表不妄陟，一步不妄尺，一城一郭不妄瓯脱，是亦有政。试证诸《禹贡》淮海惟扬州，志淮北、志海南，或志海东南是也。淮为四渎，为经水，自南阳、平氏、桐柏、大复山东南入海。《说》者曰：“淮，围也。”围绕扬州北界，东至海者是也。盖《禹贡》之淮，发源于豫，入海于徐，不与江河通。或谓淮东流而会汝水，合浍水，出清江，与河会，东由黄河以入海，南达邗沟以入江。此说非《禹贡》之淮，吾无所取也。海，自东北迤而南，扬州之海，东南之海也。有以为五岭之南至于海，皆扬州地，此说近诞。谨求《诗》曰“于疆于理”，至于南海，即扬东南所距之海，岂竟逾岭以至番禺哉？盖南域但为当日声教所暨，未必在九州之内。即域在九州，亦当分系荆梁，岂得遽入扬界？禹分九州，扬地不当斗入西南数千里，此事易明者也。后人于九州之外，别列南越，此可补经义之缺，或有起而非之者，愚矣。扬州者，州界多水，水波扬扬，故名之曰扬。或谓江南其气惨劲，厥性轻扬，故有扬之偁。或又谓扬州渐大阳位，天气奋扬，履正含文明，故取是名。此三说也，

皆同声相应之理，乃后人诂字之精，说经之例也。盖有定者文，无定者声，以声生义，著而易明。然欲分淮海之界者，则不取乎此。分界奈何？试证诸惟，惟者，是也。谨求之《康诰》曰："人有小罪，非眚乃惟终。"即同训也。扬州之界，淮海之地在是，故曰惟扬州。盖兹事严武，无踰无逾，若越后祀，之东、之西、之南、之北，帝朔未或讫也，王教未或经也，禹踵未或步也，则在乎后之圣人，涉重洋，探流沙，以成大一统之国。

○○○○○○既景乃冈
相其阴阳观其流泉

（1888 年）

参商冈而相观，可以证司天形法之理矣。夫测日景于冈，司天也。相阴阳，观流泉，形法也。其理如此，不从可考哉！且莅政而不审授时，不可也。营都而不识地形，尤不可也。大圜在上，孰营度之，揆之以日，方位斯出，则司天之理明矣。定势望气，条络度脉，高城卑屋，求其凶吉，则法地之说备矣。窃尝测圭臬，按《图经》，暗暗湃湃，粲然而陈，于是恍然曰："此其制莫详于《公刘》之诗。"今试进司天家而请之曰："天不可阶，地不可度，高冈在彼，何以景瞩"？司天家曰："有象数之学焉，辨方定位，观象首务，盖必先定南北，而后可以测北极，候中星，步日躔。"谨求之《考工记》曰："匠人建国，水地以县，置槷以县，眡以景，为规识日出之景与日入之景。"此周公雒邑之制也，而不知其法实肇于公刘豳馆之年。间尝参考旧闻，验诸实测，地欲其平，坱圠则舛；槷欲其直，拳曲则乖。以规之一端立乎地中，一端运乎其外，绕一匝而成圜周，如是者，由小而大凡数重，乃植椝于圜心，以取日景。凡景切圜上者，皆作点以识之，视其两点之同在一圜周者，作直线以联之，即东西线。取东西线之正中，向圜心作垂线，即南北线。此测景之法，振古迄今，未之或改也。而必有取夫冈者，盖以其山脊，邑屋林木，不能蔽之，则人目之外，庶不与浊氛相合，此测量至精之理也，故必取夫冈。于是司天者出，乃进形法家而请之曰："阴阳何错，流泉何洿，不变不溢，其理几何?"形法家者曰："有形气之理在焉。"闻之形与气相首尾，亦有有其形而无其气，有其气而无其形，此精微之独异也。相，省视也，其在《易》曰："辅相天地之宜，天为阳，地为阴。"则义可通于《易》矣。推之右阳左阴，背冬涉春，阴阳韷韷，气之相通，非有鬼神之凭，乃数之自然而分也。观者，谛视也。流泉何以谛之，则在分脉络，探往来，辨开闭，察死生，种丛树以引水，分清浊而知音。若夫水圆折者有珠，方折者有玉，虽亦合于阴阳之理，而征信不足。故度明以为向，度幽以为蔽，辨之以四方，叙之以五行，参之以八变，宪之以九星，则相之旨合矣。求其水之过，之径，齐以六对，董以三鉴，傃以六道，则观之旨得矣。《诗》之曰"相"，诚相也。曰"观"，诚观也。夫然后阴阳流泉之理明。噫！时至今日，学益陋矣。昔之寻常习用之事，今皆嗃舌张目而不能知，反卑而诋之曰："九九技耳，堪舆术耳。"乌知其为古圣人之学哉！

第三问

(1888 年)

自《六经》以外，立说者皆子书也。其初亦相偕，自《七略》区而别之，名品乃定。其中或佚不传，或传而后复散失，或古无其目而今增，古各为类而今合。老子《道德经》二卷，凡五千七百四十八言八十一章。《隋志》载河上丈人注《老子经》二卷亡，韩非子《解老篇》故曰："方而不割，廉而不秽。"本引老子文。王弼作"廉而不刿"，河上公作"廉而不害"。案："害"与"刿"义相近，"秽"即"刿"之误文。《礼记·聘义》："廉而不刿。"《荀子·荣辱篇》："廉而不见刿者赏也。"《鄦书》："刿利伤也。"与利害义可证。《喻老篇》故曰："白圭之行堤也塞其穴，丈人之慎火也涂其隙。"二篇凡有"故曰"，皆《老子》文，而《老子》今本无之。故或谓此文佚去，或疑"曰"字衍文也。《庄子》逸篇，如《阏奕》、《意修》、《危言》、《游凫》、《子胥》之篇皆佚。他如北齐杜弼注《庄子·惠施篇》，今无此篇，谓之为逸可也。若《索隐》以《老庄列传》之《畏累虚》为篇名，按之《正义》以《亢桑子》为《庚桑楚》，而庚桑楚居畏累之山，似《畏累虚》即《庚桑楚篇》中所指之畏累山，不得与上文《渔父》、《盗跖》、《胠箧》同指为篇名也。故《汉志》五十二篇今止三十三篇，是逸十有九矣。《淮南鸿烈》、唐司马彪《后汉书》、《文选》、《世说注》、《艺文类聚》、《太平御览》间见之，宋王伯厚颇为搜捃。近又有搜汉严遵《老子指归》所引《庄子》以补王氏之漏。至向秀为《庄子解义》，未竟《秋水》、《至乐》二篇卒。郭象遂窃以为己注，自注《秋水》、《至乐》二篇，又易《马蹄》一篇。其后秀义别本出，故今有《向郭正庄注》，其说出于刘氏引于《晋书》。宋王伯厚至以何法盛窃郄绍《晋中兴书》，相比今向逸郭存，以陆氏《庄子释文》暨张湛《列子注》中，凡文与《庄子》同者，兼引二注，互校同异，所谓窃据向书点定文句者，殆非无证。又《释文》于《秋水篇》，亦引有向注，则并《世说》所云"向自注二篇"者，尚未必实录。而钱曾乃曲为之解，谓"传闻异辞《晋书》"云云，恐未可信。何哉？《尸子》书以商鞅诛入蜀造书二十篇，《艺文志》列之杂家，后亡九篇。魏黄初中续之，至南宋，而全书散佚。或从唐以来传注子部、类书、内典，杂为辑存大旨，近于名家之说。《尹文子》出于周之尹氏，齐宣王时居稷下，与宋钘、彭蒙、田骈、慎到同学老子之道，作华山之冠以自衣，著书二篇。后多脱误，虽经仲长统撰定，尚有不可读者。陈振孙《书录解题》尚存其书，亦佚于宋后。《墨子》七十一篇，今佚即用《□》下第二十二节、《葬》上第二十三节、《葬》中第二十四、《明鬼》上第二十九、《明鬼》下第三十、《非乐》中第三十三、《非乐》下第三十四、《非儒》上第三十八，凡阙有题八篇，无题十篇。据陈氏《解题》:《馆阁书目》有十五卷六十一篇者，多讹脱不相联属。是无题十篇宋本已阙，有题八篇阙文又在宋本以后。近人校刊《墨子》列其篇目于后详且确也，其文颇多合于格术之学。如所云"端体之无序，而最前者"，即今算学点、线、面、体之说。又如"有间中也，间不及旁也"。《说》云:"有间谓夹之者也。"间为夹者也，此算学夹角之理中同长也。《说》云:"心中自往相若也。"又云:"圆一中同长也。"此算学圆径、圆心之理。"挈有力也，引无力也。"此即力学之理。均发均县，轻重而发绝不均也，均其绝也，莫绝一少于二，而多于五。《说》:"在重非半弗新倍二尺，与尺去其一。"此即金钱鸡毛之喻，实为重学之祖。又云:"临鉴立景，二光夹一光。足被下光，故成景于上。首被上光，故成景于下。鉴者近中，则所鉴大景亦大。远中，则所鉴小景亦小。"此即洼镜突镜之谓，尤为光学所本。然则西人之学，虽明季始入中国，而墨子已早发其端矣。秦商鞅撰《商子》二十九篇，今佚其五。太史公论鞅天资刻薄，而《三国志注》载昭烈帝教后主谓

"《商君书》益人神智"。诸葛亮治蜀,信赏必罚,严法不避谤,亦似有取于徙木示信者。《孙子算经》三卷,不著撰人名氏,或以为孙武撰。盖以首言度量所起,次言乘除之法,设为之数,合乎兵法。地生度,度生量,量生数之文。又十三篇中所云:"廓地分利,委积远,输贵贱,兵役分数。"比之《九章》方田粟米,差分商功,均输盈不足之目,往往相符。而要在得算多,多算胜,是以指是篇为出孙武。然据本书,长安、洛阳相去九百里。又云:"《佛书》二十九章,章六十三字。"似后汉明帝以后人语。且上考韦曜《博弈》论枯棋三百柱,引邯战《艺经》谓"棋局十七道",今云"棋局十九道",则其人当更在汉以后矣。《黄帝素问》二十四卷,按《汉志》但有《黄帝内外经》而无《素问》之名。至后汉张机《伤寒论》引之,始称《素问》。晋皇甫谧以《针经》九卷、《素问》九卷,合《汉志》十八篇之目。《隋书·经籍志》:《针经》九卷,《黄帝九灵》十二卷。是《九灵》自《九灵》,《针经》自《针经》,不可合为一。王砯以《九灵》为《灵枢》,不知其何所本?或以即王砯所依托,或谓从《仓公论》中钞出。故至南宋史崧,始传于世。《燕子丹》三卷,长于叙述,娴于词令,亦略与左氏《国策》相似。在纵横小说之间,且多古字古义。故《史记·刺客传》即引"天雨粟、马生角"之言。李善注《文选》亦多援引其书。《宋志》尚著于录,至明遂佚。后采辑《永乐大典》所载,并为三卷。慎子之学近于释氏,然《汉志》列之于法家。今考其大旨,欲因物理之当然,各定一法守之。不求于法外,亦不宽于法中,则上下相安,可以清净而治。然法所不行,势必刑以齐之。道德之为刑名,此其转关,所以申、韩多称之。其书久佚,今存七篇,亦皆从故书中得之也。

盖诸子为《六经》郛郭,岂如刘勰所讥:"徒裨文章,无益经术。”故虽流别不同，纯驳亦异，但有其名，无不著录。近日佚子古书，又多得从海外。圣朝丙部之学，不綦重哉！

○○○○○○旅酬下为上

(1888 年)

酬以序行，自上下下焉。夫旅，序也。序酬，自上而下以相酬也。上而酬下，则上其下矣，故曰“下为上”。且礼有献、有酢、有酬、有旅酬、有无算爵。献、酢、酬，敌者相接之礼也，主乎敬。旅酬、无算爵，尊卑相接之礼也，主乎欢。何以言旅酬为尊卑相接之礼而主乎欢也？则以旅酬皆由尊酬卑故。宗庙中序爵序事，祭时既然，至正祭将终，则有饮酒礼。《考特牲》馈食礼，三献毕，主人献宾，宾卒爵，主人受爵，酌酢，献众宾，乃尊两壶于阼阶东。西方亦如之，主人酌于西方之尊酬宾。奠宾觯于荐北，宾取之，奠于荐南，此酬宾，即为宾旅酬发端也。宾既迁觯，候主人献长兄弟、众兄弟、内兄弟。及长兄弟、众宾长加爵、及嗣举奠后，兄弟弟子乃于阼阶前北面举觯于长兄弟，此为长兄弟旅酬发端也。旅酬也者，旅，序也。酬之言周，忠信为周。旅酬者，使尊卑上下序相劝酒，各尽其忠信，以交恩定好。行之庙中，所谓得人之欢心以事其亲，其礼大矣。其行之也，宾取主人酬宾之觯，阼阶前北面酬长兄弟，长兄弟在右，宾奠觯拜，长兄弟答拜。宾立卒觯，酌于其尊，东面立，长兄弟拜受觯，宾北面答拜，揖复位，此宾酬长兄弟也。长兄弟西阶前北面，众宾长自左受旅如初，长兄弟卒觯，酌于其尊，西面立，受旅者拜受，长兄弟北面答拜，揖复位，众宾及众兄弟交错以辩，此长兄弟酬众宾，众宾又酬众兄弟，各以其序相酬也，而西阶一觯旅毕矣。至为加爵者作止爵，长兄弟又取弟子所举之觯酬宾，如宾酬兄弟之仪以辩，此长兄弟酬宾，宾酬众兄弟，众兄弟又酬众宾，各以其序相酬也，而阼阶一觯旅毕矣。特牲礼之旅酬如此。夫宾与长兄弟，敌也。论主人尊宾之义，则宾稍上，长兄弟稍下。礼以宾先酬长兄弟，则是宾尊长兄弟，而以长兄弟之下者为上矣。宾上于众宾，亦上于众兄弟。长兄弟上于众兄弟，亦上于众宾。礼以长兄弟酬众宾，宾酬众兄弟，则是宾与长兄弟，尊众兄弟众宾，而以众兄弟众宾之下者为上矣。自是以降，众宾众兄弟，上者皆酬下，下者皆为上，循其序，极其欢，贵贱等，尊让明，君子观于旅酬而知自上下下之道焉。虽然，下为上之礼尽此乎？未也，旅酬成于无算爵者也。旅酬惟献者得与，至无算爵始执事者皆与。苟有旅酬而无无算爵，则下犹有未为上者。虽祭之旅酬，公有司，私臣皆已与旅，而犹恐神惠之或有未均也，故特牲经又有宾弟子及兄弟弟子之洗，各酌于其尊，举觯于其长，为无算爵发端，而下为上之礼，乃得而备矣。夫下为上者，旅酬之定法，故乡射礼司正升相旅曰某酬弟子，称酬者之字受酬者曰“某子”，以下为上尊之也。盖旅酬者，逮贱之道也。下为上，所以逮之也。

召校官弟子作雅乐奏《鹿鸣》赋
以召校官弟子作雅乐为韵并叙

(1888年)

案《晋书·乐志》，魏武平荆州得汉雅乐郎杜夔，仅能歌《文王》、《鹿鸣》、《驺虞》、《伐檀》四篇。太和之末，又亡其三。惟有《鹿鸣》，至晋又亡。盖自《鹿鸣》亡后，声诗之道息矣。刘彦和曰："宣帝雅颂，诗效《鹿鸣》，迩及元成，稍广淫乐。"是在西汉之时，雅乐渐失。迨永平之时，又越百年，独能祖构大音，正饬文字，采诗夜诵，上追武帝。惟武帝尝举司马相如等，造为诗赋，略论律吕。惜孝明之时，独无词臣，为之扬道。览古有触，爰敷陈其事，未敢比相如之工，亦取班孟坚所云"虽不好学，亦善傅会"之意也。其辞曰：

汉孝明之世，辟雍立，养老诏，祀先王，褅帝庙。兴乐府律协之科，治太学成均之要。诵《宝鼎之歌》，异咸蕿之调。紫宫申郊祀之音，朱字炳劄萧之燿。响风者听和适之正音，画日者感律吕之相召。鳞集羽萃，景景曜曜。聿有校官，明兹十教。弟子百员，一经分校。诵武德而肃雍，进鼓员而量较。登歌奏兮干豆陈，雅吹上兮采荠貌。明帝曰咨：雅乐之作，尔士所乐。昔我先皇建武之年，亦尝拜博士，举桓荣，幸太学，复古效。雅吹击磬，尽日快佼。今亦为朕诵六诗以悦愉，舞八音而腾趠；铺扬乎璧水圜桥，而广兹学校。校官弟子乃拜手稽首而偁曰：臣等崇厉实学，望仰八銮。亦尝铸金礶石，探末引端。慨夫溺音腾沸，古诗丛残。或述酣宴而侈靡，或符奇瑞而夸谩。纪其铿锵，则制氏未绝；定其容上，则叔孙三叹。今日者，按河间荐雅之典，立武帝乐府之官。凡夫宴群臣嘉宾之礼，自当宣《小雅》之始。朕一日之欢，敬竭其肆夏之奏，而纵其听视。于是六体分，九露启。七始华始扬其功，十月逆气成其礼。汉自河间献王集雅乐，故能叕有周之遗文，登皇汉之堂陛。惟三象以昭功，遂九变而入柢。其始也开山川之风，其继也竞繁遏之体。兴太学而中声成，博皇道而群才济。畅黄门之笋虡，圜雅乐之子弟。霍濩纷葩，有声渊美。欴篴弄之折槃，眷稽诣之张弛。盖《鹿鸣》之章进焉，謇道德之愔愔，骋群臣之比比。笙簧琴瑟衍其聪，币帛筐篚表其旨。缀苹蒿而忠舒，按风兴而喜起。于焉悦嘉宾，颂天子。穆穆乎感心，洋洋乎盈耳！明帝曰咨：朕光诵懿纯，皇图广博，以有此雅奏也。盖将综核群公，欹愉列爵。衢室酣歌，泽宫衎乐。进博士而旧章参，坐更老而谠论作。其非撮骚体以制歌，竞曼声而示薄。朕何妨御埙篪以和之，乐嘉宾以进酌。嗟呼！《鹿鸣》之歌，仅存汉厦。杜夔传居《驺虞》之先，行礼诗次洋洋之下。或因旧歌而云亡，或疑刺诗而辞寡。或谓无取于朝考之旧闻，或云仅守于汉魏之儒者。彼后世之𫄨和，渺无当于正雅。故明帝之世，仅存此辞；章帝之时，复征于野。盖《鹿鸣》之歌，犹同于碣石调幽兰，迄今出日本舾头之写。爰作颂曰：

恢恢汉家，昭礼乐兮。金石坚结，舞干箭兮。八风化动，奠四岳兮。七始情感，神清邈兮。金铙翠箫，纷击撲兮。大汉夏籥，戛钧镯兮。璘珷法宫，六龙角兮。星冠皮弁，舞鸾𪎭兮。核仁肴义，开灵幄兮。斟𪎭元化，陋曲学兮。

江苏优贡卷光绪戊子科

会试朱卷(光绪己丑科)

中式第七十八名贡士江标江苏苏州府元和县民籍增生

○○○○○○子曰行夏之时乘殷之辂服周之冕乐则韶舞

(1889年)

圣人法帝王之治，礼乐明备矣。夫夏时、殷辂、周冕，礼之可法者也。韶舞，乐之可法者也。为邦者，不可求明备之治哉！闻之《六经》之道同归，而礼乐之用为急。故象天地而制礼乐，所以小正传、大路贵，五服昭、九成美者也。二者并行，合为一体。畏敬之意难见，则著之于明时，考工司服；和亲之说难形，则发之于诗歌，咏言管弦。盖王者必因前王之制，顺时施宜，有所损益，即民之心，稍稍制作，至太平而大备矣。如颜渊问为邦，夫子固有以示之矣。上在于君，改正朔、异器械、易服色。一朝聿著其规模，而显诸声容，宣诸律吕，煌煌乎美备情文焉，则经纶大也。下在于臣，参天道、相地理、显人文，千古永垂其模范，而奏之郊庙，谱之明堂，肃肃乎神人观听焉，则燮理精也。一曰时，则夏正尚矣。以三统言之则为人，以四时言之则为春，以十二月定之则为正月。谨求诸《诗》曰："七月"，述"公刘"，即主夏正之证也。阳气和震，圜煦释物，咸税其枯。而解其甲，则夏之所取时为宜也。至如豺兽獭鱼，法参殷制；虎交鸡乳，训合《周官》。取而行之，则知步算之精，早定于三古之世。故一切四分三统可以求。一曰辂，则殷制贵矣。木辂为上，名曰大辂，先辂次之，次辂又次之。谨求诸《礼器》曰："大路繁缨一就，次路七就。"即重殷辂之证也。鸾旗皮轩，通帛綪旆，云罕九斿，阘戟轇辖，则殷之所取辂为古也。至如泥楯山樏，风追夏世；利牙转毂，工启《周官》。取而乘之，则知巾车之事，不起于有部之日，故一切指南奇肱皆其原。一曰冕，则《周礼》重焉。一曰大衮冕，二曰衮冕，三曰鷩冕，四曰毳冕。谨求诸《大行人》曰："上公之礼，冕服九章。"即见周冕之制也。九旒而明，散燿垂文，华组之缨，从风纷纭，则周之所用冕为美也。他若蠙珠来贡，夏阙弁师，畷宝荐俘，殷无玉藻。取而服之，则知绘饰之工，实本诸天地之象。故一切鹬冠翠被皆非宜。由是治定制体者，功成作乐，则在于舞，惟《韶》为美焉。凤皇秋秋，其翼如干，其声若箫，谨求诸《书》曰“箫韶九成”，即见《韶》舞之盛也。象容表度，协律被声，同进退让，化渐无形，则舞必以《韶》为观止也。他若一曲薰风，玑衡应化；两阶干羽，藻火分华。取而则之，则知协律之事，原起于击壤之歌。故一切《乐府》、《雅诗》可不作，礼乐明备，此其至矣。

○○○○○○取人以身修身以道

(1889 年)

得人在乎治己，可先尽其道矣。夫以身率人，则官方饬必；以身主道，则心法昭也。治身之道，不綦重欤？今将欲陶冶百僚、甄提庶类，果曷克致咸熙，歌纠缦哉！其必圣喆渊明，荣镜寓宙，体睿穷几，含灵独秀。则豪彦寻声而响臻，志士希光而景就。胸中豁其洞开，群材凑而毕进。若辰至度，如响斯应。表相祖宗，赞扬寒畯。备哉灿烂，真神明之本也。为政在人，得人其难。是曷由庶官无旷，举不失策哉！概自王维将坠，国祚缀旒。欲使内赞谋谟，外康流品；昂灵发祥，辰精感运。岂徒在科条之督责，恃法令之纷更云尔哉！

盖上之化下，下之从上，犹泥之在匋，维甄者之所为；犹金之在镕，维冶者之所铸也。夫紫衣贱服，犹易齐风；长缨鄙好，且变邹俗。是故圣皇蒿宫正己，萝图出治，斧藻玉德，琢磨令范，求缉熙之大业，遵至善之厥修。兢兢焉、业业焉，诚圣学之极功也。于是皇极既协，彝论是叙。英华浮沉，声教布濩，聿在百僚，安宅京室，执鞭珥笔，出从华盖，入侍辇毂，承答圣问，拾遗左右。营傅说于胥靡，求伊尹于庖厨。四门开辟，英彦皃藻。蔼若邓林之会逸翰，烂如溟海之纳奔涛。不烦咨嗟之访，不假蒲璧之招

"羁九有之奇骏，咸总之于一朝。遂乃翱翔衍溢，郁隆响隆，借非修身以道"而何能剖别妍媸？研核英跱，同条共贯，不相杂厕如此哉！

且夫天动星回，而辰极犹居其所；玑旋衡转，而权轴犹执其中。克明峻德，此乃陶唐氏所以基皇业也。温德允塞，此乃有虞氏所以昭帝功也。祇台德先，此乃夏后氏所以开皇运也。上垂拱而司契，下缘督而自劝。茂育之功既该，而帝王之道备矣。又况容尽盛德，爰声罄丹府，和而不弛，宽而能断，听察无响，詹睹未形，如冰之洁，如砥之平。爵公亡私，僇违亡轻。心镜万机，揽照下情。堂哉皇哉！足以雍容垂拱，永永万世也。然而犹未已也，盖道尽于外，而仁处于心，则又张仁让之闱，杜华竞之津。下舞上歌，蹈德咏仁，岂不懿欤？

○○○○○○曰子不通功昜事以羡补不足则农有馀粟女有馀布子如通之则梓匠轮舆皆得食于子

(1889年)

论互市之要，战国时已发其端矣。夫通功昜事，即互事之端也。农女无馀粟布，梓匠轮舆得食，不可证孟子之所言乎？告彭更曰："今有人焉，傫然独守，胶执而不化。虽吾身外之物，亦不屑与他人相往来。则将槁死黄壤已耳，岂人世之当然哉！"是以大道无所不可，可在其理。

三代而下，人齿日繁，艺技百出。若不通易之，而致民倦反者，是未读货殖之书也。如谓士无事而食不可，今且为子证之于农夫女子。闻之殖谷曰农，农为政本，金汤非粟而不守，水旱有待而无迁。故先王睹农人之耘耔，亮稼穑之艰难，务使沟洫脉散，疆理绮错，黍稷油油，粳稻莫莫，则农者非种以自食也明甚。若一旦而却其所出而不纳之，则农夫饱欲死，不农者饥欲死矣。女脩蚕织，礼也。古之语曰："一女不织，或受之寒。"则布尚焉。若锢其业，则五十之可以衣帛者，岂将以自织乎？故圣人取夫通者，盖将度其有无，通四方之物也。易者何？日中为市，致天下之民，聚天下之货，交易而退也。食足货通，然后国实民富，而教化成也。不然，羡馀者将无用矣，则何论乎工？三代以下，《考工》之记成，则梓匠轮舆为贵焉。如不求之，则笋簴不成，沟洫不治，轮毂不圜，彼蚩蚩之民者，亦将抱其器而泣焉。惟其通之，则使天下各食其力，无一夫之失所矣。谨求之《易》曰："裒多益寡，称物平施。"《书》曰："懋迁有无。"此通功易事之证也。后世所以有《轻重》之书云：今日者水土平矣，男女生矣。彼富贵不亟需之物，贱贫者犹且筋力以成之，岁月以靡之，舍是则贱贫无所托命。然而一邑之地，专守其业者，彼必有一邑之地亦专守其业。因其权而交易之，则奋相守其业而勿失矣。

因时审势，圣人所知。盖圣人之治天下，非易民性也，拊循其所有而涤荡之而已。于是抱四海而为家，富有之业莫吾大也。若智不足权变，勇不能决断，而徒闭关以自守者，非治国安民之本也。故曰："国之所以富强，则在于互市。"

○○○○○○赋得马饮春泉踏浅沙得泉字五言八韵

（1889 年）

半日村中路，沙平马不前。踏刚来浅渚，饮恰到春泉。新涨长堤外，斜阳古渡边。波遥红杏雨，人倚绿杨烟。画欲临韩稿，投应选项钱。香飞尘漠漠，清吸溜涓涓。水暖消三尺，风轻送一鞭。行行蓬岛近，得意快镳联。

序跋

《留沤吟馆词草》序

（1879 年 11 月）

无锡沈残庚先生工词，存稿甚富，名《留沤吟馆词草》。当先生之殁，值庚申之变，遗稿大半散失。舅氏笛秋，先生之旧友也，事平后遍觅遗著，得词仅四十馀阕。审其首，知已为第四卷，亟录副本以归。光绪己卯秋九月，标泛舟濠湖，舅氏于藤花庵中出此册以示标，惜其才富而遇穷，并言二十年来犹无刊本。标爰假归，录出付诸手民。嗟呼，交情日薄！士大夫负盛名居高位，偶有著述，其门生属吏必醵钱任校刊之役，以求悦于上；及其人已亡，即其子孙踵门求告，尚不之顾，谁暇求其遗著而藏之耶？则此词也，微舅氏之录存，几几乎湮没无闻，奇才终弃，亦危也，然而幸矣。至于先生孝友事迹，及其艺术之工，大略已详于县志传，其馀亦非后生小子所得知，故不敢赘云。光绪五年冬十月，元和江标建霞甫拜序。

《然脂集》跋①

（1882 年 1 月 11 日）

此册仅有底稿，世无他本。其《然脂集例》一卷，已

① 录自《历代妇女著作考》第 909—910 页。

收入《四库》。据贻上书《子底年谱》后曰：先生著书，惟《然脂集》二百三十馀卷。条目初就，盖为之而未成也。兹余所藏，仅十一册，为卷三十三。今冬书贾侯念椿携四册来，装潢字迹，均出一手，为塍上蒋氏物。索价过巨，不可得。怅然。计余所藏不及原书十之三四，惟其中评赞及圈点均经涂抹，其例中有黜评一条，故确知为子底手墨也。按其书总为四部：曰赋，曰诗，曰文，曰说。析为六十四类。余藏至七言律而止。其下为有五七言绝句，六言古，六言律绝，五言阙句，七言阙句。其附录曰杂谣语，曰偈颂，曰咒，曰诗馀，曰词馀。文之类三十有八：曰序，曰引，曰记，曰传，曰论，曰说，曰颂，曰铭，曰赞，曰训诫，曰连珠，曰评，曰例，曰题跋，曰纪事，曰诏，曰令，曰诰，曰敕，曰策，曰玺书，曰榜谕，曰书疏，曰表，曰笺，曰启，曰状，曰檄，曰书，曰哀册文，曰悼文，曰诔，曰行状，曰述，曰墓志铭，曰墓碣，曰祭文，曰上梁文，曰杂文。说部则凡杂著之自为一书者悉隶焉。其传奇尤雅者，亦附录于四部之末。前余所见四册，则诗馀类也。然亦不知此二百馀卷之书，天壤间犹尽传流否？子底以数十年心力，成此一书，而力不及逮，亦可伤也矣！时光绪七年辛巳十一月廿二日，师鄦江标手记。

《读说文杂识》记

（1883 年 5 月 29 日）

癸未四月二十三日《汉易》校襄毕，止宿舟次，由武昌官书局购《说文》各种书记于上，师鄦手志。

《一切经音义》附《华严经音义》跋七则①

（1883 年 9 月—1885 年 5 月 31 日）

庄校《一切经音义》附《华严经音义》，癸未八月笘誃得于□□□经坊。

癸未八月十二日，从长洲叶氏缘督庐校藏本过临。上卷革字条原校上“革”字作“革”，与刻本异，不知所据。附记于后，笘誃江标。

此书尚有明支那足本，卷帙倍之。壬午仲夏于沪上书肆中见之，以价昂未得。闻近日又有一本新刊于金陵，亦于书肆中略一检及。据人云亦较此本为精。此书已屡经传写，舛讹必多，不能为祖本。近日东瀛新刊《大藏音义》，余尚未见。陶子缜编修方琦已辑有许注《淮南》、《仓颉篇》，较旧辑本倍之矣。此书出乾嘉间人，胜于乾代。《大藏音义》出，今又胜于乾嘉矣。甲申二月朔三日，师鄦记于山左使院。

今日细思之，所见足本，当即《大藏音义》耳。乙酉四月十八日镫下识。

二十日午后舟行汶上，道中读三卷。

二十一日午后，舟次傅家岸，读五卷。

过傅家岸，北风大顺，复读此二卷。

《唐写本说文解字木部笺异》跋

（1885 年 8 月 6 日）

光绪十一年乙酉五月自山左南归，六月二十三日舟

① 录自华东师范大学图书馆藏本。

泊邗江，得于左卫街文运堂书棚，越三日师鄦记于新丰道中。

纫秋馆主《小阑花韵图》序[1]

（1886 年）

光绪丙戌季夏之月，纫秋馆主以所作《小阑花韵图》照相示，索系以序。余观其为图也，肥绿一帘，碎红十丈，雕楯曲画，蕙櫋重簪；暖云霭屏，嫩晴晾蝶。名花满树，斗影欲妍；垂杨一株，照水自沐。绿天压稼，看肄河内之书；红药翻阶，好筑长春之馆。加以罗襟当风，绮箑入握。牲丹昼暖，狸合称奴；鹦鹉名呼，人工拥髻。樜桃春瘦，梦回小苑之东；藾萧自圆，人在阑干之北。香凝别馆，海燕双栖；曲奏丛台，青鸾孤舞。伊人如见，顾影可怜。当夫新月入帘，残云半阁。麋墨盈斗，帖有升元；螭管一双，画工宋院。锦奁玉拾，便是长生；橑架丛编，先求秘笈。银烛照夜，开集古之觞；绣幅抽签，入金源之录。妙哉斯境，丽矣其仙。今者宝墨泾缣，嘉篇叠翠。春波未老，旧事题襟；明月入怀，幽情艳骨。龙绡护楹，惯种燕支；琼岛回舟，曾聆箛拍。观主人之为此图者，将毋分绛树之春，名征绮市；研胶东之纸，句索香奁也乎？余惟夫窈窕年华，文章知己。歌舞袖于春阳，赋玉钩于锦窔。缥题芍药，即是秦帘；卷展樱桃，还疑蓬海。凝情遗世，欲写相思；有美一人，忍与终古。开函默契，敢寓意于东邻；名花一时，盍写真于绣幛。揽中情之明镜，结尘梦于三生。请事斯言，为君记意。

---

① 录自复旦大学图书馆藏《灵鹣阁骈文录存》。

《筠清馆金石文字》校并跋

（1886 年）

《筠清馆金石文字》五卷，光绪丙戌七月得于广州。八月朔十一日三鼓署于惠州舟次。

绩溪程蒲孙丈曰：吴荷屋中函此书释语，半为仁和龚定公所撰掩己名者。定公《己亥杂诗》注云：某布政属撰吉金款识，为书十二卷。即此本也。按今存书五卷，则删去者尚多。夜镫无事，读全书，见有文笔似定公者皆注出之，合之注明定公说者几倍之焉。爰记书衣，以补定公佚文。元和江标记。

聊城杨氏《海源阁藏书目》跋

（1887 年 3 月）

附《楹书隅录》跋志：

《隅录》亦无刻本，今先录此跋于目后，欲以向耆古者先知崖略。标附志。

《海源阁藏书目》后跋：

吾郡黄荛圃先生所藏书，晚年尽以归之汪阆源观察。未几，平阳书库扃钥亦疏。在道光辛亥壬子间，往往为聊城杨端勤公所得，至庚申而尽出矣。标癸未秋游山左，汪郎亭先生出示杨氏《海源阁书目》，并勰卿太史所撰《楹书隅录》。甲申冬复随先生观书于阁中，端勤公孙凤阿舍人发秘笈，举《艺芸书目》之所收，《楹书隅录》之所记，千牌万缊悉得寓目。大约吾吴旧籍十居八九，荛翁之所藏则又八九中居其八焉。嗟乎！吴中藏书，庚申之役几无全帙，百宋廛中之物，更稀如星凤。岂知琅嬛福地，别在陶南；江夏签胜，自存天壤。标先代所藏图籍，既经兵火，靡存孑遗。今海源阁中，元本《汉书》犹为我家旧物，有兰陵萧江收藏印记可证。眷念先型，怆怀何极！今岁客居南越，适辑荛翁年谱成，独念书录不传，荛言未刊。前年潘郑庵尚书辑刻《士礼居题跋》六卷，荛翁卅年精力所聚，略见于此。标复亟亟写刻此目，欲使世知百宋种子尚未断绝，人亡人得，聚散何常？昔之连车而北者，安知不橐载而南乎？录竟志此，以为息壤。光绪十三年岁在丁亥中春月，元和江标识于药州精舍。

题沈曾桐扇面跋[①]

（1889 年 6 月 13 日）

光绪己丑五月十五日，过子涵吾兄槐阴精舍，绿阴如盖，阒无一人。案头得此佳箑，信笔临古金八种，大似羊欣白练裙也。建馥弟江标记。

于鼎克鼎释文跋

（1889 年 6 月 29 日）

克鼎铭二百八十八字，不可案释者二十字。[illegible]即聪，[illegible]本葱之象形，葱聪音义可通也。盨即淑字，邢敦不淑，淑字正作[illegible]。哲下从心，与曾伯霥簠同，古文多如此。[illegible]即辟字，从吴窸斋世文说。[illegible]即还，与师遽方尊作[illegible]同。[illegible]即

① 此件由陆建初先生提供。

蕲省、〓即上下二字合文，毛公鼎、虢叔钟皆如此。敃即愍字之省，巠即經字。保辪周邦，辪即辟字，见前说。〓旧释作缵，他器文有作宰□。右者甚多，或缵宰字可通。善夫即膳夫之省文，然睽鼎善夫敏，大鼎善夫骃皆与此同。文廷上一字不可辨，以他器文例之当中字，今余唯缵□乃命句，古器文有此句者甚多。薛氏款识：繡〓皆释作疃京。今案：下一字当即焞字，《玉篇》：焞，乱也，乱治本一字；上一字可据毛公鼎释作缵毛公鼎，今余唯缵先王命正作〓。缵治乃命，文义明达矣。参同乃骖驷之省文，〓上象手，下象足，〓象身，〓象带。师奎父鼎带作〓，即从此而变。〓即葱璜之葱，〓即卑字，上言旷野，下言卑湿，乃对文。〓即绠字之古文。〓象井上辘卢，〓象汲绳，〓象两手汲。绠形今之绠作〓，犹约略相似。峻加田，犹畯加畯、㠯作畯，仍本字也。□即相之省文。㡘鄦书：屋㡘宦也，谓屋闲《玉篇》：虚也，空也。匽，《周礼·天官·宫人》注匽，路厕也；郑康成谓匽猪。是㡘、匽皆非地名之证。〓即博字，或疑陈字，非博字。从十解甚曲，或古博字本从㠯，博字得声原从尃也。博原广，原也，从《玉篇》义。塞山，边界之山也，从《广韵》义，皆非地名。〓即遄字，〓即姘字。许书：姘，静也，从女井。声字从双井，犹则从两贔也。法，即废，与盂鼎文同。

己丑六月二日，郑庵夫子赐克鼎精搨本，命释文，谨考释如右，写呈钧诲。门人江标记上。

吴大澂临《小松画册》跋

（1889 年 11 月）

生平酷耆小松山水，今夏客都门，与费西蠡同年观《嵩洛访碑图册》于厂肆含英阁。时适大醉,睡眼模黏,不甚记忆。未几,西蠡以巨值得之,遂假归饱读经日,欢喜赞叹,恨无妙笔临一副本。冬日回吴门,适翰卿道兄出示窸斋世丈临《小松画册》,酷似小蓬莱阁,神味俱得。盖此种笔墨非画院家知之。翠墨千函,红蟫万卷,固有以助其豪端也。他日窸丈见西蠡所藏,当必有一临本,或能乞得之,则足以傲吾翰公矣。时光绪己丑十月,元和江标记事。

《古泉精选拓本》跋

(1891 年 9 月 17 日)

京洛缁尘浣未残,阮囊自笑太酸寒。一函翠墨千蚨影,难当中统钞币看。

今朝喜见月当头,好洗人间万斛愁。莫恨债台风太紧,居然钱里过中秋。

光绪辛卯八月十五日,距挈眷属入都已九月矣。读鲍子年刻《李竹朋续泉说》,记吕尧仙中丞语曰:"过节摒挡俗务,为京宦所同苦。余过节,索债者纷集,无以应之。惟将古泉玩赏,便可万事皆空。摊泉之案,即属避债之台也。"标自愧菲材,后先同揆。日来正于俗尘万斛中,就矮镫残墨,宲释古泉拓本。宵漏听残,沉犹不自已,债券积案头,不肯一寓目,不觉自笑又自叹也! 偶成二绝,即题于此。惜不能起中丞而语之曰:"数十年后,尚有此痴人也。"元和江标记。

今按:《古泉精选拓本》一卷,江建霞、王廉生选,上海神州国光社石印本,二册。该书系古泉拓本,每枚古泉拓片加按语,多录李竹朋泉说。江标时加按语考证之,如:"标按:古泉汇收两器,一柄有好,一柄无好。此两柄皆有好,疑方足布,在殊布已前有好,皆后人添凿,余历观各布而知之也。”

《汉碑录文》跋

（1891 年 9 月）

此书录写未据精拓善本，中谬误脱录处甚多。暇当一一校正之。光绪辛卯八月，江标记。

士礼居刻《汲古阁珍藏秘本书目》跋[①]

（1892 年 1 月）

此书旧藏艺芸书舍，故有汪厚斋朱记，即阆源先生之父也。书中印有方圆汪字朱记，乃当日此数种已归厚斋。用艺芸书目对校，可信也。是书为赵静函表兄同年手赠，赵得汪氏宋元旧本甚多，今已半归陆存斋世丈矣。光绪辛卯十二月，江标记于京师。

日本古刻《成唯识论》跋

（1893 年 1 月 25 日—1893 年 3 月）

一

刻板至佛经为最古。五代槧佛经，先于儒书，见于纪载甚详。贵阳陈衡山至好，自日本携得宋嘉泰时彼国刻经来都门，出示属题，因余曾游日本，且于此事亦酷嗜也。余曾得宋绍兴二年归安圆觉藏刻《大般若经》九卷，然字体、墨色不若此卷之精；又得唐写残经五十种，内附刻经两行，古拙异常，好事者疑为孟蜀初槧，比较此卷尤胜；又得残宋藏本《广弘明

① 录自华东师范大学图书馆藏本。

集》，字体近大欧阳；宋藏《妙法莲华经》，字体近颜，精采奕奕，远过宋时书塾书棚所刻各书，然较此则神气索然矣。盖此卷即唐经生写本覆刻。中国自宋坊刻以后，不知用此刀法。余见日本近来刻书，尚用圆刀，故转折自如。中国则用直刀刻，波折书往往多窒碍出棱角。近日余与衡山皆喜刻影宋书，故皆知之最深，并记于此，取以告后来之刻书者。时光绪十八年岁次壬辰十二月八日，元和江标记于灵鹣阁。

二

陈君衡山在日本得此卷，云第十卷末有记云："为报春日四所之神思，敬雕《唯识》十轴之论摸，为圣朝安稳，天下太平，兴隆佛法，利益有情矣。建仁元年八月十三日始之，至同一年六月廿日终其功毕，施入沙门要弘。"按建仁元年当中国宋嘉泰元年，是为宋刻无疑，既为跋记，复篆卷首，以志墨缘。光绪十九年二月，江标记于京师。

题《日本国之江岛图》①

（1894 年 3 月 4 日）

庚寅八月过日本国之江岛，见此奇境，萦绕梦魂已五年矣。最奇者海中孤岛一巨松偃蹇盖之，远而望之，不知其荫可若干亩也。甲午正月廿七日灯下写之，为今年画课第一。灵鹣记事。

① 录自《来蝶仙堂诗画册》。

记甲午销夏册

（1894年6月21日）

甲午五月十八日为销夏诗画书社第一集于吉甫侍讲同年斋中。此即吉甫自写其庭阶紫薇所以纪实也，时同集者敬甫熙臣、吉甫熙元、隽甫熙彦、达甫熙征、刘静皆世安、远斋锡恒。期而不至者寿臣增、李木斋盛铎。建霞江标记。

序《洨民遗文》

（1895年2月14日）

此孙丈得之遗文也。丈经说得吾吴惠氏传派，标与丈同里闬，又同襄校于山左粤东。朝夕相问难，见几案间书籍金石外，酒一尊而已，无他耆也，然卒以酒伤。己丑举孝廉，赴礼部试，终于京师。残稿丛束，并遗榇归。数年来，思之辄怦然动也。去年奉节至湘中，适丈子伯南茂才来就襄校之聘，抱遗文来。为去其羼杂及少年之作，存若干篇，录而刻之。丈尚著有《夏小正校勘记》、《说文古本考补证》、《味经庐丛稿》。惟《小正校勘》当时曾确见清稿，今询于伯南，检遗箧无有也，亦可怜矣。仅仅此数艺，乌足以尽其能哉！丈以服膺许氏书，又字洨民，即以题遗文之名。春夜斠此文，一灯荧然，风飒飒动窗户，犹似与丈生前校艺时也。光绪二十一年正月二十日，元和江标记于湘中使院。

《灵鹣阁丛书》第一集

丰顺丁氏《持静斋宋元校钞名本书目》跋

（1895年10月26日）

丰顺丁氏《持静斋书目》记：丰顺丁雨生中丞日昌藏书，半是吾郡旧家物，乃庚申火后为中丞所得。代其搜访者，独山莫子偲先生也，故《宋元本经眼录》中所载之书，多记丁氏所得。中丞归田后编录藏书曰《持静斋书目》，四十册，颇觉杂糅。丙戌客粤中，见于汪郎亭师架中，为之重编，分宋元校钞四类，印记收藏间一附载。甲午秋携稿来湘，写而刻之，存吾郡藏书掌故也。嗟嗟！武康何灵，长思空祝。百年载橐，视此长编。光绪二十一年乙未重九日，元和江标记。

《宋元名家词》十五种叙

（1895年10月）

此彭文勤知圣道斋钞宋元人词，皆出自汲古阁未刊本。余在京师从况夔生中书转钞得之，共二十二家。后附四家，则从况钞别本得之，不知何所出也。彭钞旧附一子目，尚录三十七家，同有写本，而夔生迟不与借，余亦匆匆出京矣。到湘后，思贤书局刻书甚精，乃出此帙以示张雨珊先生。遂去临桂王氏四印斋已刻者，不重出，共得十五家，名之曰《宋元名家词》。意在搜集诸本，欲为毛氏之续，不必专守彭氏一钞也。窃尝思之，此本自子晋搜晝，文勤补录，一线相延，几三百年。近日好事者，互相写刻，欲副文勤续镌之愿。然诸家中或存或佚，若有数存乎其间，是亦重可感已。湘中他日若能罗集群贤，刊为小集，上追复雅，下继虞山，岂仅酬文勤之愿哉！光绪二十一年乙未九月，元和江标记于湘南使院之得树轩。

跋《朔方备乘札记》

（1895年11月）

此顺德李仲约师读《朔方备乘》即校注于书眉及旁注者。甲午春从师假得，乙未秋长沙试毕，属吴县孙伯南茂才（宗弼）条最而录之，得一卷，亟付绣梓，以饷同好。师精究朔方舆乘，尚有《元秘史注》、《元史地名考》、《耶律楚材西游录注》、《和林金石考》，皆见传钞本，他日当汇而刻之。以视今之好谭方舆，知今而不知古者，相去奚如。光绪二十一年十月，受业元和江标记。

《灵鹣阁丛书》第二集

序《德国议院章程》

（1895年11月）

近日谈泰西之学者辄曰开议院之善，殊不知议院之设，其事之繁，例之严，法之密，语之公，非朝夕可见效者。一语必回顾，一事必详审。人方苦中国凡事不能速效，抑知泰西开议院窒碍之时更有甚于中国者。此《德国议院章程》为徐仲虎观察译本，余亟刊之，以示天下之喜谭开议院者。光绪乙未十月，江标记于丛书寮。

《灵鹣阁丛书》第二集

跋《说文解字索隐》附《补例》

(1896 年 7 月)

光绪己丑之春，标入都谒先生于烂面胡同。先生爱余，视如弟子行。请以金石、书画、碑版源流，言无不尽。比庚辛、壬癸间，携眷住西砖胡同，先生时步访余居，每谈必移晷而去。时久苦肝病，然犹借余藏王石谷《千岩万壑图卷》，手临副本，有神髓之合，且为详跋也。比来湘中，刻丛书，搜集诸老先生未刊稿本。适钱塘汪穰卿同年以此写本见寄，亟校刊之，拟印本寄先生自叙也。刊方竟，而闻先生之丧。镫前手校，不觉泪盈睫。老辈凋谢，余亦鬓见二毛矣。岁月迁驶，可感也夫！光绪二十二年六月，后学江标谨跋。

《灵鹣阁丛书》第一集

《修书图》叙

(1896 年 8 月)

阮文达公尝属吾郡周采岩作《修书图》，周本宋子京故事，极风鬟雾鬓之丽。文达云："非吾本意。"遂著其说于《定香亭笔谈》中，曰："修书与著书不同，余在京师奉敕修《石渠宝笈》，校太学石经，又尝纂修国史及《万寿盛典》诸书。自持节山左、浙江以来，复自纂《山左金石志》、《浙西金石志》、《经籍籑诂》、《淮海英灵集》、《两浙輶轩录》、《畴人传》、《康熙己未词科摭录》、《竹垞小志》、《山左诗课》、《浙江诗课》诸书，皆修也，非著也。学臣校士颇多清暇，余无狗马丝竹之好，又不能饮。惟日与书史相近，手披笔抹，虽似繁剧，终不似著书之沉思殚精。"标少日读文达此记，辄有忻羡之意，然不敢希先哲也。比入词馆协修国史，充万寿盛典撰文，玉堂清暇，往往喜辑录之学。先成《声类考逸》二卷，继辑《黄荛圃先生年谱》二卷，译《咸同两朝中俄交涉记》二卷。前年持节来湘中，适中倭战争方炽，旋成和议。痛上下不知新学之病，致受欺于邻国，遂专以新学导湘士，自定条例，拟集士之好学者，仿马氏《通考》例，撰《西学通考》、《西政通考》两书。又集录先辈及同时人手稿付刻工，辑《灵鹣阁丛书》若干卷，已成者三集。又得南宋书棚陈思刻《唐人小集》四十九家，影写付梓，不失毫发，为元和江氏影南宋本《唐人诗集》。又精写各藏书家宋元校钞本书目，汇而刻之为《师鄦室目录丛刻》若干家。适吾乡吴窓斋世丈开府在湘，遂乞作图，亦名之曰《修书》，本文达意也。于使院坐室颜曰“修书宧”，欲不废此意也。图而记之，恐后来之不知，犹采岩之为文达图，失此本意也。时光绪丙申七月，元和江标记于岳州试院。

叙菉友《臆说》

（1896 年 9 月）

王菉友先生《臆说》，余昔于山左学幕中得见稿本一巨册，吴县孙得之世丈录而存之，十馀年来仅记其名矣。比来楚南，丈子伯南茂才行箧中，携丈原钞本来，爰借付刻。尚忆在山左时，并见有牟默人先生著书、校书两大箧，皆手稿。惜未录写一种，至今犹神往也。物之传不传有数，况人之著述皆精神性命所托，显晦或不在一时矣。光绪丙申八月，元和江标记于澧州试院。

《灵鹣阁丛书》第一集

叙安邱王菉友先生《教童子法》

（1896 年 9 月）

此菉友先生《教童子法》，旧附《四书说略》后。余以其可砭俗师也，校而刻入丛书中。有极陋极迂处，而极通处甚多，不得不为善教者。近见《德国学校章程》，纲举目张，皆实事求是之学，教童子尤严密。国之新者学必新，教人者尤当知之也。岂此十一叶书，即可为童子师哉！丙申八月，江标记。

《灵鹣阁丛书》第一集

序《前尘梦影录》

（1896 年 12 月 20 日）

标生也晚，年十六七时曾见窳叟于玄妙观世经堂书肆中，闻述访古源流皆非寻常骨董家数。以后即出游离乡井，不能时见叟，然未尝忘一日也。戊子归里，与令子翰卿习与论收藏，如读清秘藏，盖汉家学之不可及。未几，闻叟已归道山。访问遗事，潘笏庵志万为余言，有《前尘梦影录》在。忽忽七八年，始介笏庵问翰卿乞得副本，读而刻之，仍如对叟坐于玄妙书肆也。书肆为湖州侯念椿所设，侯年亦六七十，目睹各家藏书兴废，分别宋元椠刻，校钞源流，如辨毫厘，尝称之曰今之钱听默，曾属其将数十年来藏书见闻杂写一册，亦吾乡掌故也。方今事事崇新学，而于金石书画图籍一切好古之事，恐二十年后无有知者矣。可慨也夫！光绪二十二年丙申十一月，十六日，元和江标记于耒阳舟中。

《灵鹣阁丛书》第四集

序《士礼居藏书题跋记续录》

（1896 年 12 月）

余既集《荛圃先生题跋》事迹为年谱成，复向江阴缪筱珊前辈借得续辑《藏书题跋》而刻之。前辈搜辑之勤，诚亦不负先生矣。余尝谓藏书有派，而苏州为最精；苏州之精，前有毛、钱，后有黄、顾，今则知之者稀矣。世方以泰西之学为新学，弃此等事如宿垢。今得缪前辈搜辑之勤，而标复录付刻工，俾苏州藏书之派绝而未绝，岂仅传先生一家之言而已哉！前辈江阴人，江阴藏书之派出自毛氏，仍苏州派也，合并记之。丙申十一月，苏州江标记。

《灵鹣阁丛书》第二集

《张忆娘簪华图卷题咏》记

（1897 年 4 月）

图藏丰润张氏，借观数月，细审画幅，似临本。题咏半是真迹，半系摹写，殊不可解。然流转有自，无二本也。光绪丁酉三月，江标记。

《灵鹣阁丛书》第四集

《湘学报》序

（1897 年 4 月）

呜呼，变法其宜哉！今策之者曰“通商、兴工、采矿、铸铁，练水陆之军，谋舟车之捷”，斯固然矣。余惟三代之时，道与器合，选举与学校合，故人人有干城腹心之寄。汉唐而降，选举离于学校，上下市以虚文，必待士之卓然树立于千万人中、数百年内者。于是始有宋韩、范，明王文成，本朝曾、左诸公，能使人不诟文章经济为两涂；馀则如植鹄于数百步外，虽使后羿开弓，养由穿札，俱在不可知之数。于是反让西人建学育才诸法，符契《周官》，而曰吾华学者，茶茶退归，殆难挽救。呜呼，存华晞矣。

使者奉天子命，视学楚南，丁时局之多艰，恫皇舆之失纽，揽衣屑涕，于兹三年。思以体用赅贯之学，导湘人士，惧未有当也。恭值朝廷屡有整顿书院广求实学之议，勉设舆地、算学、方言学会于校经书院，犹惧乡曲儒士擿埴于途而不知返也，乃取门下诸生粗有所得之卮言，分学凡六：曰史，曰掌故，曰舆地，曰算，曰商，曰交涉，每月约得百叶，分三期刊布，蕲与海内切劘，颜曰《湘学新报》。

点线相切而成世界，水火气电相摩荡而成地球，国与国政教相觝逐而成强弱，人与人心力相迸奋而成政教。并之得赍赐，微氓耳，一愤发而师丹胜败之机决；美之加利生，竖儒耳，一痛斥买奴而南北花旗之局判。然则人患无志，无患弗成；人患无学，无患弗强者。才薄力绵，诚不足语涓滴江河之效。然心力所结，毁誉胥忘，言、游抑末之讥，老氏贵虚之论，思矫其失而未能，世之君子幸进而教之。光绪二十三年岁次丁酉三月，赐进士出身、五品衔翰林院编修、国史馆协修、提督湖南全省学政，元和江标叙于长沙使院。

《西学通考》叙[①]

(1897年7月)

夫黔采发耀，夸父不能升撑犁之阶；媪神启灵，昆明不能验灰墨之迹。华离之秘既泄，陶橐之藏益恢。今以呫呷一介之儒，蜷局斗室之内，听睹皇忞，聪识键锢，而欲与之榷今古之变，权中外之要，盖已难矣。乃者紫血红血，导神智于洪流；石刀铜〔刀〕，辟屯蒙于大界。坐舌人而通绝语，蜡顶传书；援佉卢以证左行，蓝皮记事。新识奋跃，群窍翕张。先悚息于望洋，□遭回于剔隐。上之括富强经济之略，下之备工艺创述之业；大之穷天地流定之故，小之察动植繁简之质。综彼琦诡，悉借擘抽。未识其书，曷精其学。夫希腊肇造，实开性理之源；罗马中兴，乃树律政之帜。他里斯七贤之目，提挈宏纲；柏勒图三世之功，殚萃精义。才桀因而屯聚，文物于以洪昌。世纪载绵，动力交作。德美踵其盛轨，法英扩其雄步。东倭碌碌，亦知变迁；支那皇皇，胡世颓弃。费西加说气，既枕先声；《名理探》来中，遂觞绝派。嗣有缮缉，终虞阔疏。而或以为学号东来，华夏实其鼻祖；名参格致，孔门斫其椎轮。《淮南》言槐，火血磷摩，电之所自出；《吕览》称燔，柔泾淖化，分之所由名。杂艺纷纶，权舆于墨氏；针灸神异，推本于《内经》。切音导于谐声，《方言》坐诵；弧线根于勾股，步算名家。揣本之见已深，竟委之思或窘。掘寸土以夸东岱，执一勺以饮北溟，非其感与。尝欲牟网巨帙，环终鸿篇，瀹涤源流，掇拾菁粹，集兹青衿，分别群类。上规端临《文献》之书，近法仪征《纂诂》之集，为《西学通

---

① 录自胡兆鸾辑《西学通考》。

考》、《西政通考》二书。辘辘湘轺，未遑编订。丁酉夏杪，胡生兆鸾与同志辑是成书，首学类、次政类，与使者意略有未合。然体例赅括，胪举简要，覃矻之诣，有足多焉。夫卜夏求百二十国宝书，备为宽录；玄奘得六百馀部经典，益其新知。矧在方今，尤资博采。较尺寸短长之用，审彼己宜忌之规。挟管窥天，破拘墟之锢习；叩槃视月，息向壁之虚言。斯则揽远蹠以控五洲，望之来哲；辉宝炬以烛千祀，惠慈儒林者耳。

光绪二十三年岁次丁酉六月，湘中督学使者元和江标叙。

《龚定盦先生己亥杂诗》记

（1897 年 8 月）

《龚定盦先生己亥杂诗》自加圈识，刻于庚子，印本罕传，爰重影刻，以飨嗜龚学者。光绪丁酉秋，元和江标记。

《沅湘通艺录》叙

（1897 年 11 月）

天下之大，无物不有。一省之中，人才众多。一学之途，百家分贯。若以一物掩天下，一人视行省，百学限一家，陋矣。湖南扼天下之中，南北东西毗各行省者六。学者之所好，如百川分流，各得宗派。使者奉天子命视学三年，岁科两试既毕，例有试牍之刻。乙酉秋冬之间，编校试者之作，不易一字，裒而刻之，得若干卷，名曰《沅湘通艺录》，仅十分之一耳。《四书》文尤为湘士所夙诵，通经史大义，发抒为文，博而不乖于正者以万亿计。最而集之，不能胜梨枣，此略见一斑。又奏定以经学、史学、掌故学、舆地学、算学、词章学分列六类以试士。尽学者之所长，学者即以其平日专业之事，借抒于风檐寸晷中，往往日写千万字尚不能尽其所至。呜呼，盛矣！窃尝与幕中诸友议曰：试士者，所以尽一省之士之所长，而一一试之，非以一己一人之所长，而强一省之士尊而宗之也。司马温公、朱子、胡安定取士诸法具在，使者亦不过“信而好古”而已。若以为试士者矫异于众，欲以一己之所学而强风会之所趋，是陋也，是傎也。天下多通达才，观此者当有所许矣。光绪二十三年岁次丁酉十月，湖南督学使者元和江标叙。

《灵鹣阁丛书》第六集

《藏书纪事诗》序

（1897 年 11 月）

《藏书纪事诗》六卷，长洲叶菊裳师撰，为藏书家一大掌故。标于壬辰年在京师奉归，录副一册，欲付手民而未能。甲午奉使湘中，亟以写册乞师自定之。日月易迁，又越两纪，至今年春始以稿本寄湘，即付锲者，十月写刻毕。湘潭门人刘茂才肇隅始终任校勘之役，书中多误例，因上板时原稿割裂颠倒错乱，写手又不工，致刻成始知之，已无及矣。昔潘文勤师刻《滂喜斋丛书》，速成而多误字，或有笑之，师曰：“吾不过以刻代钞耳！”标更自解之曰：“能读此书者，即能自校者也，则又何贵乎一顰一步之不失哉！”光绪二十三年丁酉十月，受业江标谨记于长沙使院之萱圃。

《灵鹣阁丛书》第五集

题王献之《鸭头丸帖》

（1897 年 11 月）

宋宣和御府所藏《大会帖》，八十有九，《鸭头丸帖》其一也，列入行书类。到文宗时赐柯敬仲，始出禁中。明时又入大内。《画禅室随笔》云："神宗皇帝每携献之《鸭头丸》以自随。"闻之中书舍人赵士祯云："今抄卷后有香光跋，无年月，不知何时又出禁中入吴用卿家。"以后遂展转人间，今为长沙徐叔鸿方伯所得，借观数月，叹为希世之宝，手自钩摹上石，并题语卷尾，以志生平奇遇也。光绪二十三年丁酉十月，元和江标书于长沙使院。

《中外经济政治汇考》自序

（1898 年 6 月）

於虖，今之世何世哉！环球五大洲，通商数十国，中外交涉事宜日繁弌日，固非管见之儒，精帖括、执经史，诩诩焉自命通人，可以应当世之用。为我国家承明旧制，以八股取士，相沿至今，已二百馀年，累代名臣硕彦未尝不出其中。无如世风日下，人心日薄，业此者思取悦于一时，或以好奇者牛鬼蛇神欲震骇乎流俗。好媚者妒涂脂抹粉迎合为怀，甚有自以为执中而无权废百，贻误更深。于弌切有用之学，竟置而不问，斯虽长于文艺而亦何足以匡时济世哉！标不敏，奉圣天子之命视学三湘，日以世道人心为重，思欲振刷乎士风。凡有裨于经济之作，靡不搜辑殆尽，捃拾菁华，使中西一贯，本末兼赅，然后登入选中。首详政治，以重国事也；次分六部，明体例也；次学校，次新学，将以植普通根抵集时务大观也;次外交,次形势,次教务所联各国,详地球分种类也;次编议论,次书牍,所以汇通才录简策也。凡十有六卷,其中靡不审古今之变局,详时势之要略,可以富我国强我民种者。又况朝廷下明诏,开特科以取士,复有废八股改试策论之谕,有志维新者跃然奋起。是宜讲求实学,即此编以详究之益不无小补云。既成,将付诸手民,而详其大概如此。光绪戊戌夏五月,元和江标自序于鄂省之讲舍。

《中外经济政治汇考》中新政策按

(1898年)

谨按此策深切著明,实可诸施行。其总结一段意苦词迫,不啻利害切身,中国顾付诸不见不闻,转瞬二年迄无举动。德俄诸国乘机纷起,而始悔不用李先生之言也。呜呼,晚矣!然及今而速采良箴,则虽晚不犹未晚也。刻新学汇编竟,特附数语,不禁垂涕泬而道之矣。

《金石学录》跋二则

(1899年7月)

《金石学录》四卷,此书印本罕见,己亥五月游护龙街书坊所见,六月朔五日托徐怀远购得之。建霞记。拟重刊入《灵鹣阁丛书》第七集中。

归安陆氏补辑此书云:"李书舛漏实甚。"鄙亦为此书体例未甚精核,然大辂椎轮,功不可没,亦一杰作也。灵鹣。

《怀令李超墓志铭》跋

（时间不详）

洪颐煊曰："《魏书·地形志》：洛州太和十七年改为司州。"时超年三十，即于是年举秀才，亦不得称弱冠，疑举在其前，称司州者，从后追书之。江标考藏。

《重刻山海经笺疏》后序①

（时间不详）

栖霞郝兰皋先生笺疏《山海经》十八卷，并附图赞一卷，订讹一卷，已于嘉庆间刊行。越七十馀年，无锡李君淡平重刊于上海。既成，以示标，命为后序，以标于此书曾经勘读者也。乃作叙曰：

夫汉魏以降，注疏迭兴。自宋迄明，诂训渐失。主义理者，责破碎夫文字；尚剽取者，笑考订之纷离。虽法自谓得三代之遗，文自谓学周秦以上，然衡以钩稽，求诸指例，恒无当焉。先生以东齐之儒，值圣清之盛治，拾遗补艺，历千百劫而不磨；博采旁征，集十八人之所益。有李崇贤综缉之备，无郦善长怪诞之言。卷幅不多，考证自确。索群书之异字，犹仍旧文；求古本之分篇，不存成见。正字俗字，惟笃守乎许书；转声近声，则旁通乎《苍》、《雅》。洵足为禹书之附翼，郭氏之诤友者矣。综其大纲，厥善有六，寻绎微旨，可得言焉。夫颜成汉注未正东方之名，唐引《说文》犹杂吕忱之语，繄古来之完帙，尚笑误于

① 录自复旦大学图书馆藏《灵鹣阁骈文录存》。

后生。先生则采周秦之遗书，语知统要；宝唐人之类集，条析支离。何氏解诂，但求墨守；郑君笺注，不改经文。其善者一也。拾遗闻于东观，印信四羊；笑写本于江南，歌传六虎。陋《尚书》之分典，叹尉律之云忘。先生则正写槧之纷纭，辨形声之通假。所以例陆德明之《释文》，兼存两本；为颜少监之匡缪，维正异文。其善者二也。《水经》补正，以经传之久淆；建武省郡，亦章怀之未解。书策落次，谁证绵褫；图画久亡，孰详络脉。先生则考其山里，既积算于经由；条其河渠，定发源于昆渤。郭记室惟知畏兽，逊此精详；王伯厚考证艺文，同兹研核。其善者三也。汉魏遗书，尚广钞于类典；仓颉训故，竟有借于沙门。自来文字之散亡，半待后人之辑佚。先生则仿神仙之别藏，犹识遗文；求欧李之官书，尚存古本。集狐千腋，窥豹一斑。其善者四也。欧氏之《诗经本义》专务新奇，向家之《庄子》遗篇仅题象注，虽迹同于取巧，亦多惑乎将来。先生则博采通人，既说辞之毕载；顾召幽仄，冀翼赞乎旧书。所以叔重《说文》，亦宗家法；康成经注，兼引群言。其善者五也。赵明诚之《金石录》，借易安小妻；班孟坚之《天文》，续从弱妹。先生则一编脱稿，亦助勘于金闺；三月疑团，必解围于新妇。陋鸥波之小技，仿《唐韵》于仙家。其善者六也。由兹六善，订厥一编。秘六奇以括囊，集群书而订误。盖出入于《庄》、《列》、《尔雅》之间，补苴乎诂训地舆之失。所谓援据六艺，汉学非讹；曲禀宏规，师说自守。则是书也，虽吴志伊之广收博采，尚失谨严；毕尚书之以古证今，犹疑臆决者也。今者中秘留藏，宸章褒宠。草玄卷在，不为覆瓿之书；通德人亡，尚念郑乡之学。惟是签纷蠹轴，半蚀羽陵，写定礼堂，已成烬简。吾友李君，证古之学确本召陵，博通之材所师荀勖，痛编韦之稀绝，爰镂版以方滋。继余家有勤之堂，博综善本；祖南宋书棚之学，采拾遗文。夫岂扁秘藏于宛委，靳付人间，好妄下其雌黄，致讥颜氏也哉！标谬承斠读，用述源流，意重译于四夷，证确闻于古训；求秘函于百宋，思校正于今文。自恨小文，有惭理董。先生维学，盍正抵牾。此又可补乾嘉诸老未有之闻，校勘诸家未竟之志者也。爰摭体要，以候将来。

文赋

白莲花赋
以月晓风清欲堕时为韵并序[①]

（约 1885 年）

余以季夏之月，久客思返，言从南越，归于三吴。适方伯易公以《白莲花赋》题课书院诸生。人皆曰："嬉香娇景，薄皓质素心。野风自开，弱颜可喻。"余曰："不然，物之美于夏者，莫如白莲花焉。此花洁而有容，清而克粹，庶可以比君子之德乎？"意之所昵，感而赋之。其辞曰：

爰有奇葩，素馨发越。夏蕤以舒，春条已捽。惟一茎以独呈，蕴两仪而秀发。感贞卉之独芳，应良干于夏月。尔其素质亭苕，孤根窈窕。体同玉寒，色欺霜皦。明月自耀，良风转矫。拟幽兰之芬芳，岂夭桃之婣弱；乘炎运而挺生，出星河而没晓。雨露助其丰翳，曦阳敛其皤皎。若夫秀萼初吐，芳花尽红。亭亭水榭，隐隐玉栊。明霞晓覆，珠露夕融。被素体以皓露，燿清影于芳丛。叶田田而自转，丝袅袅而善通。

① 录自复旦大学图书馆藏《灵鹣阁骈文录存》。

映紫蓼于寒溆，舞落英于当空。惜芳华兮易逝，忽摇落于秋风。表清节于良序，挺素质兮莫同。幸永辞于翦伐，产不比于舜英。维君子而可证，托寒波而寄情。谢绝涧之趺蔓，殊穷崖之抽萌。乃委蛇于废沼，保荟蔚于太清。维三吴之雅郡，有奇葩而截玉。比良节于高邮，扇清风于暑溽。感长洲之宿莽，惜尘国之秾绿。吾儃佪而自娱，聊比影于朝旭。嗟移植兮不良，惟伫眙而自欲。看本实之未落，喜缤纷而尚可。念此花之独芳，知化机之犹颇。何独钟于兹干，非色取于美婧。止沉流而不摇，惭闹红于一堕。物虽微而有值，气虽转而能持。彼弱枝之寸茁，岂明德之于兹？感孤姿之沉菀，含清气兮方滋。耿独立之是惧兮，恐繁霜之莫支。何所凭以清且洁兮，庶不染乎尘缁。对葳蕤而自感兮，惜荏苒此芳时。

管君申季诔并序[①]

（约 1887 年）

惟光绪十三年二月八日，管君申季以疾终于吴门里舍。盖自广南扶病归，仅三十日也。君回岭北，我止峤南。闻信骇悼，此憾何极！呜呼哀哉！君讳礼耕，字申季，一字操敥，苏州元和人也。高阳苗裔，无谱牒而莫征；铣露降英，以后生而未悉。标后君十二年而生，识君六七年之久。蛾术之勤，皆见于亲炙；雕龙之誉，不采夫耳闻。嗟寿命之何穷，痛学人之已失。呜呼哀哉！君脩志沉潜，守神远藐。为经生之子，人比许仲；有士行之兄，世知陆倩。所学惟实，综贯于百家；下笔谨严，未编于一集。极下愚之一得，谨略次夫四涂。君得韦贤之传经，守何休之

① 录自复旦大学图书馆藏《灵鹣阁骈文录存》。

家法，宜略识字；通古籀于三仓，拾微言于落简，务在通经。吾乡经师若陈南园、冯景亭二先生，得乾嘉之旧闻，振咸同之坠绪。君则一得师承，一曾入室。贾逵受业侍父而见子春，侯芭从游问字而随扬子。其孳经之学一也。传题释老，与儒林而同修；音义众经，借字书而始定。北宗神秀，西土桑门，虽儒者之异涂，亦慧业之通牖。吾乡经生若江铁君，诗人若张京度，则皆律守僧祇，禅宗大乘。君亦业修净土，扬慈水之澜；录写《传灯》，转意珠之朗。其传禅之学一也。六艺曰数，孔门皆通；九章之分，康成所次。读《天问》而知九重之度，考《曾子》而察地体之圆。吾乡若李四香、顾涧苹诸先生皆能理董其失，推阐于微矣。君则体用分求，绍未闻于前哲；中西通法，继绝业于畴人。其数理之学一也。唐碑八百，记好事于欧阳；南帖寸缣，辨摹勒在肥瘦。赵明诚金石之录，姜尧章绛帖之评，吾乡若郭灵芬之考订，毕经训之收藏，皆足照耀一时，辚轹百代矣。君亦法书深刻，爱看太学之碑；长卷短笺，精别唐临之本。其碑版之学一也。呜呼！君有开敏信古之勤，当以家学师承之后，苟能抽以心传，假诸眉寿，则玉振江表，微言绝而复存；龙跃云津，奇宝尽而又出。见表测里，畴克及之，而竟折玉树于殷墟，郁青霞于修夜，岂不痛哉！岂不痛哉！呜呼！诔以表德，世留孝若之文；词以写哀，集有伤心之赋。爰宗斯义，乃诔之曰：

䵷䵷者地，漫漫者天。灵鉴何在，丧此大贤。其才胡丽，其遇胡愆。秋阳昙雨，声匿影迁。邈邈管君，为道曰损。丽藻彣彣，脩容婉婉。君之持身，脩洁意远。指栔脉规，度剈别刌。君子好学，说经铿铿。谭天测地，股纵勾横。摩诃起演，陀罗译声。金石刻画，钘掤比精。君尚有护，树诸堂北。遗孤扶墙，已成嶷嶷。穗帐风凄，麻衣掩幅。万里伤心,援翰时畫。呜呼管君,怀和告终。方发朝采,遽入殇宫。禺貜召夜,鸶鹏征凶。严霜陨叶,弱草惊风。呜呼管君,遗墨犹湿。签题在函,书牍在箧。匪君胡学,匪君胡习。宝此琅玕,循回世及。呜呼已矣,管君长辞。欲表君德,文惭不词。遗辉煜煜,宿恨离离。南云易散,西树永靡。呜呼哀哉!

江母华太夫人六十寿言[①]

(1891年)

母姓华氏,世居金匮乡之荡口镇。考讳裕恩,议领从九品。祖考讳文汉,福建福宁府知府。母少好读书,喜绘事,工文辞,通声律。年二十八,归我皇考为继室,是年为咸丰己未。明年庚申,吴中寇起,烽火烛天。皇考于二月中先偕母挈二子避难至荡口外家,百物不取,独携藏书一橱。长兄衡仅八岁,次兄钧五岁,皆先妣吴宜人出。闰三月标生,六月皇考以痛先祖母洪恭人之夏遽见背,时标生仅百日也。母欲殉者再,时外祖母徐宜人责以大义,谓:"满地兵戈,婿柩未葬,江氏三孙,又将何托?维仔弱且亦当苟延。"时外祖早去世,先舅讳毅运,年尚少,外祖母挈子女及三外孙避难村落,辗转于湖港间,四年未遇一贼。事平归里,为舅氏助饷得浙江典史。岁丁卯,舅氏遽卒于钱塘典史署。外祖母悲痛之馀,念无亲属,决计不愿母归吴门,母亦不愿离膝下,遂住荡口外祖母家。母延名师课余兄弟三人。明年戊辰,长兄衡年十六,入元和县学。越三年辛未,次兄钧亦为元和庠生。时标年十一岁,好弄无厌,母以两兄皆已在庠,时勖

① 录自《笘誃日记》。

以读书，遇节时下学，业师归里，母辄自教读，手纫兄衣，耳听儿读，稍不顺口，时或痛笞，常曰："汝父课汝两兄时，其严岂止此哉？"往往涕泣哽咽不能语，笞亦加厉。然非读书时，虽跳跃无度，行动错失，辄教导不倦，未尝忍加一杖也。癸未冬为长兄娶丁氏嫂，始归吴门，赁物购器，细及杯箸，皆母积数年夜资以充之。明年甲戌，丁嫂遽亡，母内理丧事，外慰长兄，属长兄赴京兆试。时二兄出嗣堂叔，随叔祖母程宜人于嘉禾，故家事母独任之。丙子冬复为长兄续娶华氏嫂，仍自理家务，不肯以细事交儿辈，常曰："汝等皆有拙抱之小孩，岂能盂及他事哉？"

标年八岁，母教以四声，读唐诗，课五言七绝句。十一岁命为赋，呈两兄改之。十四岁赴县府之试，十五岁赴学使试，不获，母戒以毋急求，毋幸获。复命随师读书，节衣缩食，以供师脯。尝晚归或早出塾他往，怒呼杖来痛抉，怀中忽脱内帙，母拾视之，乃钮氏匪石《说文段注订》也，乃曰："儿往购书乎？然此等书或非汝所能通，且不告而往，罪不赦。"仍不与食，曰："尔父遗书一橱，今十四五年矣，未尝动也，能读之，则为汝启扃钥。"标于是始得读藏书。标每年值新正，遇诸兄有赐以压岁钱者，母戒不许博，或用购书籍碑拓辗索欢，有非度用，怒不许买。年来积书至百箧，皆母脱簪典裳为助，母未尝一书不知此目也。标年二十一为县学生，二十二为标娶妇汪氏，二十四岁得湖北学使高公聘，请命于母，母曰："学幕尚可读书，汝年甚轻，须端行慎事。昔有黄仲则，诗虽好而不善养其母，吾不愿汝为此人流也。"标自此年出门，历楚鄂、齐鲁、南粤凡六年，随两学使游三省，母辄手自谕，戒以效兄为上，力学须之，恐标之过劳也。岁戊子，标年二十九，为长沙之道吾家师所拔，两试得高等优行生列第一，是年赴秋闱，与长兄衡同举于乡。明年己丑，标得进士入翰林归，母有喜色，但曰："惜汝父之不得见也。汝知汝出门以来数年之间，吾之劳苦更甚于往年乎？"不觉涕泪交流，盖标以奔走于外，不过问家事，母内持衣食，外念游子，六年之间，一风一雨，动辄惊心，又为家贫，不能使标长随膝下，故曰反不如二十四岁以前也。

岁庚寅，标散馆授职编修，秋请假归里，母曰："汝外祖母年近八十，亲骨肉只余一人，岂可远离乡井？汝自携妇及孙辈行，吾乃随吾母之床前也。"标不得已，于冬月到都供职。今年八月十八日，为母六十正寿，标以道远不能归，欲于十月十八日，举觞遥祝。且以母守节三十二年，例得请于朝，遇覃恩晋封宜人。母有孙四人，皆幼读；孙女四人，皆未字。母晨起必早，亲躬细务，晚间阅书史，四十岁以前，尽日纺棉纱数两，两儿辈中衣皆自织之布，平日未尝袭一新衣。一羊裘，用十馀年仅存鞹，不肯一易新也。外祖母疾，衣不解带者四十馀日得痊可，亲属中尤称道焉。年五十，江苏学使黄漱兰夫子书《荻风清》匾额旌于门，堂兄笛秋舅氏书《竹柏图》为寿，此吾郡袁氏之竹柏楼以重节也。母寡言笑，无事未尝出中门，家庭肃然。乡下有些视诸子辈为已女焉，母行动皆符古淑女。标敢略书以告天下，如有赐以寿，字以蕲吾母寿者，则标所课而深愿者也。

广志赋

以耨仁义为茎为韵并序①

（约 1891—1892 年）

少居穷巷，孤学寡憙。尝读东汉崔篆《慰志》、冯衍《显

① 录自复旦大学图书馆藏《灵鹣阁骈文录存》。

志》二赋，辄自叹曰：人各有志，唯不同耳。按《荀子·修身篇》曰：“君子贫穷而志广，富贵而体恭。”杨氏倞曰：“仁爱之心厚，故所思者广。”旨哉言乎！夫人虽贫穷，而志当远大。某不自量，时专其想。偶以广志之说，设为博通之词，亦班孟坚所云“虽不好学，亦喜附会”之意也。其辞曰：

粤自太清，剖判维旧。昏则在暮，明则在昼。人为万灵，百体是究。维志本心，无域老幼。收则及针芥，放则溥宇宙。知天之高，测地之厚，儒者宜穷也。察人之智，辨物之精，学者不谬也。小子虽不敏，亦欲通达其涂，振刷其陋，接上士以诗书，谢农夫之耕耨。

谈天之学，志士当遵弧角三角，本轮均轮。恒星则与日不动，行星则与月推循。取椭圆而知面积，设象限而定司春。黄径度分，赤径时分，西学之神也。旧图步天，新图经天，中法之真也。日月薄蚀，地球影均。彗孛经道，轨度行新。经吾圣祖，数理之学，通贯夫人。一时志士，闻风而自甄。故中学则有梅文穆，西学则有南怀仁。

天学既通，次当测地。七洲宜分，万国可记。亚细亚者，则为我圣人之居。坤维定位，俄罗斯北藩，印度南侍，东舒朝鲜之翼，西控金川之臂。偏西则为欧罗巴洲各国是寄。法恃其雄，英专其利。普鲁士为北狄旧居，日耳曼亦佛朗左翅。南延阿非利加，则沙漠万程，海岛鳞次。地球之西，则南北亚美利加丝连而侪类焉。英俄则各占其馀，米墨则两国无忌。迄今二百馀年以来，四域闻风，万方慕义。开我海疆，动我边议。有志之士，辄抚膺而叹曰“卧榻之侧，岂容酣睡人也”者，宜与古为期者也。

治经郑学，识字许师，辨声则李登有类，诂训则《仓颉》可窥。学史以班书为善，《通鉴》维温公最宜。子家之学，荀管善词。知医则《难经本义》，习算则数术记遗。《艺文类聚》则为类书之祖，《西京杂记》则为小说之资。他如道家则老庄寄学，释氏则《弘明》在兹。梁有《文选》之集，屈有楚国之辞。皆足立志维守，及时同而为。用足以辅天子百代治平之要，不用亦足以穷庐著述，传诸清时。物有本末，当可类推。泰西之学，辨析分厘，实为中国之格致，反见重于四夷。石铄金炼，草腐木离，衡水汽知积水之生动，验电火明感触之速迟。显镜远镜，明莫甚矣，犹照胆之奇也。日晷时表，准莫甚矣，犹壶漏之善也。汽机之好，便莫甚矣，犹风车水碓之规也。轮船火车，速莫甚矣，犹木牛流马之嬉也。上古之士，化炼丹汞，并分绵丝，种羊濈濈，炕鸡孜孜。在今有志于格物者视之，亦谓日用所宜，事常有之。譬商贾之工泉布，亦农夫之于东菑。

嗟乎！四学之通，首在读书。目睹不及，耳闻宛如。人生之躯，七尺有馀。知识既合，行步相施，何所志之不同，而各叩其虚。小子孤陋，集益广居。澄神定虚，舍末务初。盖谓天道不远，惟以测量；地球可遍，只借舟车。人贯古今，则号称通达；物求原始，则事不踌躇。当今圣天子诏贤良、求璠玙，我愿有志此四涂者，宜广为培植，始不失千年闭户而此经畬。

提督学院江批沅州府知连培基《扩修沅水校经堂禀稿》

（1893年3月）

据禀，沅水校经书院经该府到任，清理撙节，扩岁租，添斋舍。又于原课经、史、理、算、词章、时务六门斟酌裁改，定为经学、史学、算学、掌故学、舆地、译学六门。上规朝制，下顺舆情，其并理于经，该时务于掌故，裁词章增舆地、译学，识力尤为明卓。具见贤太守宏育英才，克勤职守之苦心。值此时事多艰，交涉日棘，亟需通权达变、折冲御侮之才，凡我臣子自以建学兴贤为第一义。若得各府州县尽如贤太守之罔辞劳怨，共济艰难，圭璋髦士，以匡时局，庶有豸乎？所有沅水校经书院改订章程，详览再三，无任钦迟，实与本院鼓舞胶庠之隐念，深得相符合。仍候督部堂抚院批示遵行。

清光绪甲午二十年觐见记[①]

（1894 年 9 月）

第一次

上问：在翰林院当差？（是。）多少年纪？（三十五岁。）你是江苏人？（江苏苏州府人。）在衙门当差几年？（四年二个月。）曾经大考？（三等十七名。）曾经得过差没有？（两次考差皆未得。）此次学差是初次？（是。）江苏年岁如何？（较去年相同，唯夏天旱而热。）京中雨水太多。（较去年稍好。）湖南文风还好？（近年极盛，考数亦多，武事亦多讲究。）向来常看看书？（考据词章兼治，并于国朝掌故亦略讨论。）汝于版本晓得否？（略知宋元板并旧校、旧抄各书，近日颇不易得。）近来洋板书？（现在盛兴石印各书，因近年物力不如以前，刻工皆贵。有的仅墨印，近有印五彩者。）其价闻甚便宜？（大约照刻本廉十分之几。）翰林院向有藏书？（闻多不全，大约年久未经编排之故。）《图书集成》石印尚未印成？（此书本多，惜《永乐大典》翰林院中已多缺失。）此书已无全

① 录自《笘誃日记》。江标光绪己丑科会试，中式第七十八名，经复试殿试后，赐进士出身。钦点翰林院庶吉士，进入翰林院任编修，六年后始得外放，授湖南学政，这是赴任前光绪皇帝二次召见的谈话实录。

帙。(闻尚有全书抄本。)曾经查过并无,全书□□□乙千□□(此句听不清。)日来海面上不甚平静,外间谣言若何?(初尚有所闻,自展降谕旨,人心渐定,近已寂然。)日本太无理。(此国甚小,兵力亦甚弱,似尚易制。)海军太无用。(中国海军本来创始仅十馀年,陆军则较各国为胜,因其能耐劳苦。)进兵太缓,海军提督太难。(大约胆小无识见。臣前曾坐过定远兵轮至台湾,以大风转至澎湖,可见毫无把握。实则日本兵轮仅三十只,其大者仅同经远、来远,大不如定远之坚实。)朝鲜近亦依附日本,其情可恶。(彼国分两党,一从日本,一遵中国教化。朝鲜贫弱,国王又无识见,不能振作。现在诸军皆在平壤,实则釜山口与对马甚近,与长崎亦近,所有军火粮饷皆从此处调办,能设法截断,并速了结此事尚好。)中国办理各事迟缓不肯用心。(即如海军一事,西洋各国及日本刊刻舆图极精,中国海军并未讲求此事。)中国各事皆散玩,你常看他们的书?(曾经考究,大约中国书重考古,西方书重考今,截然不同。)(大约总在九月起程,拟比前任起程日期略早,自带家人数名驰驿前往,家眷由海道走长江至汉口前往。)皇上略点头,遂退出,巳刻许。

此次召对,同人皆云未有如此久者,诚异数也。不敢求异于世,但求无愧我心。

第二次

皇上问:几时起程?(十一、二日。)到省走几天?(约四十多天,由汉阳至武昌,由武昌坐江船,用小轮船拖带,五天可抵长沙。)弊端多否?(虽为七省通衢,人数较多,然弊尚不多。)文风如何?(颇多讲学问之事。)近日犹有讲理学人否?(湘省多讲理学者,如大臣罗泽南、曾国藩皆从理学入手,后遂能肩大事。近日闻湘乡人尚知守旧法,别府亦有。)湘军较淮军如何?(湘军气盛而守法,有一好统领,不拘何省人皆可带。淮军非本地人带不可。)有一好统领能带,可见湘军之好。近来外事甚紧,李鸿章后路太空?(事起仓卒,亦想不到此地步。现在南洋亦吃紧,台湾将来恐有口舌,欲重提甲申之事,将来尚须坚持。)若提台湾,此万不能答应他的,必与力争。(若设法布告驻各国使臣或新加坡领事,命南洋各岛华人自办助防直捣倭国,未必无法越之战刘永福其人,大可牵制其势力。)能分其兼顾之力牵制其势,此事甚好。学政有保举人才之责。(向例三年后必保举本省教官士子,须择有用之才,方敢保举,不负皇上求才之意。)往往保一虚衔,等事毫无实际。须择可用,若在折子上详细写明,可以送部引见,须自己见其人,察看一切方好,否则亦不知其人可用不可用。(臣到省后,当细细察看,择国家有用之才方敢保送,谨遵谕旨送部引见,以备皇上采择,若能说不能做事,做事而不切实者不敢保。)湖南人数多,防弊要紧。(文场既多,武场更多,闻弊端武场恐不免,臣当随时留心。好在前任学政规模已具,臣当事事悉本章程,不敢懒惰。文场人数太多,此次幕友多请几人,必择品行端方之士。)须先留心看其人品,近来想在拣选?(臣未达时曾为幕友,故深得此中甘苦及一切利弊。今蒙皇上派往,虽曰初次,尚知一切情形。)汝亦曾做过幕友?(曾经七年。臣此次出京,行李、家眷、幕友已航海而去,驿路所带家人、幕友不多,以免骚扰。)路上人少,省地方供应,甚好。跪安!(即起立下数步,跪奏:臣江标跪请圣安。)即出,巳刻许矣。

恭报接印任事日期由

(1894 年 12 月 8 日)

湖南学政翰林院编修臣江标跪奏,为恭报微臣接印任事日期，叩谢天恩，仰祈圣鉴事。窃臣蒙恩简放湖南学政，于九月初五日跪聆圣训后，遵即束装就道驰抵湖南省城。十一月十二日准前任学政臣张预将学政关防并书籍文卷委员齐送前来，当即恭设香案望阙叩头谢恩，祇领任事讫。伏念学政一官莫重乎擢才，莫先乎养才，湘中人文近益炳蔚，通才硕学冠冕诸行省，皆经历任学臣陶镕培植所致。如臣至愚，惧无以资表率，惟有恪遵圣训，厘剔弊习，选拔真才。若有实在敦品力学、有为有守、才能出众之士，经臣考察确凿，再当恭进陛辞时训示循例荐举，送部引见，候旨酌量擢用，以备国家任使，冀以仰副圣天子破格求才之至意。所有微臣到任接印日期除恭疏题报外，理合缮折具奏。再，臣出京一路经过直隶、河南、湖北地方，二麦均已播种，舆情安帖，堪以上慰宸廑。合并附陈，伏乞皇上圣鉴。谨奏。十一月十二日。

光绪二十年十二月十七日奉朱批：知道了。钦此。

恭报湘省四府二州岁试情形由

（1895 年 10 月 18 日）

湖南学政翰林院编修臣江标跪奏，为恭报微臣考过四府二州岁试情形，仰祈圣鉴事。窃臣于上年十一月到任，谨将接印日期报明在案。兹于本年正月二十五日出省按试宝庆、永州、桂阳、郴州、衡州五属，于七月初八日回省接试长沙。八月二十六日四府二州一律考毕。查湘省文学武事各有师承，耄学孤孤，寒不废诵习，人多额少，益自奋勉。长沙、宝庆、衡州颇多器识之士，不仅以词华美赡见长，永州、桂阳、郴州离省较远，亦皆文采斐然，武力坚实。臣于考试生童正覆各场，终日在堂细心防范枪替传进等弊，尚觉其伎难施。文武生童中偶擅片长，必自面加奖勉，晓以敦而力学。遇有行止有亏、健讼滥保之生员，立即严加惩汰，以端士习。至于考核属官，整顿书院，崇尚实学，采访遗书，皆职所应为之事。按试所至，随处留心，不敢自甘废惰。臣又因省城旧有校经书院，自前学政臣朱逌然创设以来，通省人才于兹荟萃。以前各学政每于回省之日，更设加课，广为导进。臣到任后，以经、史、掌故、舆地、算术、词章分立六门，加设季课，亲定甲乙捐廉给奖，以示鼓励。惟书院经费不足，图籍阙如，将来尚拟设法扩充，恪遵圣训，培植人材，即以书院为根柢。兹拟于十月中出省前往岳州、澧州、常德举行岁试，辰州、沅州、永顺、靖州循例举行岁科并试，七属事毕，舟行回省。再，臣此次经过地方长沙、衡州所属州县，晴多雨少，秋收歉薄，现在经抚臣筹备调剂，民情极为安谧，堪以上慰宸廑。合并声明，所有湘省岁试四府二州情形谨缮折具陈，伏乞皇上圣鉴。谨奏。九月初一日。

光绪二十一年十月初四日奉朱批：知道了。钦此。

邹筠溪公传

（1895 年）

乡曲草茅耕读自给，稼穑艰难之外，但知谋上达于子孙。盖习见夫缙绅之家，豪华炫耀，非后生奋起，不能光及祖宗。吾友翰飞邹君，以耕读出身，为近日词章家祭酒，其发起之故，全为乃祖春江太翁所培植。光绪甲午，余视学湘中，翰飞亦在学幕，以太翁之行述请传，因略述之。

太翁名懋一，初号筠溪，避先讳改春江。性肫诚，平生无诳语。世业农，至太翁兼商。子迁吉，字正峰。妻陆，媳钱。世居无锡后宅之东月台街，顾务农辛苦，切盼后起之英，而正峰两试不售。后得三孙，长名谠，字翰飞。次名富祥，十五岁殇。三名弨，字鹏飞，相去长兄十九年，习商。太翁深期长孙之成，发捻初平，馆支硎山，岁薪三十二千，以所得薪令长孙赴苏肄业，在钱乙生明经门下，有殊悟。年二十二，福建林锡三宗师天龄以古学第二取列庠生第八名，由是合家大喜。时醉司命前一日，陆太夫人年已七十，尚在，然久卧病，至此跃然曰："人言老头儿私孙子，今日出头矣。"盖有所指也。太翁虽心伤之，以孙故，时亦轩眉笑口，无他求。庚辰春，谠入上海报幕，太翁就养徐家汇。癸未仲秋二日疾终寝寓，享年八十有二。

恭报岁试岳常澧等属完竣由

（1896 年 7 月 16 日）

湖南学政翰林院编修臣江标跪奏，为岁试岳、常、澧三属并辰、沅、永、靖四属岁科并考文武生童兼举行选拔试竣回省情形，恭折仰祈圣鉴事。窃臣上年考试长沙府毕后，于九月初一日将已试南路各属情形恭折具陈，钦奉朱批：知道了。钦此。自上年十月出棚往试岳州，旋往澧州、常德、辰州、永顺、沅州、靖州六属。五月二十日除岳、澧、常三属岁试事毕外，并将辰、沅、永、靖四属岁科并考，文武生童兼举行选拔试竣。六月初四日回省，所试各属文事武备皆极讲求如额取进之外，尚多清通可造之才。南洲厅初次附考澧州试棚即觉人多额少，已经督抚臣会同具奏候旨加额在案。四属选拔之士亦皆如格择其文优品端。策论颇能晓畅古今、切中时务者。湘中士子屡经前学，臣启导在先，复有乡哲遗型，默资教迪，虽村避僻，孤儒亦多好学。臣之所至惟恐甄录之不尽，不敢言搜采之惟艰。方今皇上首重育才，广征新学，湘中有志之士闻风奋起，讲贯情殷。臣亦为之破除积习，多方开导，以期仰副圣主作育人才之至意。再，臣经过地方雨晴应时，农田可卜有秋，民情极为安谧，堪以上慰宸廑。臣即于六月初七日科考长沙府属，下月出绷科试岳、常、澧等处，以次遍及各属所有。臣现试岳、常、澧三属岁试完竣，并辰、沅、永、靖岁科并考，兼举行选拔情形，理合缮折具陈，伏乞皇上圣鉴。谨奏。六月初六日。

光绪二十二年七月二十二日奉朱批：知道了。钦此。

湖南学政奏报全省岁科两试完竣情形折[①]

（1897 年 2—3 月）

奏为恭报湖南岁科两试及举行全省选拔一律完竣情形恭折，仰祈圣鉴事。

窃臣于上年试毕全省府州各属，于六月初四日回省。当将文武岁试完竣情形恭折奏报在案。臣即于六月初七日科试长沙府属，七月初八日事竣，十二日出棚，试岳州府，接试澧州、常德两属。随由陆路南行，再试宝庆府、永州府、郴州、桂阳州及衡州府五属。二十三年正月十二日衡属试毕，由水路于十八日回省。各属文风，以长沙、衡州、宝庆、常德为优，其馀亦多苦学有志之士，选拔诸生一律加额录取。臣于岁试之时，每教士以求有用之学为进身之始。湘士本多好学，故于经古一场，分列经学、史学、掌故、舆地、算学、词章六类，任人择报。类各命题，以觇平日读书之效，择尤取

① 录自《湘学报》第一册第 47—49 页，湖南师范大学出版社 2010 年。

录，广励诸生。科试之时，长沙一府报考之士，多至五千馀卷。其馀衡州、常德、宝庆等属，亦各不下三四千卷。人材蔚出，各尽所长。臣于正场文字，则专取根柢实学、清真雅正之士。间有强自揣摩，误尚时习，文体诡变，不就范围者，臣必察其文笔之雅俗而定学业之真伪，因材升降，不敢自欺欺人，以仰副皇上广育真才之至意。臣又因近来屡奉部文，通饬各省整顿书院，故于上年长沙科试事竣，及常德试毕，路过省城之时，不敢循守旧章，稍息暑劳，及在省度岁，始得于今年正月从容竣事。现在回省之后，时日尚宽，拟专意变通书院规程，广求英俊，以育真才，不敢稍自暇逸。尚有考取优贡，录送遗才，统俟乡试前，次第办理。再臣经过地方雨水调匀，民情安谧，堪以上慰宸廑。所有岁科两试，及举行全省选拔一律完竣情形，理合恭折具陈伏乞皇上圣鉴，谨奏奉。

湖南学政奏请推广书院章程讲求新学以励人才折①

（1897 年 3 月 26 日）

奏为推广书院章程，讲求新学，援案恭恳圣恩，以励人才事。窃谓：各省书院之设，所以培养人才。学臣之职，所以录取人才。书院一月而一课，学臣则三年两试。若无书院以辅学校之不及，则培养失而录取难，人才亦因兹而日少。臣伏查湖南旧有校经书院，仿古人成法，分经义、治事两斋，专课全省通晓经史、熟习掌故之士。创始于前抚臣吴荣光、前学臣朱逌然、张亨嘉，先后扩充，规模颇具，人才亦

① 录自《湘学报》第一册第 49—52 页，湖南师范大学出版社 2010 年。

因兹会萃。惟长年经费,仅取给于湘岸淮商,及绅士捐款,发商厘息,每年入不敷出。近来各属乡学人多,往往限于课额,致摈门外,寒士咨嗟,学臣惋惜。续捐既难,集腋筹款更无章程。臣到任之后,先自推广季课,捐廉给奖,并于书院隙地,建造书楼、广购经籍,并添置天文、舆地测量诸仪,光、化、矿、电试验各器,俾诸生于考古之外,兼可知今。且拟添设算学、舆地、方言、学会,兼立《湘学新报》,专述各种艺学,开人智识。恪遵二十二年七月初三日总理各国事务衙门奏定新章,推广新学。臣伏查《钦定学政全书》,奉天沈阳书院,于本省每学学田租银内,酌量拨给,作为师生膏火。又顺天金台书院,每年动拨直隶藩库公银四百两。旋因肄业诸生,日渐加增,不敷分给,又于丰坝营田,杂粮变价馀剩银两,每年拨解银二百两,奏请分拨各在案。仰见圣朝嘉惠士林,无微不至。臣因查各省学租,原为散给各学廪生、贫生之用,给散之馀,由学臣拨交藩库充公。湘省除给散外,每年约馀银五六百两不等。现在校经书院,原系课通省实学之士,而经费支绌,课额膏火无多。可否援照奉天沈阳、顺天金台书院旧章,于每年学田租银内,除给散廪生,赈恤贫生之外。现在所馀,拟自光绪十八年起未解藩库存公银两,酌拟每年银两五百两,作为该书院长年课额膏火之费。即由臣署发交校经书院提调核实支用,再将拨馀银两,仍旧扣交藩库充公。一并造册咨部报销,著为定章。倘蒙俞允,则该书院全省肄业之士,皆得共沾实惠,款不外求,事经久远。于藩库存公中一年短此数百金,固不觉其盈亏,而实于书院中,一年足可培植数十寒士。臣愚昧之见,是否有当,伏乞皇上圣鉴,训示遵行,谨奏奉。

朱批:该部议奏,钦此。

恭报任满交卸起程日期由

（1897年12月18日）

湖南学政翰林院编修臣江标跪奏，为恭报微臣任满交卸，遵旨侍母回籍修墓起程日期，仰祈圣鉴事。窃臣于九月二十八日谨将文武考试完竣情，并恳恩给假侍母回籍修墓微忱恭折具奏。十一月二十二日承差齐回原折奏朱批，着赏假两个月。钦此。闻命之下，感激难名。所有任内应办事件已经敬谨清理，并将一切册卷分晰咨部在案。兹新任学臣徐仁铸行抵湖南，臣于十一月二十五日谨将学政关防并书籍文卷，委长沙府学教授王锡畴齐送新任学政臣徐仁铸接授讫。臣即于是日交卸束装，遵旨起程侍母回籍修墓。一俟假满，即赴阙廷恭覆恩命。除谨恭疏题报外，理合将微臣任满交卸起程回籍日期恭折具陈，伏乞皇上圣鉴。谨奏。十一月二十五日。

光绪二十三年十二月十七日奉朱批：知道了。钦此。

江标润格

（1899年4月）

灵鹣阁书例　附画兰例，无润不书画：

纨折扇每件	一元	画兰同。
楹联四尺	一元	
屏条四尺每幅	一元	画兰同。
堂幅四尺	二元	横幅同，画兰同。
册叶手卷每尺方	一元	画兰同。

以上每加一尺，加洋五角。篆隶加倍，泥金磁青加倍。

光绪己亥三月，江建霞自定。

书简

上俞樾书

一

四月二十三日江标谨上夫子门下：去冬曾肃一书，并王氏《蛾术编》、东汉《画鹿石刻拓本》，不识已蒙鉴及否？伏惟起居万福，著述益新。越山吴水，逍遥杖履，远怀通德，梦寐时萦。标生性多愚，古人为学之方，未得一窥门户。惟于乾嘉诸老，心折洪、汪。盖因少岁孤寒，后先一辙，固不仅好其文字也。日来随轺曹南，校读之馀，成《鲁游杂事诗》，呈上。标千里远违，学业浅少，无以为夫子告。此诗事皆纪实，以告知弟子行迹可耳，固不敢以为撰述呈夫子论也。伏惟万福。标叩头。

二

十八日上曲园师书：远违绛缦，倏屈经年；似听青琴，几过沧海。缯笺久旷，思仰弥深。恭惟夫子大人，研经征寿，春融光眷。在奇养德三吴，曲园即校园之绪。庄氏阳湖之学，文孙亲爱《公羊》；婺源《三礼》之微，弟子早登金马。况以丛书盈箧，小精舍于浮溪；广学十洲，陋三槎之风称。继钱潜研之讲学，补王怀祖之通闻。证昭代之名儒，皆吾公之实录。文非贡谀，愿洽颂私。标孤学不成，远游自愧。当洪更生之□幕，裁过冠年；有朱笥河之爱才，过推仲则。昔游东鲁，憩小舍于沧浪；今过西湖，访高斋于九曜。缅前修之未远，愧弱质之难攻。维以甘泉弟子，既重见于江门；附鲒孤儿，况受书于蒋母。所以掇遗文于《仓颉》，冀拾补乎岱南;搜《七略》于郦元,思分功于汪选。古匋入录,矜阮翁未见之奇;年谱成书,征百宋所藏之富。数年以来,辑《仓颉篇辨证》四卷、《水经注引书目》一卷、《古匋录》一卷、《黄荛圃先生年谱》二卷。马背船唇,雪抄露手。守章家之法,旁证遗文;似四录之堂,未传副本。敢略陈乎目次,比《玉函》待辑之篇;博莞尔于先生,采《世说》维新之语。祈求训诲,祈祷平安。

上陈宝箴书

一

年伯大人钧鉴:

敦请沈主讲电稿呈阅,尚乞改正赐下,当即照发。昨日与公度商添设分教一席,合共千二百金,俾更周密。专肃,祇请福安。年小侄标叩启。

二

致再启者:日前有人求递创兴抽水机总公司一禀,此事是否可行,乞请钧裁。或发交矿局验实批行方妥。前有《水学图》两幅、《图说》一本,祈便检还,因须装箱也。标又上言。

三

佑民年伯大人侍右:

桂阳试院奉训覆,详示种种,复蒙电止京件,至深感荷!伏惟恩荣叠晋,政福万增,如颂如祝。折弁未识是否回省?前件若转寄试棚,则今年不及上发。且因安折及包纸一切皆已无馀,前次肃函求幕府代缮,想可俯允也。其折费,仍祈饬弁临行至敝署领取为感!

湘中百废俱举,振兴气象,日甚一日。矿产大兴,是无穷之利。电讯即通，尤关商务血脉。一切得长者握其要纲，又分别而助拔之。标尝谓湘中必成一特立坚固之行省，此其验矣！过郴、桂诸山，见煤矿层叠，而黑铅一矿，大可炼银，法易而利巨，不知已有行之者否？陈哲甫观察亦有心世道之人，非徒在牟利者，虽未能得接钧范，当亦深感知己矣。

前月接若溪表兄函，言龙城旧席未便遽辞，有负雅命，属道慊罪。闻明年立民先生不愿离家，日来当已聘定他贤。标处幕友黄陂许茂才兆魁，年少学纯，其算理极为华氏二表兄所特赏。明年试事毕后，尚无他就，若以之教湘中诸算士，必不辱命。尚望留意焉。

校经书院新建实学堂，设方言、算学、舆地学会，其学长则长沙郑涟教方言，巴陵傅鸾翔教算学，新化晏忠悦教舆地，皆湘士多才者。算学总教则请许君为之条理焉。

日来，郴属童场已毕。十八日起马赴衡州，彼处试者众多，须明年灯节前后方可回省。闻南路巡阅已定二月初出省，则尚可畅承教诲也。校阅小闲，拉杂布陈，岁月易更，椒盘又献矣。肃此恭请福安。祇贺新禧。伏乞鉴察，不庄。年愚侄江标拜上。十二月十四日。

四

年伯大人钧座：

谨启者：子倍处电函已改，照钧示发去，束脩四百金，由侄处新收督销局款内拨用。岘师已允长年千金，而实甫处咨文坚持数百金之说，三次咨文往覆，至今尚未见答。惟昨见夏子鑫观察云：校经既有提调名目，似当有札委，方可认真办理，且可督率监院等因，似非无见。标以意度之，当日创办之初，必有札委，后渐简易。可否饬查旧稿补给，方有专责。或竟重立新章，二月中春明常年拨款归提调核实支收。会衔札付，将来提调各事自益臻郑重矣。是否有当，伏乞训示。兹呈旧刻《校经志略》一本呈阅。张燮钧前辈所刻。

标到湘后，实收到书院捐款：谭文翁、王芍翁各千两，谭敬翁四百两。自造立书楼、学会及添藏矿质仪器，所费已及四千馀金。除收厘局拨用六百金即去年长者先拨之款，今年闻已匀还四百金。新款，支用五百金外，所短一千一百馀两，皆归标捐充矣。学报用费亦逾千两，本省收款仅抵刻费。各县买报已皆绝响，可笑。所有纸张、刷刻、装订，每月须用百金，皆由标填用。将来或可于省外报费内收还也。

标行将交替，所有书院、学会、学报各事亦粗有头绪。将来尚乞长者暨研芙同年实力维持，日新月改，俾成妥善。旧章不足久恃也。愚陋之见，率陈无状，尚乞恕之。伏惟万福。年小侄江标谨启。十二日。

五

放别以来，已越两旬。岳州试院曾上一械，恳饬轮船带送至安乡候，因二十七日奖赏后即日上船，二十八日北风正劲，两日已安渡洞庭，初二日已至沅江矣。一路水涨至二三丈不等，若用轮驶，皆可畅行，可知夏秋之交，若兴商轮，则其利必重矣。在岳州时有人控告浏阳矿务案……故即发长沙府，提讯确凿，以便斥革办理。

舟中无事，因思今日天下之贫，若不以矿务为开源不可救药，若任上官办理而下民沮塞亦不可救药。推源其故，皆因不知开矿之法，徒知开矿之利，上之兴也为民，而民之谋也为己，不顾大局，不知利害，皆在于不知矿学。然今欲速化之一法，非兴学堂、购机器而民能信之也。西人欲兴一利，必开一报馆而专论之，以笔代口，知者易而改者速，此可不一失者。侄昔年游日本，见上至国政，下到厨婢，无一不有专门日报，故改变之速如此，无他，一有启导之功，一无偏私之见，人皆信之，而事实由此兴矣。首拟请长者在矿局专设一矿学报，首论开矿之益及矿质之用，并引用书。次取近日各省开矿杂事，及五洲开矿之近事。可采录各报纸。继采湖南通署矿产及已开未开，及开而得利，及开而何以不得利之说而条列，任人考究。如有所见，准其投函报局采而登之，任人研究。继则举阻挠矿务诸案，及现在办法而直录之。则奸人不能行其私，昏吏不能握其权，州县不敢阳奉而阴违，绅商不得剥私而害公。此报每月出六纸或十二纸，或用一小石印机，或购活字机随其款项为之。大约所费不多而所益甚大，不仅销湘省，而兼可销天下。然电报、火轮尤当并力行之，则相佐益得矣。侄明年回省，亦拟兴《湘学报》于校经书院，将来印字机可并用之。一切章程再饬呈鉴定。侄此次专为矿务起见，设此一法，以救日前无穷之利害，以为后来有益之凭证。如蒙采而行之，则湘民幸甚！天下幸甚！

现在湘中之士民，仿佛一美国百年前之景象，新学之兴，正在可信不可信之间。若不坚其识力，一见偶挫顿处，必群起而非笑之，其事败矣。侄遍察通乂，于诸士交接时观其文字，证其语气，故知之甚确。用敢附陈，非私度也。故矿报之兴，其益匪浅，正所以关读书者之口，而使其受实在之益也。

六

年伯大人钧座：

谨启者：今日本拟趋谒，适得苏州电音，仲兄遽逝，不胜摧伤！虽出嗣家叔，而相处不离，一旦永别，痛苦仓皇！所幸交替在即，便可归里料量后事。惟有大功之丧，日来卸以前仪节，不知应何合体。生平未经手足之痛，诸事昏蒙，尚乞怜示。新使到，接应穿何服色？即此琐琐，亦望酌夺，不胜感祷。肃上，敬请崇安。年小侄再拜。

昨日一函未上，一并呈阅。十三日午。

七

年伯大人钧座：

顷奉赐谕，搒礼明确，昭然豁蒙，曷胜感戴！一切当遵照办理。心绪恶乱，将来尚有求教也。赐顾万不敢当。先此肃谢，伏惟垂鉴。侄标叩覆。十三日夜。

上吴大澂书

前奉赐题金文拓本三册，束装珞珞，未及叩辞，临歧匆匆，亦失谒谢。砖名《保母经》，白石而题。珍铜出古齐，问少君而始确。从此一函永宝，只字千金矣。伏惟先生修学好古，理董六书，铄史辚经，商榷三代。以此辅翼籀书，俎豆仓颉，开绝学于汉人之先，释精义驾宋儒而止。翠墨手拓，富越夫薛王；金薤广收，下视乎郭夏。固已极金縢石室之观，续《滂喜》、《凡将》之作矣。若夫拾遗补逸，自在后贤，耳食口传，或多放失。世有读河阳汗简之篇，信尚功款识之释。甚至漆髹楮刻，即曰齐桓之槃；嵌宝镂金，便是唐虞之制。既无补乎学问，适有讹于将来。蒙有惑焉，请陈其略：夫因宜刻石，既摹写之多乖；博古纂图，亦采集之未确。然椎轮大辂，创事难工；会意象形，臆决易失。或有信啸堂之录，求缺角之秦玺；执岣嵝之文，冀或逢乎禹鼎。伯鱼敦好，便夸阙里之遗；遽仲觯传，即为君子之弟。此信古之失一也。殷人尚质，象形则未必成文；商瞿非戈，合观则始能成字。虽学人之新说，亦名论之不刊。然而世多伧父，读少齐人。古器有屈曲之文，谬称鹿字；动武本勾吴之物，竟曰商钟。是何异吴札之墓，皆珍孔篆；泰山之松，必曰秦树。此讹释之失又一也。左林右泉，殷檠伪造；祖辛父乙，古器通称。往往以真赝杂投，贵贱并取。渔洋诗好，或吴剑之非真；汉阳鼎存，本秦贾之补刻。嘉礼尊为宋造，重曰秦篆；合同印创元人，宝为虎节。此滥收之失又一也。鹧鸪斑艳，夸乎泽于前朝；翡翠绿深，宝土花为至品。画有回云之象，便曰金罍；加以漆古之名，妄称秘器。四麟七乳，谓汉镜之皆然；玉马铜人，证周车之旧饰。此赏鉴之失又一也。总此四失，实其大纲。盖宋元之世，多不察乎古文；恐乾嘉之朝，尚未破其固陋也。标少略识字，生值盛治，闻前贤之绪馀，视古刻为性命。昔读《说文》之叙，喜山川得鼎彝；后游齐鲁之郊，入文章之林府。举凡彝器之属，固略识名矣。他若周钚齐化之奇，瓦豆泥封之品，莫不一一搜罗，斤斤自守。得片纸以为珍，获一观以为福。其意盖欲博则续阮、吴之款识，成此巨编；精则补《说解》之重文，申兹古义者也。及读先生古籀之补，恒轩之图，始恍然其昔浮潢洿之舟，莫测沧波之大；种峼嵝之树，未见黄山松也。学者至此，其亦可爽然若失，废然而返矣。然而寸株初植，犹思渐及乎丰林；一篑既成，更欲求高乎五岳。所以数载以来，手摹书乞，长赐朋遗，积有千言，裒成数册。雀飞不远，忽思学乎鹏抟；萤照微明，冀分充于桦烛。相如有曰，彼离朱之所见，盖特其小小者耳，犹未能遍睹也。今之所为，毋乃类是？先生顾此，其亦笑其妄为，抑矜其苦志乎？抑标更有请者：昔勤搜采，尚掇拾于残鳞；今睹灵光，敢失诸于交臂？所望于考订之馀，摩挲之日，模以河东之纸，慰原父之癖深；赐以秘笈之文，成复斋之全册。除已有者，编目附鉴；惟未睹者，拜手诚求。嘻！芥犹小草，见琥珀而必投；桐本朽株，惟洛钟而始应。小子之愚陋，长者之爱深，理或同然。语毋不类乎？敢偁薪续，特为莛撞，荼苦荠甘，区区愿鉴。

上汪鸣銮书

一

郎亭先生侍史：

日昨奉到《说文统系图》、拓本《曜古铄》，今祗领，肃拜谨谢。伏案星轺转北，一日九迁，如颂如祝。标杜门学笘，不植而僵。白门归后，以家母小病，视药重旬，诸事坐废。月初标又以扑火伤及手足，日来手渐平复，脚尚溃肿，坐卧床褥，闭闷无极。《古籀疏证》篆样已毕。此书统读一过，觉尚有出入。然开风气之先，不得不推此老耳。近日喜搜拾金文，出百字之外者惟散槃、曶鼎各得一精拓，皆徐紫珊旧物，为笘誃所藏之冠。近知大篆不通于真书，而同于草书。焂绎金文颇多心得，惟南中好此者殊稀，无从请质为憾耳。鞠裳师北上之期尚未可定，日来专志藏书流派，拟从各书解题及跋印中粹录佚事成《藏书绝句》一书。拙辑荛夫年谱，亦命录呈清册，尚许有成。吴佳籍日少，惟蔡氏巽峰有宋元旧椠数十种可售，以艺芸书舍旧藏北宋本《仪礼》为冠。然价巨不能一染指。近日偶得旧钞本十馀种，有精钞陆氏《南唐书》，尚从宋本所出，首页图印知为奉爵称寿庐旧物。此书必当谨贻，一时无便，借候春融。标大儒巷旧屋，已为刘观察所赁，今暂借卫道观前潘氏之屋，不日尚拟重迁。尘氛满襟，时时作恶，惟枕经籍书以为驱俗之具。清宵良夜，咏辄念培植之恩，觉古竟春波，令人明暖。浤丈已赴山左，芝生先生尚未得见。

天寒晷促，朔风冷然，举锭捷书，不尽百一。伏惟起居万福。十月二十日标叩头。

《陆状元通鉴》即张月霄藏书钞配均同志所记之本，又见《曝书杂记》。此书闻尚未售出，然索值二百金太贵耳。蔡氏书则部部精美，皆士礼、艺芸旧藏之册。然主人既非门外，且又为陆皕宋等出重值购觅，致以百论价。古书之贵，一至于此。然求之者犹踵相接，岂陶陶之所云佞宋乎？一笑。标又顿首。

二

再启者：晤见芝生先生，拜到《金石图》四册。憙一函之可宝，寀秘籍所未收。千里寄贻，珍藏愈贵，曷胜感荷。标前过济宁，观书于李氏山堂，主人博雅好客，手贻旧籍数种，皆吴中物。标一时阅百年，重归故土，是亦直受不辞。齐鲁人尚朴学，憙宝爱名迹。于李氏见《黄小松文集》二卷此书专言山左金石，尤可宝也。并《秋庵题跋》一卷，系孤本未刊。曾以此事托蒋生祖仁代钞，陈之于先生，求列入《函雅丛书》，主人亦欣然而应，不识已察入否。标又叩。

上缪荃孙书

一

筱珊年老前辈大人左右：

正月在省，由萧主政处奉到赐书，奖借逾恒，诱掖备至，极惭极感。伏审启导群英，起居多适如祝。世事万变，一官如赘，公能决然脱此羁绊，或有疑公过激者，此非知人也。标自忝非分，日夜凛惧，尽力所至，可否不知。自出省后，已试宝、永两郡，幸尚安静，惟毫无暇晷，欲如祁文端堂上读书之乐,难矣。《唐人小集》已尽付梓人,别刻小种,候印订后寄呈。湘潭有叶焕彬吏部德辉,原籍苏州洞庭山,入籍长沙,住居省城,校勘之学,今之思适也。藏书亦多,亦有宋元本,益吾师极称之。吏部与前辈有闻声相思之雅,大约同出一源者,仍是我苏州派也。正作书间,适接省报,知和事已有端绪,然事事吃亏,将来何以结局,究竟能了与否,此间仍不得知。天下多故,岂以文字能致太平,我辈亦太好事矣。洞庭书便,尚祈时赐箴言为祷。敬请箸安。年侍生标再拜。四月十日。

二

再启者:秋间如海上无事,洞庭水满,盍飞渡来湘,作十日之聚?益吾师葵园秋色颇佳,正好畅游,亦一乐事也。八月初旬至重阳节后,此一月间为侍休息之日,当扫榻恭迓。再请箸安。侍又顿首。

三

新刻书棚本《唐人小集》一种,借呈清鉴。尚欲续刻《朱庆馀集》,惜《唐山人诗》一时无影本也。小山老前辈大人。年侍标顿首。

四

《双红豆》卷,涂就呈政。《宋廛续跋》能一借钞否?书棚本《小集》如检出,许为影刊,尤感。敬上筱珊年老前辈。侍标再拜。

五

《艺文类聚》三册奉到,至感!尊缺当亦为补钞也。西笺适存小半匣,即以送呈,乞察入。筱珊老前辈左右。侍标再拜。

六

碌碌尚未趋答为罪。硕卿书已转寄,只得候有覆再为设法。元本《艺文类聚》阙卷已查出开呈，如能于束装前检出，至感！因近招得一抄手也。前辈如需补抄，亦可照目检呈。专此布悬，琐渎不安。敬上筱珊老前辈大人左右。侍标再拜。

《艺文类聚》少序目一至二卷，少九十六至百卷。

七

示悉。《艺文类聚》三册奉缴。侍处全部付森宝堂重装，尚未送来。侍南行往返一月，归后必送上也。顷见硕卿，闻醉六事，为之惋惜，到沪或得一详询也。匆匆不及走辞为歉。敬请筱珊年老前辈大人刻安。侍标顿首。

八

日前趋诣，不值为怅。得章硕卿先生书，亟欲覆之，不知近居何所？书中云询前辈能知近况，乞详示，至感！渠需事甚急，而未详述其所以然。如前辈处能知其意，乞示。以早晚得闲时，当面聆教益为幸。筱珊老前辈左右。侍标再拜。

九

昨日醉否？《唐人小集》一部呈鉴。此书本当多奉几部，惜所印精本只二十部，已所存无几矣，到苏当补呈。筱珊年老前辈。侍标顿首。

上叶昌炽书

一

诸事纷来，皆无可置搁。奇窘异常，几不能出门一步矣。后日须至江阴慎供，一切皆无处置。粤行不能缓，然将奈何。此苦惟夫子知之，馀皆不信也。《汉隶字源》拟于粤行前了之，未识三经肯解此一囊否？终日茫无头绪，索索无生气，半月来未读一卷书也。何日北上？示知。敬请夫子大人行安。受业标再拜。

二

《沈石田画幅》呈鉴，渠意须十元，若不能即照本价八元亦可。此幅真而且精，似尚不贵也。敬上夫子大人。标再拜。

渠意即欲回音，因今日须趁夜航回荡也。

三

欲假师前日所校之《盐铁论》一观，因旧藏本欲加一跋语也。夫子大人函丈。标谨启。

四

夫子大人侍右：

昨由舍间转呈禀，想先察入。今午钱冠兄来奉到初四日赐谕，谨悉南游准约，欣幸无极！出棚日次已详前禀。顷学使言，拟请长者偕申季先生、若溪表兄，附轮径抵汕头镇，由该镇另易民船到府署。一切另行详述，另行所述，若溪处不详书矣。见时乞示之。案行时尚有另件托带，当由家中送呈也。乞察入。承谕今冬暂归，是可不必。诚是，容再面请教益。专上恭请钧安。受业标叩头谨启。八月朔日。

五

自上海至潮州汕头属澄海县，招商局船月有三四次，最称便捷。洋行船亦到数次。切勿坐杂港船船旧而挤，又小而不稳，客位却便宜。到汕后可住广恭来客栈，其栈主系吴植卿景萱之旧仆黄芳洲，人颇干练，一切雇船等事均可命渠照料。自汕头至潮州府九十里，陆行一日可达。夫价甚贵而不免辛苦，水路系上水须三日可到，似水路较安稳也。至汕头时只说系潮州府朱太守幕友，一径至府署暂住。朱名丙寿，字少虞，己未举人，己丑进士。系学使同年熟人，故一切照料必可周到。此间等应试毕至潮州约在九月望后二十边，亦未可知。苏州或稍迟起程亦可。

六

夫子大人函丈：

去年十月下旬孙洨翁到至登州，奉到赐谕并天一阁、莫氏二书目。范书款道谕代购石拓，径不寄奉矣。前所得《李太白集》确与天禄本相合，虽为坊本，似亦罕见之品。且《乐史》叙中“互有得失”一语，惟此本作“牙有得失”，可合《释文》所引《郑氏易注》“牙”读为“互”之证。龚氏所藏金石拓本，数年前曾见两大簏，皆全装，额引颇有顾千里等题跋。今夫子所得，当亦此簏中物也。《佳趣堂书目》曾见于士礼居跋语，红雨楼仅见所藏小印而已。如许命抄手录副，当面领也。该款亦候面缴。标近辑《荛圃先生年谱》一卷，大约专记某年、月、日得某书，跋某书，刻某籍，校某籍，兼及校书琐事，专从题跋中得出。其馀旁见他籍者，则注明出某书中。椎轮大辂，粗稿已成。惟于先生二十六岁以前事丝毫无证，究未能称为完书也。先生故于某年，一时无从考。惟借知先生一生读书之勤，实非后生小子所能企及。因辑书而兼及校事，能得到所刊题跋之讹字若干，另纸录呈。近又辑《水经注引书目》一卷，拟于每书名目下注明注中共采若干条，此系标一人私例，未识可否。容归里后呈稿。南中新刊各书，已许代各留一份，至感至幸！郋亭宫詹顷拟校刊《陈南园师友渊源录》，已付写手矣。标拟五月初归里，径由运河南下较便利也。近日无所得。因系物少，亦为泉少耳。肃此敬上，恭请钧安。受业江标叩头。

外附大明湖汇泉寺庭中经幢拓本，乃《山左石志》中所未收者，标访得而手拓也。

七

夫子大人侍右：

日前曾上一函，谅蒙鉴及。昨拜赐函，谨谂。君子唯宜福禄多豫，循环省览，伏增欣跃。叔鹏爱古好名，力任铅椠，得夫子导引，他日书成必可观。翼甫先生鄂中把臂，即似深交，来书奖借，曷胜知己之感。东省藏书维海源阁，然宋元书目中却无道藏本《文子》，可见此书之少矣，容再访之。标到东后，立志不收隋以后之碑。拓本此间新出土者也颇多，已另留一份，归时可呈览也。孔庙各碑不能自拓，须于明年试兖州时商之于衍圣公，或可得也。若非精拓之本，则遍地皆是，固不足供一笑也。天气严寒，车马颇惯。日前过潍县，知陈寿卿学士所藏铜印以万计，古陶器得六千馀件。见瓦秦诏量字画如写，估人以陶器五十馀件求售，每器俱有大篆，索价二金一事，未能买也。见三代古鉨，大者径寸，小者仅二分，碌法奇古，价贵不得，徒饱眼福而已。郎亭有重刻《山左金石志》之议，拟在吴中刊之，明年或欲属校也。灯下拉布，祗请钧安。十二月朔日，弟子标叩头。

八

夫子大人侍右：

六月二十日拜赐书并翼父先生一函，敬宷起居康泰如祝。《仓颉》一书，回省之后，又已以校书院卷，卷事繁，不克蒇事。近以孙辑所引《一切经音义》多有讹漏，拟补辑一二，已读至十一卷矣。惟任氏《小学钩沉》未见，不知所辑若何？《大藏音义》闻有售本，然价太贵，非标所能得，空觉垂涎耳！以《苍颉》校《说文》，钮氏《考异》闻即如此，拟见《考异》后再行卒业。谕中又以帖括亦须兼习，夫子诱掖之心，标已铭诸心版，敢有遗亡？承代留丛书，感激之至！经幢题名，山左尚有，惟恐已有，所得兹先抄一目呈。目颇难抄，因此等物时有时无故也，容后再寄览。如有所需之，即接圈识之，当可觅致也。回省之后，偶游书肆，略有所得，大约皆寻常之本。惟得《唐李翰林太白诗集》二十六卷，每页二十二行，行二十一字，行款与缪刻同，首有年谱，无文。小黑口，装璜尚为整齐。以廉价得之，同人中有疑为宋刊者。标遍检各家藏书目，并无二十六卷之本，标定为元人坊间翻刊之本，以纸系元纸，确不可易，而且无避讳字，故知决非宋刊也。然刊刻之精，印刷之佳，非寻常可比。此书次序大约如缪目，而自八赋之后即续之赞歌一卷，中间抽出序跋等篇，殊不可解。我师所见目录最多，宋元刊本中不知有二十六卷之本否？此书出自聊城杨氏，有图章可据，而杨氏《宋存书室书目》中却无此本，可疑也。申季先生一书内有传稿早已到矣。泰安道中见新出造象一区，遇时出土仅二日。高仅尺许，拟购之而重不能举，一笑弃之，拓文以归，然字颇精也。子枞、洨民二君同归，想均见及矣。标日来偶受风寒，致感微恙，午后小坐，率尔书此，乞恕不恭之罪。专覆，谨上，祇请钧安。受业江标谨启，六月二十二日。

九

夫子大人尊前谨禀者：

二月中曾上一书，想蒙鉴及。顷自三月下旬由东昌观海源阁藏书归，山左之行，素愿始毕，亦幸事也。惟所称四经四史之斋，据其《楹书隅录》如藏书志例书云宋刻佳本，及开读之，不禁哑然而笑。盖八籍半系伪品，其真者则皆残鳞片甲，无一完璧，世之佞宋如是乎！盖至堂先生本不若黄、顾辈之审定，而如汪孟慈、姚伯昂、包慎伯辈则皆各据一是，未免为有从容之意焉。惟《咸淳临安志》百卷全帙，即《竹汀日记》刘燕亭所见曹楝亭藏本，然细睹之，纸墨之色尚有可疑。其所藏抄校各本实为甲观，如毛抄、周研农抄各本，何惠、沈硕各手校本，已为稀有。而荛翁手校本至有八十馀种之多，尤为人间至宝。奉读两时仅一睇瞟，不禁怡魂而泽颜也。

此间试事将竣，仲夏之初，当可由运道南之道还。不识夫子此时有北行之说否？两岁未侍函丈，急欲一言其志。二月中过商河，于城隍庙廊下搜得周显德二年经幢，经似虎阜之幢，字尚清。为阮志所未收。亟求郎亭命人拓之，然毡蜡不精，归时当奉鉴也。日来并无所得，惟收有旧拓《史晨前后碑》，前碑较今拓多卅馀字，亦罕见矣。近见吴愙斋《说文古籀补》，实为二千年来绝学，已刷印贻人矣。陶子缜学使遽尔作古，赵㧑叔刺史亦亡，二家遗书皆极精核，已刻者固必传布，未刊者未识能有人为之校刻否。查翼甫先生想在里门，附呈一书，伏乞转交。馀言容再禀。肃此，敬请钧安。受业江标敬禀。四月三日作于大明湖上。

十

八月十二日标叩头，谨上夫子大人门下：

《守山阁家刻书目》十卷呈览。昨谭次及郑、王祥禫之异，以记忆不真，不敢妄对。归而检书，按《会典》载品官丧礼，本性理家礼之说曰：期而小祥设，次陈练服；再期而大祥设，次陈禫服。大祥后中月而禫，卜日祭而释吉焉。石梁王氏曰：二十七月禫祭，徙月则乐矣。徙月者，二十八月。禫祭不言设，次陈禫服者，盖小祥即易练服，大祥即易禫服。禫祭即易吉服，此今礼也。唐杜佑折中郑、王之义，以为君子教孝，礼宜从厚，以禫服二十七月终而吉，徙月乐，是古而合于今礼也。柴虎臣绍炳，浙江人，《省轩文钞》中论禫，有服與祭之别说曰：禫服者，大祥除丧之后，犹有馀哀，故服介凶吉之间。《檀弓》所谓“祥而缟，是月禫”，《间传》所谓“又期而大祥，素缟麻衣”是也。月禫者，谓大祥之后，则服禫服;禫服者,素缟麻衣是也。禫祭者,服终而释吉,卜日以祭。案《唐韵》释曰:"禫者,除服祭也。"郑氏曰:"禫者,淡淡然,平安之意。"此指禫祭,非言服也。即《仪礼》所谓"中月而禫",《间传》所云"禫而纤,无所不佩"是也。盖既祭而释吉,故禫服曰:是月禫祭,曰中月。由此言之,再期而大祥后间一月,而禫要以二十七月为断矣。此说《经世文编》中曾载之。按近人皆俗守二年零六十日,是二十六月矣。实本《檀弓》"祥而缟,是月禫,徙月乐"之语。是二十五月而祥,不改月而禫,徙而及于二十六月,遂及于乐,似与今《会典》不合。盖《会典》本家礼,今俗本语类也。标襁褓始露,读《礼》未通,略摭举籍称呈定正。伏惟起居万福。标叩头。

十一

夫子大人侍右:

叩别已月馀矣。襄校纷繁,未敢率尔上书。今日按试莱州,行装乍卸,拉杂上陈,惟夫子察之。登州试经者二,试算者一。兰皋先生曾孙二人,一列高等,一入泮宫,皆郎亭特拔之,振兴文教,于此略见。试毕出游,登蓬莱阁,观海市未见,阁中有张廉卿书朱曼君铭盘集句云:"奥区神皋,陟绝入海。扪参历井,峻极于天。"阁中楹帖无数,惟此特精。与陆惕翁、孙洨民出游得古铜器。陆得汉镜一,孙得剑腊一,有"司马马"三字,颇似雁足镫文,又得汉人铜节、铜印三。标得元人圆印一,其他大贵者皆不能得。山左吉金之富,以此可知。汉碑新出土者西汉有河平三年《鹿孝禹碑》、东汉有《琴亭国李夫人灵第门》,又《孔子击磬图》、《君车图》,字绘皆完,笔势奇伟。此外,晋魏以下造象、佛经、经幢、墓铭不可以数。此惟拓本颇昂,非数金不可得一纸。标略收得,便中当寄呈也。郎亭有续《山左吉金志》之议。幕中惕翁专治帐席,祁子翁及中洲诸君皆统阅试卷。汪子渊尚未到东,顷闻已束装矣。郎亭更延严子万先生入幕，吴会人才一时济美。其阮太傅、毕尚书之遗风犹在乎？书肆旧椠、精抄不见一二。闻日前试东昌时，曾至灵石杨氏连簃筠畅观宋元板本，及抄校各精品，并借其宋存书室即杨氏藏书处书目一册而归。标已迟到，惜不及见，惟曾手录目录一册，惜又不能寄览。大约宋本不外士礼居、艺芸书舍各本，盖杨氏之书皆在吴中所得也。日来想夫子康健胜常，至以为念。标初次北游，车马未习，山石荦确，颠簸异常，回想南中，几如天上，幸笑谭交接不异故乡。惟朔风吹襟，肤冷钱，飞沙积几，旋扫即盈，中宵马鸣，顽仆催起，昏黄得食，腹饥于鹑，此又行路之难也。黄水泛滥，又决巨口，哀鸿遍地，赈抚孔艰。外夷交征，南风不竞，荆襄教起，党连数省，出没靡常，清源无本，时事之艰，何以能言？标千里饥驱，乡关隔绝，慈母远离，两兄时违，读书数番，杂事捃至，握管半温，兴败辄止。言念及此，不禁黯然。上陈清听，借当面教。伏惟起居万福！十月二十三日三鼓烛下。标谨状。

十二

夫子大人侍右：

顷拜赐谕，敬悉鄂省通志局在省城秦道岭。命琢《文子》封面，午后本拟叩谒，当带呈。一切亦容面禀，肃覆。上请钧安。受业标叩禀。

十三

送呈《藏书志》十二册，《虞山小史》七册，乞察入。莫偲老批注《简明目》如便在案头，或乞检交去手为幸。又阳嘉刻石拓本呈请赏收。《提要》如数日内有便可检出，当走领。《古籀疏证》闻不在吴门刷印，能否属徐元圃先多印红样一份，至感！专上，祇请夫子大人钧安。受业标叩头。

叶师老爷，外帖一，经书十九册。候片。

十四

夫子大人侍右：

昨拜五月十九日训，谨案种切。今因洨民先生归里之便，归期稍缓，此书先发。谨略陈之：三径刊书许留一部，叩谢！滂喜斋闻廉价印售，甚喜。不知其数若干？现试沂州事毕，即欲归省。标系随棚校襄，碌碌轮蹄，未免劳苦耳。命代搜访六朝以后唐以前石刻，标当留心。所列中州碑目，此间铺中却未见一纸。山东虽为邻省，而购者不多，故难得也，容访之。夏间回省，郎亭先生拟招精于金石者来署，仿文达公积古斋故事，如尹生彭寿、诸城人，著有《诸城金石志》，工于篆，家藏有西汉《朱博颂》残石及六朝造象。丁生培基，淮人，曾有校《益都金石志》，已刊。皆好古之士，拟罗致也。届时之当访诸于二君，必有头绪，先示之。定值为数不多，标极当谨送。惟标家况清贫，所有脩脯，概由家中领取。此间除月费席敬之外，丝毫无入，数番之款，尚可报命，今数稍多，既承谕言毋许客气，敢不实言。现有定值者，如武梁祠全套精者钱五千，次者三四千，其馀另拓六朝造象、墓志等每纸不过一二百文，多至四百文，如以有二十馀番之数，所得必多矣。其款姑候购定后再行奉闻。维滂喜斋书如价在五番以内者，乞代购一部留师处，惟恐售完后不能再得也。稍多亦可。其款得能在拓本上划算，至妙，至感！郎亭得芾卿先生书，知新得《大藏音义》、《采龄音义》二书，亦拟辑补《仓颉篇》。传闻标已有辑本，拟不再辑。实则标并未见及此书，惟知会稽陶子缜方琦太史已成辑本，较孙本倍之矣。翼甫先生是否归里？标于五月十二日曾由马递一函至通志局，为有微事相托，不知是否收到。如在吴中，乞一询，并求转致，即赐一复音为盼。馀事一切，洨翁归里可面询也。肃覆，专上，恭请钧安。伏乞垂察。受业江标叩头。闰月十六日。

十五

昨承赐谕，标已询过前途，据云《朱乐圃集》可否六元，《中庵集》肯再定价，望示一数目。兹将原书五册呈上，乞察入。专上，呈请夫子大人钧安。受业标拜上。

十六

赐书谨悉，拓本拟一饱眼，少迟当趋谒也。敬上夫子大人。标上。

赐鼓文叩领。

十七

通志本《释文》标无此书。残本《唐子西集》、《涌幢小品》呈览，敬覆夫子大人。标叩头。

十八

彭氏诸集及韩桂舲、石琢堂两先生集，如蒙检出，祈赐假，一补《荛公年谱》。如有当时同人诸集，均乞一借。夫子大人钧右。受业标谨启。

十九

一昨匆匆，不聆训辞为罪。兹有书友周景亭携新旧各书求售，用特转引。如有可取或留数种，此人与费屺翁常相往来，颇有善本可取也。夫子大人函丈。六月二十日受业江标百拜上。

二十

夫子大人钧鉴：

谨禀者：日来以先茔祭扫未完，不得叩安为罪。兹特送呈课作二首，谨求察入，并附脩脯，还祈检入至幸。专此，谨禀，恭请钧安。伏祈垂察。受业江标百拜禀。寒食日。

二十一

奉上《经籍访古志》、《仪顾堂集》二种，乞察入，敬上夫子大人。受业标叩头。

二十二

夫子大人函丈：

谨禀者：标自廿八晨赴沪，初一到后，即见郎亭，详告一切，大约皆可如愿。维渠必欲标偕去，再三恳辞，决不应允。现已许于夫子及申季先生到后标即言归，少停再往，以备检理行李。实以此次出门，衣服食用皆未带来。今特南行，只得当在沪江小住两月，不能算出门也。现幕中到者陆惕翁、祁子翁外，尚有程蒲生、绩溪人，工词章经学。顾蓉舫、赵叔恒伯厚先生世兄三人，程履新尚未到。今又属标飞函速华若溪表兄来同襄校，大约亦须八月方归，再行南往。标此行不意必欲同行，匆促万分，诸多不便，维有听诸自然之理而已。匆布，上请钧安。受业标叩禀。七月初二未刻。

二十三

奉谕并书领到。昨发案得首列，吴县则曹府学为张正镛，长洲周霖也。申报尚未检写，明日送呈。昨赋题："司马君实《独乐园赋》，以题为韵。"经解之题，甚易也。专上，敬请夫子大人钧安。受业江标敬上。

二十四

夫子大人函丈：

谨禀者：日前拜读赐书并陆集三本，昨及晚叩谒知尚未归，又以天忽大雪，不克趋谒，殊怅。昨忽接羊辛楣师由湖北途次来书，始悉已浼陶子缜先生荐标于高勉翁学使处校读经古各卷，岁可得二百金，已将关书聘贶诸仪送来，标决计应聘。惟明岁正月初旬即拟附轮西出，缘来函有灯节后必须出棚之语也。初次出门，诸事均未熟悉，况勉翁从未识荆，不知脾气若何。好在焱轮往来旬日可达，且经年奔走无崇山峻岭之险，皆由江汉一带也。陆集前途昨日又有书来，渠因岁底急需，竟八元肯售，不识老师能再为设法否？琐渎之罪出于门人，深自不安，故未将馀者送上。如得俯允，当即一并送呈也。今日上午如不到馆，诸事尚拟面聆训言，乞示悉至幸。此上，请大安。受业标再拜上。

费宅大殓，想老师处亦报，不识送何礼，乞示悉。

二十五

夫子大人函丈：

谨禀者：标于初八日抵沪，十三日附北京轮，十七日辰初抵鄂。即之雇船过江，下午进衙，适勉翁抱恙不能出见。出棚约须出月初旬。陶子缜先生亦见过，年未四旬，著述颇富，已刻之书已有六种，其第六种为《淮南许注异同》，诸精采详，确今之戴都。标去年曾取原书略一斠读，见此可省兹心力矣。翼庵先生处，今日去拜，适已于十六日赴京，不及一见，怀刺而返，致函仍呈。志局一事，未知其详。子缜先生缓数日即欲归里，度其词意中不甚惬意，未知如何？标到鄂后，水土等尚幸平复如常。所幸同幕俱系同乡，一为顾绎如老伯，即住虹桥；一为朱董郛，嘉定人；一为苏某，上海人，尚未到；一为李鲛江伊沅，顺天人，系得解而即革去者，解皆官亲，徒挂虚名而已。卸装匆促，拉杂略布。肃此，上请福安。伏祈赐鉴。受业江标百叩禀。十八日烛下。

二十六

夫子大人函丈：

敬禀者：日前由舍间寄呈一禀，想早赐鉴。敬维起居胜常，如祝！日来想早开馆，抑有他就否？标到省有十七八日，现定于初八日起马。勉之先生人极和平，且有蔼然可亲之意。此间书局已不刻书，只择已刻者刷印发卖，铺中书远不如吾乡之多。惟四川宏达堂新刻各书，价廉物美，颇可买也。老师曾欲补买丛书另种,便希开单示悉。日前承题《竹柏双清图记》,如蒙脱稿,便乞寄下。来书乞径寄本衙门,可由本衙加封递寄也。如托通志局柳、查二君带来,尤便捷也。大约三月间考汉阳、四月黄州、五月武昌,即歇夏矣。此间经心书院为香涛先生所设立,近阅观风卷中有佳卷,俱系书院肄业诸生,亦可见栽培之厚矣。贱躯尚幸托庇,惴适堪行慈麈,惟学薄才疏,殊深惴惴耳。肃此,恭请崇安。伏祈垂鉴。受业江标百拜谨禀。二月初七午。

二十七

日昨所上书并附家书一函,想先鉴及。今午已过羚羊峡,山色空蒙,颇似画图也。顷闻初夏有还里之说,想定传闻之讹,若确有其事,标之衣箱能便先为附归甚感。否则,将钥封固并箱交在省者,维不愿为他人启耳。专函上请夫子大人福安。受业标敬禀。二十二日肇庆道中。

二十八

石印五方镌就即奉,先此函复,上请起居万福。正月朔日,标再拜。

二十九

夫子大人侍右:

行装甫解,正拟肃函,适奉赐谕。敬案起居曼福如祝!标自十三随轺起程,二十渡海,即日进试院。涂中托庇平安。天气亦不甚大热,晚间仍须绵被也。昨得大家兄书,知钮佚畋先生于二月杪接聘,定于三月十四日开馆,于十一日来城,先住标家。不意于十三日午前,因询及小儿所识之字,颇觉烦重,自谦抑必欲言归,经大家兄再四挽留,未蒙允可。临行留书一函属转呈,今将原书寄上。即此可见钮先生古道照人,足以警世俗蹈虚之习。后以小儿课字渐荒,急于求师,遂即聘请祝桐尊兄,标则未知之也,及至昨接桐兄函始知之。标实深抱不安，以桐兄虽系至好，然一旦就此小席，何以为报。且小儿顽劣，桐兄长厚，恐未能驱策。故得信后闷愧殊甚。然此事标未与人知之，乞秘而勿宣。标禀事大约不成矣。此间试事须八月杪可回省，标若归里，须在七月。势必先归，然水陆属易，孤行独宿，颇非易事。若能在琼州航海而归，则便捷矣，恐不能也。先肃复，上请大安。受业标拜禀。

三十

今日生正场，晚间无兴阅卷，肃此。四月二十四日。

三十一

夫子大人函丈：

谨禀者：标于二十日自白门启行，二十四日抵里门。三场犅毕，聊借观光，深自愧恧。眷呈图艺一首，伏乞赐鉴。本拟亲聆训辞，实因自中秋腹泻，寒热交作，至今尚未复元。道路稍纡，即难步履，一候就痊，即亲自叩安也。肃此恭上，祇请钧安。受业江标百拜上。

三十二

夫子大人函丈：

谨禀者：久违面命，深切悚惶。实以家叔祖母汇吊，一切略为经理，故未得脱闲也。今日即欲赴白门，本欲叩别函丈并聆训诫，又以时促事多，尚须收拾，谅夫子当不责标之懒也。兹呈阅陈硕夫先生赤牍一函，附《竹柏双清图》一幅，禀稿一纸，谨求夫子大人名著骈文序一首，以光慈荫，不胜铭感。秋帆归后，当叩领也。脩敬一函附呈，伏乞哂留。专上，恭请钧安。尚希赐察。受业功江标百拜禀。七月初四日。

三十三

长洲俞君宣《自娱集》两册，谨呈书库，馀面启。恭请夫子大人福安。受业标谨启。

三十四

夫子大人函丈：

标自十五日归里，曾至金太师场两谒师门，阍人均辞以他出；又至花桥里第，则又辞以在馆，往返南北，未得一谒清光，更深惶悚！赐叙《竹柏双清图》并鄢鲁川手书《说文跋》，百拜谨谢。呈查翼翁一书，乞察入。夫子何日归第，或示以时日，俾至花桥亲行叩见。肃上，叩请钧安。受业标谨禀。二十三日。

三十五

夫子大人侍右：

前上启并广函想早到。顷见吉甫云粤关已调人，须速去为上。磨勘事已告假，然徐老大发雷霆。出此知会，即录呈阅。重伯亦代告假矣。燕秋中矣，为徐寿老奇赏，二三场批有“班杨复生”之语，首艺似庄子。而山西所中王君闻住苏州，则似老子。日来一老一庄，人皆称誉不去口，亦文之妖也。世道之变，于此可见。恭请福安。受业标谨启。

供事孙彬等谨禀：奉掌院谕，自本月廿一日为始，所有接见人员，不必按定俸次之先后，每次酌点十员到暑接见，如有三次不到者，着取具图片、印结到署告假，倘仍不告假，即照例办理，毋得自误。为此谨禀，并请批知知会内容。

三十六

夫子大人函丈：

三月二十七日高凉棚次奉到钧谕，祇悉一切，感愧莫名。前言得诸耳闻，标早疑不确，今读手谕，益爽然矣！谰言不可信如是。《说文杂识跋》附呈。日来文场已毕，稍得安逸，然终日笑谭，毫无常课，且有如汪问礼所云“跬步才蹈，荆棘已生”之苦。苟居停非笥河、纕蘅，恐岭南无标矣！近成申丈诔一篇，用以写哀，兼以自悼，匆促不及写清稿呈政，容后续上。若兄同室起居，沉默自好，标不能也。天时已穿单衫，想省中亦如此也。到后亦并不阴雨，惟蚊已成雷耳。出月初六七必能起马矣。家中仍无信来，盼甚，真莫解其所以然矣。附一函，求附府报中饬送，不必亟亟也。屡渎罪甚。十八日曾上一禀，并他函，想先鉴入矣。驿使坐待，匆肃，恭请崇安。受业江标谨拜禀。三月二十七日二鼓高凉试院。

三十七

申丈身后一至于此，闻之腹痛！诔文一首呈政。颇乖少不诔长之义，且笔墨荒俗，聊以当哭而已。标再禀。

上海、苏州两函乞饬送，又本地一函。

三十八

小印两器，聊以馈岁。天寒腕弱，奏刀粗恶，乞蒙政。谨上夫子大人。标叩头。除夕。

三十九

夫子大人侍右：

谨禀者：月前曾上一书，想蒙察及。唐仁斋处经幢未送来，大约已成虚约矣。兹因沈福至粤，托渠带呈经幢两种。其翦本据仁斋云确系幢文。果真，则此甚宝贵，以书法颇近眉山，高而言之，则为马鸣寺矣，尚求审定。附上郎丈书，谨求即寄，至感。标归里后，未读一卷书，可愧。专上，敬请钧安。受业江标谨上。八月五日。

四十

残唐写《大般若经》卷一，扶桑木刻多贺城碑臂搁一，恭呈赐收。夫子大人侍右。受业标谨启。

四十一

昨上书，想蒙赐鉴。兹特遣车奉迓，敬乞惠临。夫子大人钧右。标敬上。

四十二

夫子大人侍右：

标以哭笛舅灵，故于试事毕后匆匆赴荡，未及他事。日前曾蒙赐书，亦未函复。今晨奉赐函并承寄《心矩斋丛书》十六册，拜领叩谢！标试古学，正覆幸俱首列，文场正案次，亦覆试得首列。考案俱见沪报，当早见及矣。优场曾与其事共十二人，至望日始毕。叔鹏因病未入场。此次文场正覆两案，颠倒殊甚。闻试常州府属亦如此。广府闻月望开考，阅卷人数够否？夫子身弱，万望节劳，标所心祷。标广府恐未能束装，且孤行无伴，若兄又万不能行，此事真无从说起矣。考市中仅得元《纂图互注本扬子法言》二册，系张塘桥蔡氏蠹馀，在标已奉以英佛七尊矣。叔鹏蔡氏者竟未得一卷，反以百金购乾嘉通行本巨部，取其多而已，不知其故也。日来心绪恶劣，无暇详布一切。若兄云前寄书已收到。专此，恭请崇安。受业标谨叩。九月廿四日。

四十三

顷得郎师书，送阅。明日当于午前同来。敬上夫子大人函丈。标谨启。

四十四

《字原》润笔拟需五十金，若以每字五文计之，当不止此数也。未识太多否？尚求酌定。若看三经，万不肯出此巨赀。不必以标信与之看。即望示悉。敬上夫子大人。标再拜。

四十五

顷知闱墨中标刻有为电文一首。头场二篇，若溪已许作矣。头三两篇万望赐撰。容面叩领谢。敬上夫子大人。受业标再拜。

自撰既不能见人，欲求他人，又心有所不敢，尚乞成全，不胜惶恐。

四十六

同乡单一纸，当即注明交西蠡。明日菊农师命饮，西蠡同坐。陶然之举，当与面商再复。敬上，恭请夫子大人钧安。受业标叩启。

刘太老夫子处何日可望，乞示知。似须在请同乡之前。

四十七

十五日下午六点钟广和居便酌，恭请师驾赐临。同坐皆同乡熟人，并欲邀君宜兄一坐，当蒙许可，恕不具简，届时再行催请也。夫子大人钧右。受业标谨启。

四十八

昨见屺怀，知行期已改后，大可随侍同行。再同前辈处石币，愿精刻十印相易，如许可即交下，当立刻奏刀也。然须先见石币方刻。方兰布标处已有四百馀枚，以此聚类，即不刻印亦当许之也，借博一笑。夫子大人留安。受业标再拜。

四十九

赐示祗悉。此次大痛，虽延颈就毙，亦不够此一掷，奈何！脂蠡中岛许十金，标嫌其太廉，拟再与商之，故未复也。数日内当先筹去年蒙假之款奉缴，暂应急需。日来百物鬻弃，开元一石亦为筱珊前辈要去，馀亦视之若敝屣矣，可怜又可痛也。夫子大人函丈。标谨启。

住家之病，莫大于携属。现舍之不可，因循则百病丛生，将垂绝矣，奈何！

五十

赐示谨悉。石章三方皆刻好，惟须略修整，标拟足成之，明日即可送上也。夫子大人侍右。标谨启。

五十一

奉钧谕，恭悉种切。陆集四十八册乞察入，琐渎之至。读芗老书，老师又为小子所累，然芗老眼光亦颇不恶。二十一日叩谒。此肃，上请夫子大人钧安。受业标拜上。

五十二

夫子大人函丈：

谨禀者：午前叩谒，知贵体违和，不敢请见。兹呈上敬脩六番，伏乞赐纳。标终岁荒落，有负栽植之意；近复行装匆促，不能成文，诸祈原谅是幸。手肃，恭请痊安。伏祈冰鉴。受业标百拜上禀。二十三日。

硕父先生赤牍便乞掷还，至幸。

五十三

奉去石印一，乞察收。标北行尚拟暂缓数日，如欲索钟越生刻印，便乞交下，当可代求也。敬上夫子大人函丈。受业标叩头。五月朔。

昨闻钟君刻例，即日有加泉之说，如欲索镌，盍从速交下。

五十四

夫子大人函丈：

前日前上一禀，想已鉴及。标已为郋亭挟某粤东，今日已抵试院。海中风稳，无异平地。到粤后，亦不甚大热，已可穿单矣。幕中程蒲孙孝廉秉铦，绩溪人学问渊雅，不可多见之士。郋亭必欲招若溪来粤，未识能允否也。八月望后，能即束装至妙，缘以后海面恐有风浪也。专上，即请钧安。受业江标拜上。七月十二日戌刻作于粤东使院之药州。

束装时，舍间或有托携物。

五十五

夫子大人侍右：

秋初归里，拜六月中赐谕，述新得唐碑事，似当再有前谕而未得拜读，不知浮沉何所。标自去年奉赐谕后，至今秋始得此书。六月之中，当必有赐谕，尚乞示知，以便查访。标匆促赴试，录科纬得列名，然需补岁尚未得定期也。白门市肆，旧椠少佳者，偶有可观，价贵异常，未敢得也。惟得明刻《文子》一种，据云从徐注录出，似从道藏本所出也。世叔大去，以师之友爱，悲惋何如？不知何日入都，标归里时未识能叩谒否。专肃祇上，恭请钧安。受业江标叩头。七月二十一日。

五十六

王溲斋、薛尚功、吴荷屋三书，均乞察入。近日之为吉金之学者，能求释例当胜解诂，率尔之言，借博一笑。夫子大人函丈。标谨启。

五十七

昨拜诵钧谕，谨悉种切。《中庵集》欲寄闽中，前途自无不可，惟渠意中需值约七八元方肯脱手也。专此，恭请钧安。夫子大人函丈。受业标拜上。

五十八

顷荡口友人托售新旧各书，具新书一单，不外局刊通行之籍，故未呈览。兹将旧书单呈上，中圈出者均已售之或头本携出。并头本全书计共拾伍册，如有合意者，请示价，以便转询。肃上，祇请钧安。夫子大人函丈。受业标叩陈。

五十九

拜赐示谨悉。质卿先生书当携交也。标以镖局无便车，需八月中旬束装，容再面禀一切。肃复，恭请夫子大人午安。受业标叩覆。

六十

夫子大人侍右：

谨禀者:《洪北江全集》想夫子必有是书,拟假读诗文全集并《晓读书斋杂录》、《外家纪闻》等三种。惟恐此书未必携在案头,或候归第时检出,祈示一日期,俾使仆至第领取。今日郎亭处又有书来,属早束装。然得翁书来言露宿星饭,颇形跋踄,计水程七天,陆行十四天,途中伏汛陡发,几濒于危。可见出门之难,见此又有戒心矣。故七月中决不首途也。附呈篆书《山海经赞》,学篆日浅,殊愧不工,想夫子必有以教之也。肃上,祗请钧安。受业标叩禀。

六十一

夫子大人函丈:

数日来神识顿昏,语辞心烦,几不知天地为何物。承一再训道,仍未能省悟,触犯撞突,无奇不有。直至今日下船,神始守舍。静想数日以来,追悔莫及。在夫子而能体谅下情,明察其戆劣无知,决不因此等事常存心意。然在标则更惶悚万分,终日惴惴。如能宽容,则标再生亦当感激。留省中大衣箱于天晴时,业须饬阿和开箱,将箱面椅垫一晒,以下均已晒过,并遍置樟脑,自可无虞,不必再行翻动也。家书一函,临行时忘寄,附呈乞即饬局中速寄,楚方钱回省送缴。馀容续禀。匆肃,恭请崇安。受业江标百拜谨上。初十日大通道中。

六十二

夫子大人侍右:

去冬坐铁甲兵轮,从基隆遇风后,由澎湖文报局曾肃寸启,详言行路之所难,海军之无用,想早已登记室,敬承禄祐屡臻,如颂如祝!谨启者:标自去腊到粤,即由刘静皆同年招住同文馆。承赐各函,一一致送。小住两月,惟筱师年丈接见甚殷,并贻厚仪百元。其馀如公款四百元外,皆只多十馀金。当道亦皆未得一望颜也。同乡中惟硕丈招呼周挚,可感。合计所得约有千元。惟粤中番饼多破烂，耗折七八。涂次所费，家中宿负，偿抵不足。然一切皆出夫子之赐，不致空手而归，为大幸耳！标现已束装料理，急欲登程。大约偕屺怀、胜之两同年同行，月内就道。学殖浅薄，荒嬉日多，自惭自憾，惟恐有负栽植为惧。聆训不远，欣喜无极！日来外间讹传夫子有查办事件出都之事，未见邸抄，不敢专信，大约不确也。专肃，祗请崇安，伏惟万福。受业江标谨启。闰月朔日。

六十三

夫子大人钧右：

叩别已二十日矣。标自二十四日抵沪，二十六日抵里门。知府中已先有人照会云自来取箱，标即先将信送去，翌日即来将箱取去，大约早得府报矣。见屺怀云申丈故后，百物荡析，唯书籍则劝暂留，拟集同力合购之。然近来一二佳籍已稍稍流布，盖谋之者多也。谋者则与申丈熟者，可叹。见叔彦，首斥标任气大言，有乖涉世，前日书来非空言也。标则甘受之，维羡其困学之功不可及耳。其馀所见之人，皆羡粤游之佳，乐于登天，标维干笑而已，不敢辩也，辩亦无益也。笛秋舅氏大病，适若兄已归三日，若兄书来粤游，恐成画饼。标无他语，惟将原书呈诸郎丈耳。试事须九月，归里后杂事纷来，盐米刀锥无一不亲理及，不如出门之逸，奈何！翼夫丈翩然远举，深羡无极。叔彦力止之，谲谏直陈不为所动。标亦谓依非其人，恐不得安耳。张塘桥蔡氏主人故后，遗书尽出，为陆润富得之，后为姚念慈得之，其馀则为屺怀得之、翼夫得之。叔鹏欲得之而惜其刀布，总徒托空言，一事不成也。标亦欲得之而无其刀布，亦徒有痴想，道逢涎流而已。《开元占经》在叔鹏处，不买又不肯脱手，他书皆类是。维终日泉与书相战而已。实则蔡氏书，陆收得最精，姚次之，馀则皆残鳞片甲，非无上妙是也。欲得则得之，欲不得则弃之可矣，无馀恋也。归后又收得金文百种。见别下斋藏金文册一千馀种，皆张叔未题字，至宝也。吴中收金石拓本无同好者矣，故价亦不贵。每于唐仁斋处见申丈遗物，殊觉腹痛，不愿得之，孰知世间有专心注力觅其遗物，故减其值，弃朋友之伦于不顾，痛心疾首，莫此甚矣！故独羡西蠡之不负死友，实世间第一等有心人也。仁斋云经幢尚有，维恐重复。标今检拾拓，求得二种，一剪本，一全拓，未识已有否。信局不便寄，当得便送阅也。姚念慈刻《北堂书钞》属缉甫写之，查蕉坨校之。欲求三径藏本借校，颇费周折。吴中书价贱于岭南，旧籍遗函，时得寓目，故乡乐真足乐矣。雨窗拉杂布陈，恭请钧安。七月七日受业江标敬禀。

芝生老伯前致求叱名请安。附书乞转交。

六十四

夫子大人钧座：

谨启者：叩辞翌日检束行李，午正出彰义门，宿良乡。翌晨无驿马，自雇驴十馀头，直至涿州，宿。晨起又因舆夫仅四名，饬招空轿自坐骑行，宿定兴，至河北。昨至安肃午尖，保定宿，即发电函，想早鉴及。至保定知吴杉香前辈于十三出京亦至保定。今晨行，申正至望都，宿。闻湘抚已有旨，馀姚署缺。将来尚求函告照拂，因素未谋面也。计程安日，大约十月十五日、六日必至武昌，惜南皮已行，省中无相识者，顷已函告芍棠方伯代为函告鄂中，或可有济也。东事寂然，如同世外。维昨过安肃，大令来谭，云“见合肥大有疯意”，此可怪也。此行途中尚有泥水，幸自雇车，仅要驿马，颇觉灵便，否则必迟迟此行矣。匆匆肃启，恭请福安。受业标谨启。九月十九日望都行馆。

此邑办差周到，可感。以后想一路较善矣。

六十五

夫子大人钧右：

谨启者：月前曾上一槭，由子嘉处转寄，想尚未能鉴入。十二月朔日，桂阳试院奉十月廿九日赐书，敬审起居善顺，一切达观，至如所祷。标尝谓传一己之心血者惟文字，虽骨肉不能丝毫假借。今观夫子，益觉所言之可证，故夫子亦可借此以自慰。标家无寸土，自入湘后略有俸馀。除清宿逋外，即专志刻书。以观古今来，惟此独有益人己之事。即如文勤一生，将来传之最久者滂喜、功顺两丛书之外，恐无他事可比拟也。其馀等文勤者可不必论。标年仅卅八，而入湘两载，鬓已二毛。他日有何功业？自问无能，且世事万变，不甘走入迷途矣。丛书三集前已托王探花携呈，近刻第四集，若无佳稿，得夫子论书诗，大足照耀。然尚有请者，苐卿丈之遗著共有若干？潘文勤《海东金石苑》稿本存有几卷？吾夫子能一一排比见寄，标必付梓以传之。去年本欲仿《雷塘庵弟子记》例，为文勤撰弟子记，而未得见《文勤日记》原稿，无从下管。今仲午世叔不知尚有此意否？标拟明年尽半岁之间，愿独任其事。夫子能一告仲午世叔否？文勤宋元本及金器目能一抄示否？可刻入丛书中也。持静斋、铁琴铜剑楼、海源阁、皕宋楼宋元本目皆已写刻，所少者滂喜斋耳。标所刻之书皆不用一官钱，以廉俸之馀作平生报德之愿，或有不关友好者，则皆为天地传一至文，为标将来存一姓名，或百年中尚不致湮没也。书板已有二十馀架，将来皆拟携归里门，不留一片在湘，以与湘人无涉也。至于三年事毕，早已心在邓尉梅花村落矣。软红滋味不过两字罢官，他年青史留传不必定入宰辅编年录也。今日考拔出"张江陵当国功罪论"题，皆为试者诋江陵无完肤，校阅之馀，益深感慨矣。灯前草草，叩祝平安。受业江标再拜谨启。十二月朔日。

六十六

敬再启者：

世兄前本当具生刍一束之仪，然三千里迢遥，不敢劳夫子痛心。如有世兄遗著可传，标愿刊入丛书，或反可慰吾夫子也。祈即检寄，至盼！至祷！标又叩。

致汪康年书

一

穰卿仁兄同年世丈大人阁下：

自都门归，至沪浦见浙榜，忻悉高得魁选。昆玉三美，乐为学之有益，颂吾师之擀才。都门一别，竟偿奇愿，快无可言！大著仅见两艺，欲窥全豹，如能速寄一读，尤幸。顺德师过吴门，弟尚未归，不及一见。吾兄榜后，当能一谒，师生针芥之投，自不待言。此科江南一榜，亦俩得人，然较贵省后矣。明岁何时入都，能相见于海上否？弟到家廿日，顷因谒孝达年丈来沪，数日内即拟作闽海之游，大约岁暮归里，明春或至武林，当相见于六桥三竺之间也。专此，敬贺大禧。年世小弟江标顿首。十一月初九日昆山舟中。

拙卷拙刻呈鉴，赐书乞径寄苏州城内临顿路悬桥巷敝居。

二

拙书呈政，并乞改旧作也。何日南行？容再趋送。穰卿仁兄同年。弟标顿首。

三

日前奉到股票八纸及书两部，候款汇齐后，当再送上。兹附上银票十两，书目一纸，祈即检付去手带回各书为感。馀再面叙。此上穰卿仁兄同年。弟标顿首。

四

顷奉到之书内，缺《修箫谱》一种，大约遗检在内，望再付下，至感！馀件能否函信寄来，至妙！琐渎容面谢。此上穰卿吾兄同年。弟标顿首。

刻书目祈检付数纸。

《咸淳临安志》	四两二钱八分
《樊榭山房集》	一两四钱六分
《道古堂集》	二两九钱二分
《清尊集》	七钱三分
《依旧草堂遗稿》	七分三厘
《瓶笙馆修箫谱》	一钱四分六厘
《北隅掌录》	一钱四分六厘
《湖船录》	七分三厘

五

送上书四部，股票四纸，银四两。馀二钱馀，在前购振绮堂书上划算。尚有心渊处两部，闻另缴价矣。兄处除《史学丛书》外，尚有寄售后印何书？均祈检付一部，弟欲购也。《史学丛书》亦要。此上，穰卿吾兄同年。标顿首。

六

日前得谭为快。兹特遣人走领廿四史全部，乞检交去手。其股票系伯唐兄经手，与汪范卿处一票连号，到湘即检出寄呈无误。日来行囊已竭，此间无熟人，能否吾兄代筹百番，到湘即寄，迟至一月，一切托心渊兄面陈。即刻奉访，乞勿他出。《西域》、《满洲志考》两书即望交下。《清尊集》亦要。此上穰兄左右。弟标顿首。

七

示悉。杨星翁回信未奉到，大约遗忘矣，然亟欲一看也。今日检随身书簏，皆无可奉阅之件。舆图已送总署，各书候到湘必寄阅也。此上穰卿吾兄同年。标顿首。

顷专使送心渊一函，想察及矣。

八

前款想已代汇，费神之至！顷有要信并银，祈即交票号，此款即祈于前寄所馀计算可也。尚有赢馀，恐岁暮当有所需，能代存留至感！日来已到澧州，考事平安。近为立志大兴校经书院，为经费所窘，明年望君来作臂助也。助学问也。匆布，上穰卿吾兄同年。弟标顿首。

九

穰卿吾兄同年大人左右：

久疏通问，驰念曷已。敬惟起居佳适，如祝！得心渊书，知顺德师家事，闻之怆然。弟忆前年出京，师曾以世兄相属，本拟同来湘中，比以有人讹传师私移眷属者，遂即终止。临行一书，言词凄怆，本疑不可释，然师付属之心，未尝一日或忘也。今思世兄犹未及岁，归里后恐难久居，弟欲仍遵师旧属，愿迓之来湘。将来弟至何处，必与偕行。教读衣食皆弟一身任之，将来候世兄学业有成，再行设法。然日来见《申报》，知灵榇已过上海，世兄当亦回里。此语将来与何人说知，则仗吾兄矣。如以为然，祈为转达，约于何日来湘，弟当布置一切。世兄年尚轻，往在师处见有一粤媪，侍护极密，尽可随侍同来，弟亦稍可放心。此函不及他事，弟实因闻信后转展思惟，别无他法，回忆吾师临别之言，和泪驰墨。矢愿有成，谅公亦当不置诸度外也。匆布，敬请日安。四月廿八日，弟标再拜。

自靖州书，鹄候覆书。

十

穰卿吾兄同年左右：

前奉手书，鹿鹿未覆，至歉！比惟起居佳胜，如颂！报事想日有起色，湘中几致家弦户诵，且试者以之为兔园册，风气开辟，一至于此，可喜也！岳麓院长王祭酒师曾有劝阅《时务报》手谕，刻出遍给诸生，兹特寄呈一纸，大可刻入报中也。弟试事明年正月可毕，拟在校经书院创立方言、算学、舆地三会。方言斋长则郑子忠，涟，长沙人，炳之子。算学斋长则傅鸾翔，巴陵人。舆地斋长则晏忠悦，新化人。即在新建书楼下。并欲开立《湘学新报》。日来已请旨拨给学租馀银，每年五百两，作为常年经费。如蒙俞允，则诸事顺手。将来拟定章程，尚拟求附入报中，以示天下也。悄悄此心，亦无他愿，虽时事不易挽回，亦聊尽斯职耳。读梁孝廉读西书两种，颇合夙志，何以无方言书？不可解。岂此学非师承不可邪？前存兄处之款，共存若干？乞速示知。弟拟将此款半助贵报，半助广学会，聊尽区区之心而已，勿疑其是借端索逋也。弟近刻丛书已成三集，寄去两部，一奉纠正，一祈转呈梁孝廉为祷。都日近事有所闻否？弟略得一二书，皆以不肯改变，动辄倾轧为言。且有牵涉鄙人之处，所闻异辞，弟亦听之，此都门长技，无足深怪也。弟拟刻顺德师遗书，闻伯唐兄处多抄本，乞转假。如有信致孔曼世兄，亦祈代索，或求师手抄、手批小种书刻之亦好，祈竭力为之。馀无他语，想见遥遥，以时通函为妙。此上，即请日安。弟标顿首。十二月二十三日，永州试院。

外书两部。

十一

穰卿仁兄同年大人左右：

久不作函，闻尊事亦甚忙，心印而已。惟起居佳胜如祝！昨由沅帆处送到《代数通艺录》，谢谢。此间事无足述者，除书院添设学会外，专主学报。现在主笔者为唐被丞、陈槎臣二生，其馀皆帮忙而已。唐力最多，即住署中，一切皆渠动笔。准二十一日出报，上海拟即附尊报馆寄售，一切章程皆可通融办理。惟不知每月寄报由汉至沪，与邮局是否说通？吾兄寄报至汉如何？即弟处报至沪亦若是也，祈速覆。所有章程、例言、总叙拟借重登尊报中，未知可否？另寄五份，祈分致各报馆可也。心渊即日回沪，一切书籍等由渠面交。此函托恪士便致，未知何日可到。或另有函告也。湘中前为一德人，省中全局震动，少见多怪。此事初与沅帆、秉三等商甚好，继知有人借此下手，故突作闭门计，甚非所愿也，见恪士当知之。此请日安。年小弟标顿首。三月十六日。

十二

穰卿吾兄同年左右：

此间时务学堂拟敦请卓公为主讲，官绅士民同出一心，湘士尤盼之甚切也。弟亦望卓公来，可以学报事交托。惟上海无人，奈何！第十月杪可交卸，专候研芙来，请假两月，当可于海上相见。然以后出处尚无定主，惟颇不愿住京耳。拟于苏州创一大学堂，而同好者无其人，愿南皮再至两江，则事可成矣。此皆呓语也，可唉！可怜！敬请日安。年小弟标顿首。八月十三日。

外书两部，此守旧之学也，择好之者贻之。续要之五百份，合计须六七千本，无钱买纸，吾兄处能先寄若干否？至盼！

十三

穰卿吾兄同年大人侍史：

来书悉。康侯处早电致，不知如何？乞一问。有电覆云饬禁。所须续寄每期五百本，现在添印不及，寄转不易，当尽力设法。公度来，一切事与商，甚合。馀后覆。敬请日安。弟标顿首。初八日。

近刻办学校章程，呈阅，盍刻入《时务报》中。丛书不易售，要暂缓也。

十四

穰卿吾兄同年大人左右：

数月来诸事丛集，一函鲜通，想彼此有同情也。承代销各报，以公处为大宗，汉口、江南次之，馀皆不足言。然销路虽广，而填款甚巨，几有力穷之势，奈何！六月杪外省结帐之期，不知共收若干？所云长购一节，此法甚妙。弟处第十二期已照行矣。兹有幕友黄赓生兄回省，有划付洋六十圆，乞即检收。款照付，其馀仍请核结。先将帐目寄示，以便交经手人总核。匆匆，即请日安。年小弟标顿首。八月廿一日。

十五

穰卿吾兄同年大人左右：

事冗病苦，未得通问，至念！前寄之二百四十元，秉三处未便划用，兹将原信附还，即留此款在上海面取可也。以后之款亦乞勿寄，此间已划归弟帐矣。弟此归一无所有，到沪恐靠此一款用度，其馀可想矣。心渊想日见，另一函与之。到沪无住处，拟住天保栈，又恐不便，因汉口无接客也。且候面谈。匆布，即请日安。弟标顿首。十月十二日。

《湘报》交公度接手，可以长矣。

十月廿四到。

十六

穰卿吾兄同年大人左右：

日来想诸事佳胜，至慰！此间学报已将出第二期。第一期之报，特属家人许升携呈五十本，将来能否推广？当乞示知。上海及广东各报馆，拟各致送一份，即在五十本内抽送可也。不及算钱。此次遣家人至沪，特为领康侯观察所赠学会各件，并购办各仪器。日来专心在此，尽徒劳无功，亦深愿也。此间再有数月即将交代，一切事不得不立定脚跟，以后盛衰兴废，非吾所能意矣。《代数通艺录》收悉，谢谢。匆布，敬请日安。年小弟标顿首。三月廿四日。

再者，心渊至沪，欲谋一事，未知吾兄能代设法否。标又顿首。

十七

穰卿吾兄同年左右：

日前奉手书，具谂种种。即欲束装来沪，适因家兄有秣陵之行，岁暮无人照料家事，诸多不便，只得中止。继思此事只要兄与曾君面见连纳，一询实在情形，便可主张，不必弟在座，反启连君之疑也，吾兄以为然否？兹启者：上海育才学堂已禀准浙抚，于太、镇、嘉、宝、上海五处销盐，每斤加价一文，以充经费，即于光绪廿五年正月初一日起捐。现在苏府属学堂正苦经费支绌，当即援以为例。顷有创办苏中西小学堂张云博孝廉一鹏往浙，拟即上禀，求照太、镇各属例领拨，批详由张启面呈，以备考核。恐到浙投禀，无熟人照引，必多迟滞等情。弟特属张君先到上海与公面商，务乞格外照料，能否赐以数函？俾到浙办事容易准行，尤深感祷！即苏属学人亦同感先生盛意，日夜盼切者也。蛰仙闻在浙，能助一臂力尤幸。一切统祈指引，奚啻躬被！张君，弟平日最钦佩者，人品学问皆极超顶，敢愿为之作前导也。弟牙痛至今不止，上颚生一坚肉，势将糜烂矣。诸事不能用心，只能安息坐卧，大是苦境。见雪君可告之也。专布，即请日安。年小弟标顿首。二十四日。

戊年收。

十八

穰公同年左右：

伯斧来，知台从不兑来苏探梅之约，似尚不迟，今年花较迟也。张云博兄来云：浙抚院批尚无眉目，能否求吾公电催，其电费一切，归云兄照缴，祈速示为盼！敬请日安。弟标顿首。十四日。

筱轩强辞夺理，如何办？兄必有以处之。乞示。

己正月十六收。

十九

霞尝欠款二百馀元，在鄂结帐时无钱可付，除已收现款外，另写一信，尚欠百元，归尊处借付。去年到沪，兄不在此，故未将此信交去，兹特检出，照划可也。至于廿三期以前报事，必须日内清结，非出催迫，实有万不得已之苦衷，尚乞原宥。兄既至杭，此间有何人代理？尚乞示知。免有无可商量之苦，或即就近属心渊作调人亦可。此请穰公吾兄日安。弟标顿首。廿八日。

庚杏月补收，不记日。

致汪鸿钧书

一

介石老哥左右：

恳者敝处前节所用之米铺，流弊甚多。节底结清后，此节拟换一妥实之铺。尊处必有熟悉铺户，祈荐一家来，立折后按节结清，概不拖欠，决不有累老哥。弟意惟求一信实之铺，道远不妨，例出送力也。日内定妥后，即祈开折送来，如须先付定洋若干亦可。能近在葑门更妙，将来可永远用此铺也。专恳，即请日安。弟标顿者。初六日。

敝处用米，约每月六七担，并闻。

二

介石老哥惠鉴：

昨奉手书，具悉一一。明日之约，当无所误，惟少英及常熟两款，至今尚未交来。少英款约定初十，上下午不能定。常熟款轇轕不清，今日已遣专人往取矣。明日万来不及。一候何处先到，即先将何处先送，决不有误也。惟超神落遍之馀款，据亲友云：此项向须候出屋净尽后交付，无先付之理。现在未便付出，想前途当不向吾公为难也。再有木器多件，能否先寄空屋，即托王庆照看，祈为一商。此请日安。弟标顿首。

米铺能否即为一设法，因候用也。

三

介石吾兄惠览：

昨承种种，至感！惟匆促间意有未尽，不得不先一详告：此屋大致已了了，惟谦甫处未能早为迁出，甚悬悬于心。何耶？谦甫远隔千里，将来有无口舌，一也。谦甫不归，其夫人等必诿为不能自主，则谦甫一日不归，此屋一日不出，二也。房屋空关，易致损坏，且日前目击情形，则此数月内难保不有意损失，可虑三也。三太太虽极为明白之人，然隔壁事未必尽知，一任作践，毫无闻见之尽。将来八月谦甫处万一盘据不出，想渠亦难驱之使行，可虑四也。吾兄既为担代，弟意甚可感可喜！故特先行奉商，将来能否保质必无轇轕，尚乞三思。弟意无他，只要八月十五日苏例正九不搬家，若在十五以前出清，十五以后尚可迁入以前交兑清楚，房屋装擢一无更动，便是了局。若一有一未妥，弟惟有将房价先行扣留，即日进屋，再与公商议交付之道。此时三太太若到话说，弟只得惟公是问矣！恐后不妥，故特先行奉告，谅熊深谅也。再乞与张氏言，八月十五以后不论是否交兑清楚，即须遣匠动工，届时祈勿阻挠，为感！祈约定为盼。过节以后，东边空屋中拟先寄存粗物，或遣一二人在内看守，望与张府一言。此语去年曾与林渊甫说过，已经允许，此次重说，为郑重起见，想仍见允也。祈亦示覆为幸。总之，谦甫事不能含胡过去，致出屋之时，生出许多口舌，不如先说之为妥也。此信即凭据，祈勿忘为幸！此请日安。弟标顿首。四月廿五日。

致陆笃斋书

前日未得趋陪，一昨承枉顾，失迓，至慊！侄行期尚未准定。宋元画册四十金附缴。如有他件，尚乞见示。敬上笃斋世丈大人左右。侄标顿首。

上潘祖年[①]书

翌日酉刻，敬请赐临聚云园。杯酒清谭，借承教益。衣冠脱略，殊属不恭，尚祈原谅。敬上，请仲午世叔大人行安。侄江标再拜。廿四日。

致程秉钊书

一

吹谭至快，易观察处已有函告，明日可往见之。承惠谨领法墨、名茶，馀珍璧上。敬此曾伯大世兄。弟标顿首。

---

① 潘祖年，字西园，号仲午，江苏苏州人，1870年生。

二

曾伯世大兄大人阁下：

屡得手书，尊大人著述当下选刻入丛书中。因无奉覆之处，时悬悬也。顷得自汉上书至快，承示一节，将来到汉时当与王学使言之，特恐不易耳。其馀皆不熟识，足下或更托他处设法，择善者从之，可乎？匆覆，即颂文祉。弟标再拜。十九日。

三

公勖先生著席：

琼崖遄反，饱饮酒德。维馔福百增，如祝。标自六月二十四日抵沪浦，翌日归里。闻隐娘犹在，逸态还存，山田则已侍沈郎个侬嫁矣。天南遁叟曾将此事入《淞隐漫录》，见否？梦畹、缕馨均属致声。标杜门习静，百事俱废，渺渺南天，怅念何已。专肃，祇请校安。标再拜。

四

公勖先生侍史：

白门归里，奉赐书，借窚文字吉祥，如祝！标家兄弟幸俱出顺德师之门。夏秋间奖勉之词竟成夙谶，信非偶然。日来至江阴，送长沙师渡江，即至秣陵见房师。归家数日即欲束装再来。相见不远，先此，上请撰安。标再拜启。

五

数日泥涂，懒于趋诣为歉。兹有仁和朱子涵司马求书两件，托弟奉恳，能速藻尤感。写成交屺怀处可也。敬上，祇请蒲孙先生。标顿首。

致徐乃昌书

一

闻已迁新居，尚未走贺，至歉！属书匆匆写呈，明日走谭。积余老弟。标顿首。

二

昨检之书若何？如尚有头本，能一观否？薄暮候。今日不出门，盍即来一谭否？叔鹏亦在家也。弟来同住，因南丰人极诚笃不可欺也。此上积馀吾弟。标顿首。

三

示悉，笔墨等件节前必送上。初六日为吾兄饯行，千万勿却！书即转交，对子亦送去，大约必写也。赵词附上。三月言欢，一旦遽别，离情黯然。如承不弃，弟以食粟而长，能以弟视阁下乎？敬覆积馀先生。标顿首。

四

示悉，全册能代购得，已深感，不敢望赐也。汪豫源兄事，弟当即日致函夔臣，写就送上，恐力薄无济耳。积馀老弟。兄名顿首。

五

昨写时未见尊函，仅据额字。今早见昨夜书，惶恐异常，方拟走请改写。适书来亦有此意，大妙！大妙！今日有嵩云草堂之局，少停拟先走候，即在弟处写之，如何？积公。标顿首。

六

示悉，佩玉至精，琼瑶之极，无木瓜可投，奈何？今日在寓写件，吾弟盍来一谭。先此叩谢，敬颂积馀仁兄大人元安。兄标顿首。

七

《乌台诗案》及《夔生词》并原信呈阅，写件午后送上。积弟。标顿首。

八

书来值午睡未醒，不有即覆为慊！《七十二鸳鸯楼诗》奉缴，馀稍缓并呈。日来得暇能来一谭否？积馀老弟。标顿首。

九

昨日出鼻血碗许，今日起早归来，形神俱惫。宠召万不能赴，尚乞恕罪，容再面谢。此上积馀老弟。小兄标顿首。

十

横幅今日写就送上。公祝明日面见，定期如何？积弟。标顿首。

十一

示悉，明日即书。后日午后奉约一叙，千万勿却。此上积老弟。标顿首。

十二

顷正作函，少停必送上。此覆贵老爷。小兄江标顿首。

十三

赐示具悉，蒙签，书成乞察入，不能用也。阁下至宁，住何许？乞示，以便往访。积馀先生大人著安。原签两纸附呈。江标再拜。

十四

初六日准午刻，略洗盘勺，敬请惠临一叙，借以志别。千万勿迟，勿却！城堙遥隔，恕不催请。敬上积馀老弟。标顿首。

十五

手示具悉，且承惠我方氏书，感激奚似！书画各件，节前必奉上。楹帖亦即写呈。馀再面谭。积馀老弟。标顿首。

十六

两次失迓，至歉！渴欲一谭，拟于十四日午刻奉约在半夕胡同广和居小饮。同座有叶鞠裳师，李木斋、费屺怀两同年，陆笃斋世丈。敬祈早临，恕不再速，千万勿却。敬上积馀仁兄大人著席。弟标顿首。

外附拙刻《鱼玄机集》一册。

十七

日来大雨倾盆，道途梗塞，我弟万不可即行。廿七八日，尚拟奉约与彝卿诸君子一叙。千万为我少待，不在此两三日之留也。如曰不信，请看天雨。经面缴积馀老弟。标顿首。

纯伯住弟处。

十八

积馀吾弟左右：

一别数月，音问不通。惟默想秋元定能快夺，宣南重见，乐也何如！日昨得见南榜，果如所愿，快意终宵，令人忘倦。今年，兄四月考差一无所得，秋来仅派磨勘一差。而同好中得解者时有所闻，亦一快事。南榜贵同年中长洲张叔鹏炳翔为兄总角旧交，所刊《许学丛书》已至八集，与弟“积学庐”可称二难。江南一榜，有弟与叔鹏，都中学者皆贺此榜得人，馀子不足道矣。叔鹏兄，已作函约渠今岁即来住兄处，然恐未必能允。因渠有一内弟亦同榜，必须偕来。今年未必成行也。弟本有九秋之约，何妨北上？兄已扫榻而待，想未必因室太卑陋，不愿居停。与其为城内之客，曷若作江氏之宾？座上尊前，当无俗伴。将来叔鹏如来，则更可作联床雅话图矣。维不知大登科后即小登科乎？果尔，则不敢强使速驾也。丛书一序枯窘至今，并非忘而不为。日来走俗抗尘，了无佳趣。笔墨山积，欲筑避书画债台矣！敬上，贺大喜并恭贺伯母大人尊前福喜。如小兄标顿首。

十九

积馀仁兄大人著席：

沪上一别，星月如驰，遥念清辉，时增遐想。敬惟撰述百益，雠校精进，如祝！弟自去冬挈眷入都，署冷官闲，时还讽读。惜厂肆奇书日少，精抄旧刻，百无一遇。读李南礀《琉璃厂书肆记》，殊有今昔之感！兄日来刊布佳籍共有几种？如有刷印，尚祈惠吾。兹乘赵剑南同年之便，附去拙刻书目一种，家兄旧著一种，乞察入。剑兄年少多才，相见必能契合。惟初次粤游，一切尚祈指引，至感！专布敬请箸安。小弟江标顿首。三月一日。

丙卿同年未知在粤否。乞致声。

致唐仁斋书

一

属球对，涂就送上。弟大约月杪起身，所有经幢便即交来带往。前说有人要石鼓精拓本，今有一友人肯让，亦系罗纹笺，并有鸣銮印记者。实价洋贰拾元，如要，可代取送上也。仁斋先生鉴。建霞手布。二十二日。

二

昨归奉手示，借悉一切。吉金拓本承说定十二元，亦无不可。函中所云之《金石图》，前途既有还价三元五角之说，可否代为讲定。步五元方可挠手，缘此书南中无之，彼处亦不易得也。如前途允可，当即交上洋五元，以结清此账，未识可否。先此奉复，尚费清神，容后谢。此上，即请仁斋先生公。建霞手布。十八日。

弟处尚有郑文公全拓，价六元不减，如要，可来取去也。又及。

三

齐槅不精，并前拓十种，奉缴英洋陆元正，乞察收。如有他种金器拓本，万乞送来一看，为托。此覆仁斋先生。建霞手布。

四

顷承送到吉金拓本一册，费神之至！惟此中大半皆弟所已有，前途既不肯拆售，或统得之亦可。兹拟全部统赠洋十圆，如肯挩手，至妙。如可以取旧拓碑帖及名人书画对换者，则更好。说册暂留下，祈酌夺，示覆至。此上仁斋先生。建霞手布。

致曹元忠书[①]

一

初五日准已刻，奉屈驾临泰泊庙桥下塘大码头，船户名沈招大。小舫清游，无丝竹之乐。同坐金粟香太守、冒鹤亭孝廉，无他客也。务乞早临，至盼！至祷！云瓿吾兄。标再订，恕束。

二

令弟扇涂就，呈政。小病初愈，未能走谈，至慊！至闷！敬上云瓿吾兄大人左右。弟标顿首。

致傅以礼[②]书

昨失迓，罪甚！顷出城，午后当在寓恭候。如蒙先临，

① 曹元忠，字夔一，号君直，江苏苏州人，1865年生。

② 傅以礼，字节子，顺天大兴（今北京市大兴区）人，官福建知府。

乞少待,即归也。心云世叔大人。侄标再拜。

致盛宣怀书

一

杏孙世叔大人侍右:

前拜手答,久疏笺肃,敬惟福祉□臻,勋绩楙著,一如下颂。标玉堂忝列,视草多闲与屺怀诸君,月与书社以当清谭。兹有博古主人刘君载宝来津,欲谒清秘,以求真赏,属为一言以进。闻此次搜罗颇富,或有可观。然殿厨珍秘甚多,未识能博一欤否?专泐琐渎,敬请勋安,诸惟鉴察不备。世愚侄江标顿首。

二

杏荪尊大人左右:

久隔清仪,时殷企想敬惟。为国求贤,为民生利,开古今未有之局,夺中外必争之权,人方颂公之能事,标已惜公之迟来。往日之颠倒梦想,不图于今见之,故亦觉私心窃喜矣。标使湘三载,报称毫无。惟生平素志不以赝学误人。湘士多才,亦知宗尚化移之速,夙愿所不及,心力所结,毁誉胥忘,先生闻之当亦莞尔。近奉新章,当选算学生赴北闱。湘中自咸同以来,此学不废,且更加精,颇多苦学之士,兹闻得以进身,极形踊跃。唯寒士居多,皆碍于旅费,观望不前,心想又苦。因见先生素日亦以国运之兴衰,关乎人才之进退。格致书院,师范学堂,良工苦心,无烦赞颂。此次拟将所送算学生员,由湘中官轮渡送汉口,由汉口至沪、至津、至南西门外。铁路,请自汉局起,见咨送文凭一纸,即给来回票限期五个月一纸,俾得共仰皇仁,均沾德赐。事虽创举,志在必成。尚望体此群材开通宏局,将来湘士之感颂定无涯矣。新章催考甚急，标一候覆书，即行选送，尚祈速行赐示，至感。将来是否须用公牍，并行酌示，至盼。近日湘中新学昌明，似较他省尤盛，不揣鄙陋，创办《湘学新报》，分列六学。意在试事已毕，报考折中陈明推广新学，振兴书院，故日来专力于此。惟自惭鸠拙，殊觉不称耳。电局即日通线，从此信息灵便，亦一幸事。专肃敬请勋安，伏乞垂察，诸惟亮鉴不庄。江标再拜，四月朔日。

三

杏荪尊文大人左右：

奉覆电感愧，维起居佳胜如祝。算学生昨日考试，颇多佳者，候发案后当开单呈阅，大约在二十八内外。顷知蒋丞光濬至鄂，属其携呈，思古人笺十六匣乞，又拙刻丛书一部哂收呈政，匆匆不及详布。敬请勋安。江标再拜。十三日。

四

杏荪世文大人阁下：

昨晚始抵鄂省，亟思趋谒一谭。适感腹疾，不克过江，至慊。慈航官轮由湘拖带标船将至省城，汽机忽有小损，欲求贵局一修，其工价一切，均归该轮管带自发。特恳为之一言，祈饬尊匠从速修整，不胜感祷。专布，敬请勋安。世小侄江标顿首。初八日。

五

前覆一缄，想赐鉴，今日专诚奉谒，想得承教。风雪酿寒，不敢劳冠带送迎，但得便衣晏坐，午后趋诣后，尚须回武昌也。一申积忱，不胜快幸，先此肃陈，敬上杏荪世丈大人座右。侄标顿首。

六

杏荪世文大人左右：

奉手示，至感。标拟于十三日上午过江诣谭种种。十年一别，世事纷纭，须一听伟论也。敬上，即请勋安。侄标顿首。

七

奉赐覆，又承惠佳肴，曷胜感荷。标闻江宽已到，恐明日匆忙，故于今日午后侍家慈上船矣，承借小轮不必派往矣。昨晚南皮招饮至四鼓始归，商一非常变法之议。由南皮主稿，遍约各省督抚、学政联名入奏，如得俞允，则中国或有转机之一日也。明日当诣谭详告，或别有新议，则更佳矣。胶事如何？能得阅近报否？敬上杏荪世丈大人左右。侄标顿首。

广秦福事悉如尊谕，至佳，马处覆音有无眉目。

致王惕庵书

昨缄想已青睐。吉金拓本三册当荷题就，即祈检付去人，至感！《怀米山房吉金图》乞同发还。其目已刻入《灵鹣阁丛书》矣。敬上惕庵吾兄。弟标再拜。

致越若同年书

越若同年侍史：

桂阳道中奉书，并《鸾箫集》廿册，至慰！伏审侍福寿，房帏欢喜，如颂如颂！前读《群雅》，谬发拙言，乃承遽付枣梨，曷胜惭悚！后编珠玉，盼读尤切。公以家衖休居，苦意寒薄。然此事亦是消磨英气，然饮啄俯仰，皆关天时，弟知之深矣。洞庭春水未发，正好挂帆，尝望公来萱圃快谭，十月至候至盼。鄙人日来颇多遐思，一灯相对，觉世味益深。年未四十而鬓已二毛，遇事竭蹶，自叹才拙。明年当息影署斋，专候瓜代。近来魂梦中已如见小姑山色矣。夜灯率布，即请侍安俪祉。弟标再拜，十二月朔八日桂阳道中。

致金湝生书[①]

一

日前趋诣，不值，至怅！初五日拟订作山塘之游，清茶小舫，无声色之娱。座中惟鹤亭、君直两孝廉，当荷俯允！如是日无暇，改期亦可。敬上粟香先生左右。弟标顿首，初二日。

示期，定当遣舟奉迓。

二

初五日准巳刻，船泊泰伯庙桥北堍下塘。船户名沈招大。标即在彼恭候。务乞早临，至盼！粟香先生。恕速。标拜订。

与刘佛卿书

风雨黯涂，当春不华。朝别药洲，夕宿沙渚。歌于舲，隔水明镫若星。番舶计筹，行贾如织。翌晨风利，蒲帆忽轻。日未西沉，已过百里。城市渐荒，山壑转秀。波路壮阔，渔歌互起。经由三日，忽直粤区。石壁双举，江水激深。悬瀑十丈，则孤松掩青；削岩千寻，则飞鸟半落。访以旧闻，证诸载籍，即图所谓羚羊峡矣。循麓西行，选即达端州。石室犹在，星岩半空。行轺匆匆，懒未探造。自此以西，涓流浅澄。卵石锦迴，游鱼苹唼。官舫衔属，篙师驾劳。江源已竭，易箯陆去。山行竟日，复达一水，则艇小如瓜，帆不掩

① 金湝生，字粟香，江苏江阴人，1841年生。

席。篙桨之使，半杂以婵娟。朝刺沙棠，呼以驾娘；暮唱木鱼，便为荡妇。荐枕洛水，解佩汉皋，陈迹类是，比毋太过。吾公闻之，能勿嶲然。既过阳春，复经电白。山花不落，杜鹃半红。林荔繁枝，野猿自守。温泉晓浴，疑入华清。荒寺晚吟，时答虎啸。如此五昼，始过高凉。盖所行已十有八日矣。念切吾公，盘跚海滨，为道之损，劬学自励。阮咸孤诣，荀勖深折；马融布算，康成独如。七音九弄之根，五纪六物之秘。偶举一隅，皆超凡解。此古所谓君之言信而有征乎？岁月不居，著述自爱。金沙文字，珠湖畴人。连舆接茵，端在阁下。标之黯浅，尚好经籍。浏览所及，失于潜研。辑录枝繁，损其志趣。家法自守，行役为劳。众艺博通，有朱生之志；闭庐精诵，无乐恢之勤。以此蹶痿，减其回荡。惟恍惟惚，奈何奈何！蒲公豁兄，醇粹并处。鉴铿觥觥，汪洋深博。非我敢及，是公所欢。春芳将谢，望舒又圆。所止海南，抑返岭北。沧波千里，尤勤远怀。惟轸芳猷，懋宣时誉。执弦代贽，书不尽云。

致孙传凤书[①]

一

洨民先生经席：

前上之书，当早察及。比维文章大吉为祝。去年在世经堂曾见《然脂集》残本四册，此书师鄦亦有残本，当时拟购之，后因配入而仍不能全，故未易得，事后思之，颇为婉惜。今恳先生与侯老商之，如此书尚在或已售去，而设法犹能取回，当出价购之。或取旧刻佳籍与彼相易，万乞代为谋之。

① 此件由陆建初先生提供。

另附一信，即面交为荷！师鄦于于泰泰，另省中起马之日，忽购得旧籍六七种，如嘉靖本《嘉祐集》、未铲本《感旧集》、初印红豆山房本《精华录训纂》、初印《尧峰文钞》，及照旷阁本《齐东野语》、璜川吴氏摆板《中吴纪闻》、阮刻郝《山海经》、聚珍本《直斋书录解题》，虽非希有之物，然亦南中极贵之品矣。泰山秦石刻当代购之，然郎亭一人要一百份，恐从此少矣。前日所见之观款，乃会真观诗款题名，非为秦石而有也，可不必得之。如遇有唐以前拓本而罕见者，当代留之。

先生前在东昌所见之旧钞杜诗，书已为郎亭以十四金得之矣。日前杨凤阿中书送来北宋小字《说文》，师鄦定为元刻明印。甚矣，宋本之不可靠也如是。此次出棚，只带两小木箱书，以观风之卷尚未扫清，无暇及他事。两箱之中，则又专带目录之学各书，校读之暇，专从事于此也。祁子翁想已动身，殊念！校阅人少，昨日分卷有三百馀本，至天明始毕事，惫矣。南中见佳籍否？东昌杨氏之书肯售，除去宋本，索价五千金，有人许以三千未允也。陈冠生殿撰家藏书极精美，且颇能品其甲乙，实为咸同以来历科之中所未有也。八月二十日标拜，谨上。

二

洨民先生侍史：

九月朔拜七月晦手诰，谨稔文字吉祥如祝。承寄《籑诂》等书，已于中秋后寄到。观风卷尚未阅毕，其懒可□。今日已至青州，仍住旧室，同人皆在东西两院虚左以待，颇觉寂寞。惟有一快事放告执事，重阳日于省中得匋器三十一件，半两钱土范一件，兹拓呈一份，临封函时因太厚，恐失去，竟不寄矣，容面呈。拟刻一印曰“匋穴”，以志其幸。又得元板《六经天文编》、《周易》郑康成注两书，皆《玉海》附刻之本也。丁少山先生新刊北宋本小字《说文》,即据聊城杨氏原书而正孙刻谬改之讹。丁申甫广文曾赠师鄦一部《说文统系图》,已托尹生彭寿上石,尚未告成也。馀再陈。伏惟起居万福。标敬拜。九月十七日申正。

三

西初发书,酉正获手教,前函已不能复追矣。西雍《说文古本考》耐代觅一部带来,至感!此间试事由青而登而莱,郎亭意中欲先生从陆道而比较为稳妥。盖海氛甚炽,事有不测,一也。即至东海,登陆无车,二也。防海健儿动辄生事,胠夺之案层见迭出,不可不防,三也。行期不可预决,若至莱而轺车已西,则有千里之劳,伤力损财也。如此四端,郎亭于自行函布外,再属师鄦详细陈之,伏惟察夺。鉴翁事已代陈矣。今日无事,手拓匋器数份,姑以一份寄览,不知耐到否。

先生如要匋器,尚能觅致或割爱,惟拟易尊藏之书,不识可否。另单开呈求购孙刻《说文》两部,乞勿忘。此上汶民先生。九月十七日戌刻,标叩头。

卷二　诗词

红蕉词一卷[①]（1887 年—1888 年 2 月）

自序

余十六七时，尝学词于阳湖吕鹤缘丈、金匮华笛秋舅氏。凡《花庵》、《草堂》诸刻，无一日废也。弱冠后，憙为辑录之学，且奔走楚、粤、齐、鲁间，不暇考声律。丁亥岁暮，复来岭南。戊子正月，罗浮舟中，检箧得诸名公词，爱而效之。三日得四十馀阕，并去夏在珠崖之作，共得五十二阕，删录三十六首，名之曰《红蕉》，志广南作也。词多无题，从竹垞翁《琴趣》、龚定公《无著》词例也。吕丈既远在津门，舅氏已撤瑟百日，标亦十许年来负米南北，希识两公颜笑久矣。人事变迁，可慨也夫！光绪十四年戊子人日，元和江标建霞记于惠州使院。

菩萨蛮

玉镂飞凤银屏小，画罗帐卷春云晓。缭乱海棠丝，还移明镜迟。

无言成独立，底事慵梳裛。帘外鹧鸪啼，泥金裭舞衣。

天涯只合多飞絮，化萍还向天涯去。妾命不如伊，终年弯两蛾。

大堤音信绝，梦里刚离别。双燕入帘来，故园花

---

① 1934 年 6 月昆山赵氏又满楼重刻本。

正开。

藕丝切断玲珑玉，蕉心卷破葳蕤绿。水阁已秋风，屏山几曲红。

湘帘三面静，团扇相思影。晚槛月微凉，开奁吹鬓香。

鸳鸯双护流苏冷，兰膏夜泻秋蛾醒。梧叶打窗轻，高楼过雁声。

罗衾围好梦，寒压霜华重。梦竟到辽西，难教郎便归。

玉楼一夜琼花影，围炉火暖侬心冷。相别早春时，今看岂暂离？

钗头寒翠凤，昨夜银瓶冻。暗起卜镫花，隔墙啼晓鸦。

枣帘昼永铜蠡静，牡丹屏写黄荃影。今日有谁来，狸奴洗面才。

葡萄天马镜，斗画双眉靓。窗底惜馀明，鸳鸯催绣成。

银荷晕小釭花紫，黄昏已近炉烟腻。满地是梨花，春风狂太差。

双鬟金凤小，卸却残妆早。翠被不胜寒，熏笼梦合欢。

玉函四叠蟠飞凤，齐梁乐府工成诵。难得董娇娆，高堂挟瑟邀。

从今休识字，好把聪明讳。多恐讳聪明，新愁依旧生。

锦奁双陆红牙促，弹棋谱熟翻新局。隔院簸钱声，空阶草乱青。

琵琶和泪抱，闷煞檀槽小。墙内有秋千，春骑堕玉鞭。

春来燕子生愁种，玳梁栖稳浓双梦。陌上过香车，闲庭落杏花。

绿罗金凤缕，欲理无头绪。岂是耐愁多，心情便改么？

罗敷媚

寻常一夜檐前雨，本是相思，更是相思。无奈今宵梦醒时。

天涯我亦飘零久，孤枕寒支，懒自填词。多恐秋霜上鬓丝。

望江南

人何处？明月冷琅玕。一桁湘帘三面雪，半奁秋镜六朝山。那不忆风鬟？

相见欢

今朝早起梳头，换香篝。应是昨宵，有约上兰舟。

匀面了，兜鞋好，下东楼。走向人前，又说不同游。

真珠帘从吴梦窗体

蒙蒙帘外江南雨，闷得愁怀如许。开尽隔墙花，尽愔愔庭户。乳燕娇莺都懊恼，镇做就相思新谱。何苦？最长堤飞絮，可堪无主。

将近陌上清明，叹华年心事，邀谁同诉。自分老天涯，又不甘浪诅。料理文章留事业，看鬓丝尚非迟暮。休去。待烛底传书，梅边寄语。

踏莎行

水驿镫红，寒衾梦瘦。阿侬听惯长宵漏。隔江人语不分明，须知总是愁时候。

银烛销残，茶烟冷透。相思已是销磨够。江南恐有未眠人，背灯定自喃喃咒。

忆旧游

看绿波如画，棠桨轻摇，载得愁来。拂面东风紧，正丰貂乍卸，锦幄初开。听冷一宵细雨，银烛半成灰。恨此去前程，孤蓬瘦驿，何计安排。

难挨。记前度，是韵斗尖义，语妙诙谐。醉写迷春句，有冰蟾窥梦，赤燕投怀。双鬓依然浓绿，一笑又天涯。翻添得新词，归时写出留与猜。

虞美人

玻璃窗子双钩槅，不似帘儿隔。去时相见两含情，可惜对窗细语不闻声。

海兰新写春风面，持赠天涯便。个侬近已到蓬莱，好把一丝儿线寄声回。

一剪梅从吴梦窗体

买得三弓湖上山。种满垂杨，护尽红兰。高楼四面傍湖边。十里荷花，香上阑干。

万卷琳琅插架宽。玉印金敦，古籀千言。主人朝起细摹看。新为钞书，添得双鬟。

柳梢青

别未多时，见还非少，镇自相思。明月东墙，梨花旧院，又是来迟。

早知此后如斯，悔当日，无心见伊。闭却纱窗，展开锦被，休要题词。

洞仙歌

萧萧络纬，恁秋风未起，已向阶前絮愁矣。正个侬睡醒，好梦惺忪，镇无奈，画烛罗屏窗底。

耐人追忆处，四角流苏，双笑依情镜心里。屈指已经年，忍展生绡，好记取生生死死。早知道斯愁少完时，悔当日相逢，不曾如此。

临江仙仿吴山尊体

记得玉罗窗子下，翦灯自界乌丝。朝来临得上清碑。不甘羞腕弱，偏说尔非师。

借得湘兰新谱好，开函教仿双枝。试将并蒂细描伊。灵心先料著，翻问寄将谁。

记得横塘双桨疾，一镫云母船窗。晚风添得一丝凉。春寒容易受，绣领护鸳鸯。

力薄松醪偏早醉，倦抬饧眼波双。回腰先近合欢床。懒教翻翠被，休使脱罗裳。

记得藤床闲话夜，两鬟鱼子兰香。银刀新破绿瓜瓤。会知侬酒渴，故意倩先尝。

今夜莲筹偏缓缓，月明尚在纱窗。弹棋嫌急斗茶忙。不如携手去，池上纳新凉。

记得一帘新绿净，牙签理向兰窗。红丝小印押新装。元钞秋月补，宋刻绛云藏。

锦桧楠橱三十种，千行甲乙排将。新从海外得函双。画图樱后院，经卷藤三娘。藤读仄。

点绛唇

香尽茶冰，问谁料理黄昏事。嫩凉天气，只好和衣睡。

别院银镫，照透盈盈泪。知谁慰，枕绡红腻，索性将愁讳。

玉团儿

而今无分同鸳牒，惟记取当年鸿雪。一握柔荑，十行细楷，犹记赠别。

苕溪春水迎桃叶，好花底一生双活。侬自寻春，卿休怨绿，此意永诀。

洞仙歌仿竹垞翁体

六街镫火，有云车双驶，拂面花枝艳桃李。正钗痕侧弹，扇影圆兜，犹记得，一握柔情似水。

高楼容我坐，自拂桃笙，笑拨炉灰学奇字。玉漏已频催，故意疑人，道尚是二更天气。又重试新茶与侬尝，问莲子多心，可同滋味？

满城风雨，者江头重到，画阁愔愔赴新约。看唐梯几曲，绛蜡更番，已认识，往日曾经双照。

胜常慵起问，先写新诗，道是秋凉脱初稿。低首诉离情，试揭菱花，笑久矣光昏尘饱。原不分刘郎复归来，真恨补情天，月圆愁岛。

袖中何物，信十分爱好，留得生绡写侬貌。恨丹青尽丽，难画幽怀，空记得，十八风鬟窈窕。

此情谁与诉，花底惺忪，聊托云和寄怀抱。带向枕函边，试撰新词，奈一夜柔情颠倒。苦闻说明日又征帆，但和泪亲题，只般草草。

东君去也，望蓬莱山色，沧海西头北风急。忆云廊对坐，看写唐经，端可惜，一卷《华严》未索。

芝罘山下路，莫寄双鳞，空自殷勤赋瑶瑟。忍自展吴绡，小唤真真，或果也翩然而入。谁知道此愁永难偿，任燕去鸿来，更无消息。

孝廉船到，说淞滨遗事，道是萧娘已归矣。望神田山远，札木町荒，从此后，好把风怀收起。

一函开锦笈，料理装池，更乞题词满馀纸。翻幸貌崔徽，留得螺痕，认几滴当时清泪。便携著镫前细重看，当月下初逢，楼头再至。

寻春无意，恼豪丝脆竹，谁解闲愁满千斛。讶玉箫再世，重到人间，又谁料，破镜一时圆复。

挑镫浓笑处，入握纤腰，犹见临风妙装束。满壁认留题，尽是檀郎，尚初见赠伊云幅。惟添得联词妙簪花，有鸳水清才，北齐名族。

鸳鸯牒紧，忽罡风吹遍，万树夭桃谢庭院。算《华严》劫换，琼岛春归，只可惜，此去无时重见。

浦江东去路，多谢莺媒，容得孤鸾托篱畔。有客是黄衫，夺得红绡，不终使紫钗长怨。我从此千愁任蠲将，待谱出新声，忏除旧愿。

鹦湖水碧，看锦帆几折，载得西施入东越。正腰围瘦削，好配琼枝，同梦里，暖得一丸残月。

从来佳事少，了却相思，记补微之更无别。留得半函花，写恨题欢，当持赠沈郎行箧。只此际萧郎路人看，尽君梦双飞，我栽独活。

忆秦娥

纱窗黑，知心小婢银镫剔。银镫剔，不如吹息，泪痕犹湿。

隔墙庭院谁家宅，谁人吹破霜中笛。霜中笛，尽教哀怨，问谁知得。

丑奴儿

脂奁粉盝宣窑制，斗茗鸡缸，斗酒犀觞，红玉磁炉海外香。

新收小卷湘兰画，水绘装潢，东涧收藏，押尾前朝薛润娘。

集外词

题《照镜仕女图》诗盖全用镜字典故也

（1884 年 8 月）

试把青鸾卜故欢，元宵消息得应难。
分明一片相思影，莫当秦台照胆看。

欲向唐宫征故事，当看人生笑声无。
菱花谁主秋偏早，试拟开元避暑图。

题《梅花仕女帐看》四绝

（1885 年）

约略清姿画本难，要将瘦骨比珊珊。

何人写出湘妃影，一幅鲛绡卷薄寒。

雪太飘零玉太粗，素娥例向月中居。
晓来残梦惺忪起，可有清音唤翠奴。

宵残梦醒意如何，心事无端上翠螺。
记得故乡铜井路，探花定有玉人过。

新妆尽有如花侣，旧事何从问玉钩。
知否唐宫南内女，明珠难慰十年愁。

无题五律四首

（1886年）

十五兰房静，含情自奈何。
赋应工宋玉，名合比秦娥。
宛转随红袖，因循怨翠娥。
相将银烛底，试听汝南歌。

绣户巢翡翠，金篦掠凤皇。
绿摇双燕佩，红束九霓裳。
小语银屏静，含愁玉枕凉。
相思不相见，故故艳明妆。

秋水团明镜，新愁托画眉。
好花当户艳，清流入怀知。
拈带回华烛，量珠压绣帷。
香囊垂叩叩，犹写定情词。

已有愁无极，难堪梦昨宵。
未能托弦索，何以扳琼瑶。
秋思塞金井，柔情上翠翘。
天涯多荡子，休问浙江潮。

于广州旅次

幕中九友歌

（1886 年）

蒲生文学高泽流，胸罗万卷容休休，高谭经济多良谋。祝公医学能深求，青囊肘后勤旁搜。馀事还好新诗投，惜哉十月难稽留。冠云乡思向悠悠，佳句盈箧能唱酬，骈俪癖好湖海楼。老誉稚爱柔翰轴，韩文一卷珍藏收，家书时盼来星邮。叔垣我识诗最优，隶书两汉能自由，相逢一笑青双眸。蓉舫文字闻彪炳，高谭细细新蕉柚，玉堂抬则工谁侔。黄公蔼蔼情目出，相对不能为梦咻，晚灯爱戏樗蒲头。陆生陆生人孰俦，终朝握算兼持筹，小诗吟妥何苦愁。坐中又有江宁刘，静如白鹤闲如鸥，赠以一字名曰叟。

荛翁年谱二次稿毕喜而作

（1886 年）

两年搜采寒兼暑，万里遨游北至南。余自甲申十月在山左辑年谱始，至今岁十月在粤东始毕。一卷几成三易稿，搜罗终未必方田。恐少贸采，苦始回甘。员峤巷里昔贤居，吾亦新廛近比间。先生百宋一廛在员峤巷，今为潘松麟义庄。余近亦卜居此巷，去先生旧居不过数十武。第一快心完赵璧，郑君手稿李家书。郑桐庵、李明古皆旧居员峤巷，郑氏文集手稿、李氏所藏旧本书，后皆为先生所归。近日昆山赵静涵表兄书来，许以郑氏文稿及李氏旧藏《成化虎邱山志》皆归于余。涧苹交绝抱冲死，先生五十二岁跋手辑《广韵姓氏考》，言涧苹已交绝，顾抱冲先先生卒。佳传无人为表微。今若先生知许可，合数异本尽来归。潘郑庵尚书刻《士礼居题跋》成，尝曰：先生有知，当佐我得秘本。兹故戏及之。实学须从校勘出，首推吴县及高邮。吴惠氏父子，高邮王氏父子，皆系校勘而成经学大儒。乾嘉绝业间征遍，谁似先生彻九流。

《今世说》十一首

（1886 年）

汉朝学说半灭没，宋世渊源殊欢憁。甘泉记录亦无聊，一编向必两其舌。桐城恶焰泛兹起，商光书成笑无理。吁嗟乎！亭林不学竹垞狂，堪怜百体皆金疮。此述门户之学也。

惊人秘笈称遵王，始一终亥款终已。谁知百载绝学□，首推段桂王严张。经逸字义层出，操戈谁得入君室。吁嗟乎！体用何人别六书，涧苹一跋春秋笔。此述学之许盛。

诸城金苑空山录，簠斋印举廉生目。山左文章重吉金，南方绝学神胶续。两叠款识恒轩图，楼名□古人间无。吁嗟乎！积古斋倾世不扶，小沧浪畔多菇蒲。此述考藏吉金诸家。

圣清绝乐开数理，中西算法超前起。《畴人》一传仪征功，译馆千篇海宁始。微积真微谁拾级，比例何必知四率。吁嗟乎！宣城久去仪征亡，廷臣孰解九章术。此述畴人之术。

居题士礼斋思适，元抄宋刻矜奇获。一校再校何太烦，不是书痴竟成癖。毛公父子人中龙，何家昆季嗟心同。吁嗟乎！蠹鱼干白蟫鱼红，千金敝帚称此翁。此述校勘之学也。

纳兰经刻三月待，二十万金授东海。学海君经托原民，仪征始意须编经。玉函辑佚购章稿，引书错落谁稽考。吁嗟乎！独有长洲百宋翁，杀青一字千金宝。此述刊刻之事也。

灵岩山馆研经室，椒花吟舫名堪述。春融堂畔春风多，太邱道广门生诃。文毅风流说两江，湘乡相国称无双。吁嗟乎！门客知名不尽识，笥河佚事今谁即。此述宏奖诸名公。

伯渊经述北江史，幕府名才吾与尔。艮庭小篆何其工，穷奇梼杌搜汪中。乾嘉遗事尚堪述，大兴朱氏镇洋毕。吁嗟乎！白袷楼头最少年，离魂犹绕秦关前。此述幕府中之博雅者。

汉朝绝学传女郎，栖霞之郝仁和汪。李家小学亦不恶，珍疋古注能搜亡。艳名爱说张春水，文章一印镌知己。吁嗟乎！红柏庄荒世莫知，仲瞿何在礼门死。此述夫妇皆能文者。

绛云楼已空如云，影梅庵亦徒留影。空教忆语续香畹，紫姬长恨鸳鸯冷。芳绿先生是何福，香修小印曾经目。吁嗟乎！虹屏书跋争珍藏，至今人犹称陆郎。此述姬侍雅者。

竹窗画画飞鸿印，水绘宣垆十兰镜。牧仲花磁富定哥，覃溪宋拓收馀烬。乾嘉诸老不可作，冶城山馆清仪阁。吁嗟乎！十三金石古文房，堪怜一炬多销亡。此述赏鉴诸家。

国家三百年来逸事流风俱绝，千古拾遗订隘颇足咏歌。

舟次无聊，偶成短句。事皆征实，语必求新。读者勿笑，其诗或称之曰“今世说”可也。

丰顺丁氏《持静斋书目》题辞

（1887 年 1 月 17 日）

丙戌十月，随轺潮州。郎亭先生出示丰顺丁氏《持静斋书目》四卷，又续增一卷。虽分四部，而新旧杂糅，属重编之。爰以宋元校钞旧刻五类分别居部，两旬始毕。附题一律以志所感。

直教买椟竟还珠，缕晰条分亦太愚。印跋收藏分氏族，宋元钞校别锱铢。云烟过眼情堪拟，天水冰山录岂殊。闻藏书已有出者。第一份心经浩劫，夜阑有梦到姑苏。吾郡黄荛翁、汪阆源藏本在此目者不少。十二月二十四日，元和江标记于嘉应舟中。

五言一律

（1887 年）

宝瑟丝丝思，含愁出画堂。青衣小家女，黄绢蔡中郎。回首羞红粉，知心有绿杨。不堪寒影瘦，明月照罗裳。

宫词六首

（1887 年）

昨宵小晏阁门开，舞扇歌衫进几回。
如海圣恩谁领得，敕教旧队入宫来。
六博弹棋兴屡催，金钉银烛斗琼台。

晓来风雨春寒紧，鹦鹉帘栊午未开。

似闻学士进新声，小谱偷传记未明。
生怕六宫齐学得，海裳花底约银筝。

上元灯火闹鱼龙，长乐门开接禁中。
只为侍臣多赐宴，特传新例下帘栊。

天阑小队出都城，传旨中宫尽赐行。
闻道掌书兼校写，此回单许驻瑶京。

社日停缄别院过，相期花下合新歌。
偶从太液池边立，生受春风拂面和。

二十一日晚订成宫词六首，盖别有所指也。

题《梅花图》诗[①]

（1888 年 7 月）

暗香疏景石田词，明月清风皃藻诗。
何似画家朱十叟，晚灯和墨写寒思。

妙绝名流各写真，题诗我是后来人。
昨从炎海归千里，犹忆峤南两载春。

戊子六月自岭南航海归，子芹吾友出此属题。炎天酷

① 录自郑逸梅先生藏《放翁遗事》(《梅花图》)画册。

暑中见此风雪中物，殊觉清凉遍体也。江标记。

光绪己丑会试北上途中作

（1889 年）

北辙南辕任记程，浅看题壁半留名。
出门能有思乡句，便不成诗总是情。

红灯始残一寸花，夜阑有梦为寻家。
今朝才过初三月，忍向梅花问岁华。

光绪庚寅日本旅次二首

（1890 年）

立竿有影须求直，拜月能圆未许长。
一笑近来知物理，卅年任自艺心香。

海上仙山如此求，秦皇汉武纵优柔。
须知辟谷方成道，妙诀何须再别求。

光绪庚寅作于日本长崎

为王芾卿题所藏《斯文赠言卷》三首

（1891 年）

尺牍名山性癖多，遗文收积爱摩挲。
输君独有传家集，三百年来字不磨。

三年几过崇文街，每忆前贤一动怀。

安得风流继盛芳，各将种集辟幽商。

莫厘图本见前年，文定同游画石田。
痛绝西河今宿草，忍教遗箧盛云烟。

为丽香主人画凤仙花于秋扇并题五律二首

（1891 年）

不知种谁国，也入谱群芳。
娇影怜幽草，新愁绕画廊。
汉宫春已改，仙界梦难忘。
别有伤心事，啼饥是凤皇。

敢将南国色，移傍画阑边。
瘦鞠求朋偶，丛芳让此妍。
双飞疑蛱蝶，孤影妒婵娟。
莫作当门草，幽兰来助年。

七绝一首

（1891 年）

送君归去几时回，为写溪山粉本来。
猛忆隔年风景好，文坛诗苑墨江开。

题《卅一岁镜写真》三首

（1892 年）

不是美人不名士，何缘来作镜中人。

头颅如许华年换，已过人间卅一春。

世间谁觅佳颜册，借尔灵芬灌顶寒。
吾竟佛家成顿悟，化身只听指声弹。

麟阁衣冠一样圄，爱从团扇听美□。
科头便服儒生面，好认今吾即故吾。

《来蝶仙堂诗画册》诗二十五首

（1893 年 12 月 25 日—1894 年 3 月 4 日）

一

光绪癸巳十一月十八日，彭子嘉民部縠孙，翁印若内翰绶琪，集余来蝶仙堂。余出黄荛圃先生《问梅诗社图册》同观，景仰先型，爰仿其事索内翰写图，即为来蝶仙堂诗社之第一集，并系以诗。

问梅旧社已经年，尚有遗图景昔贤。
月舫无人竹堂老，好教重续旧因缘。

注：问梅诗社始于道光癸未，三十年中宾主递嬗，至壬子渐散，自来诗社未有如此久也。

六年曾住县东桥，百宋廛空梦寂寥。
惆怅年年搜逸事，画图真喜见今朝。

注：余旧住县桥巷，即荛公故里也。曾搜集逸事，为公编年谱已成，因未见诗社图为憾。日来始从吴颖芝探花荫

涪借得，即添采其事入年谱中。

草堂曾记来仙蝶，故事何妨便借名。
不让乾嘉诸老辈，欲将新社结吟盟。

注：今年三月，太常仙蝶来余居，即名余室曰“来蝶仙堂”，以纪奇缘。

兽炭香温玉画叉，瑶笺银管任涂鸦。
丝豪竹脆寻常事，韵绝寒斋静斗茶。

元和江标写稿

二

新得罗两峰画佛册，持示子嘉，为摹一幅于此册，因题三绝句，时十一月廿五日，为诗画社之第二集也。

宣武城南白纸坊，春来古寺看花忙。
羡他醒得扬州梦，手记前身字一行。

注：两峰题款曰“前身花之寺僧”。

鬼趣荒唐墨未干，还图妙相出伊兰。
公方避暑我听雪，等是销闲两样看。

注：两峰画于乾隆戊戌六月。

绝妙彭郎著意模，居然放笔写文殊。
文人孽障诗人债，到此真能画忏无。

江标

三

近又得罗两峰画草虫小册，临此一帧。癸巳十一月廿五日镫下建霞记。

附草依花亦是缘，一生小隐出虫天。
阿翁下笔真成趣，大好来参小乘禅。

灵鹣题句

别梦依依不过墙，秦宫花底暖寻香。
春蚕缚茧秋蛾老，冷煞徐陵翠笔床。

同日又题，建霞

四

子嘉持竹垞翁书《太湖罛船竹枝词》墨迹卷，有年羹尧补图，墨气淋漓，诚奇笔也。为题两绝句，即作诗社第三课。

莫畏前途十八滩，人生到处总平安。
九州都督城门校，心地何妨一例宽。

一棹春帆稳饱风，六桥烟雨自空蒙。
那知鸳水词人笔，写入将军画稿中。

注：图为年晚年作于杭州。

两诗用竹垞翁原韵，江标存稿

五

仲冬廿八日，画社第四课，元和江标摹记吴城金涂铜舍利塔图。廿九日补题两绝。

当年八万四千塔，沙数恒河比似多。
今日闲窗珍一纸，墨痕青上指头螺。

响拓双钩事太难，寒镫静写笔花干。
苏斋寂寂清仪去，尚忆摩挲老眼看。

廿九日补题两绝，建霞

六

少日闲情长岁思，豆棚曾记雨如丝。
今朝放学归来早，偷得红丝细缚时。
故事闲征语太奇，天生此种我滋疑。
笑他不是寻常物，蝎本前身蠹子儿。

题天牛虫，十一月廿九日，建霞

围炉小坐画屏东，写意挥豪烛影红。
未必画师深寄托，笑人空诩设辞工。

和印若韵，题天牛虫

七

仲冬卅日集允之斋中，为第五课，临恽南田十万图册之一，建霞剪烛记。

坐湿黄莺啼未了，双钩阑外看钞书。
牙签十万红妆护，陆倩香修恐不如。

注：此甲申年山左道中题壁书愿诗也，用毛子晋、陆梅谷、严九能故事，建霞记。

石谷画十万图册，入《石渠宝笈》。此帧有恽题曰："此图即云林清闷阁也。"见阮文达《石渠随笔》。

八

十二月十九日，日本堤虎吉君威为画此册并记西番字于下，阅两日，灯下建霞题三绝句，即作诗社第八课。

凌月如纱冷透窗，两三枝影总成双。
此生空过罗浮麓，却负寻香脚底籰。

自夸蓬岛曾经住，画圣诗仙各有缘。
蒿麦听歌牙拨弄，独教参透鬓丝禅。

奈此团团雪影何，晓灯梦醒眼饧波。
生香已断垆重爇，忍遣春寒到被窝。

灵鹣

九 题桑田图

剪刀声里采桑天，小隐湖山自有年。
谁识民风西北异，屠椎利竟胜耕田。

吾忆江南四月天，曲栌新箔自年年。
一家岂有耽闲课，妇采柔桑夫种田。

一事难知欲问天，北民苦潦已频年。
客来谁与谭治潞，莫羡南方万顷田。

北马南船别有天，剪桑种麦各成年。
何如我辈征闲兴，恶岁无能到砚田。

灵鹣

十 题熙吉夫太史画黑牡丹

宝树香温玉辟寒，春宵稳睡锦窝安。

朝来吃得花猪肉，饱看银屏黑牡丹。

灵鹣

白玉雕阑护早寒，春来声价重长安。
天生富贵难医俗，浸借乌金换骨丹。

灵鹣再题

和过淇水旅店壁间见东昌女妓金声题壁残诗

（1894 年）

两道题词不记年，春花秋月问谁怜。
世间缺陷寻常事，谁补娲皇练石天。

红妆不信有亲寸，难证当年手墨来。
总是生成幽怨种，男儿一样走风埃。

疏影赠马熊希龄和一词

（1894 年）

乱山云暮。有碧骏款款，送君归去。难得迅风，却爰权亲，共我六年相处。世无伯乐将谁寄，空冷煞齑盐衙府。愿自今、千里相从，踏遍沅溪烟雨。

正是海波东沸，遥天空窃叹，前事多误。如此中原，未必无人，铁骑化为尊俎。忍教万马喑风雪，漫勒整辽阳吊古。暂休提、汗血谢功，总是家驹知遇。

题乾隆年间造蜡笺

（1895 年 1 月 30 日）

泥金粉蜡传宫样，纯庙诗笺旧著名。
偶向石渠搜逸事，朱红小印尚分明。

注：此即阮文达《石渠随笔》所记梅花玉板笺也，上有“乾隆年仿澄心堂造”八字。

故府飘零到楮箱，海王村市亦沧桑。
长安词客称宫体，小比西京贵洛阳。

注：纸出故宣王府，共百馀幅，为人分购，数日即罄。

翦烛低吟一惘然，开函别自感云烟。
琉球已失高丽远，难问天家例贡笺。

题《望岳图》诗

（1897 年 3 月）

岳云千里峰峰白，客路游情脉脉深。
累我夜灯搜苦思，从今囊括万山心。

夏日苦炎冬日雨，三年两度不能游。
尽教写尽云山面，等是人间两瞎眸。

模山范水却寻常，心有名山眼未张。

一纸萧萧留碎墨，他年再与说衡阳。

清光绪丁酉二月，为心渊作《望岳图》题此三绝，此板桥老人随意诗也，乾嘉后嗤不学之矣。建霞记。

和顺德李文田《和林诗》十四首

（1897 年）

正是开元全盛时，可汗犹子语堪思。
阴阳气隔异君长，此是皇家得体辞。

《阙特勤碑》

剥落残碑认短铭，舍人书体出天廷。
吾从字画征旁刻，大《泰山铭》小《孝经》。

《苾伽可汗碑》

大字先题登里啰，可汗名字曰毗伽。
半从佛法治天下，莫怪年来景教多。

《九姓回鹘可汗碑》

币施十六万五千，造此兴元阁子年。
题字犹书臣学士，至元钞楮已云烟。

《许有壬敕建兴元阁记》

梵书大刻是何时，碑是刘公记去思。
曾拓中州伊阙石，一般唐突古时碑。

碑半刻梵书皆掩，原文上《和林兵马刘公去思碑》。

祷雨而雨祈晴晴，庙记三灵语尚明。
立石撰书人仿佛，和宁路字各题名。

《三灵侯庙记》

脱脱已罢巙巙卒，谁是平章至正秋。
一记不传名姓在，朔方剩有断碑留。

《大司农保厘方残石记》

谁书总管收粮记，字字分明市汆篇。
碑末附书新造字，顺宗皇帝妥欢年。

《岭北省右丞郎中收粮记》

和剂良方世尚知，三皇祖庙已无遗。
世间谁信阴阳学，亦入医家共一支。

《三皇庙残碑二》

安阳五刻残张寿，汉石零星世尚珍。
不意元朝存碎砾，亦从百字认残鳞。

《渊潜胜概残碑》

和事睦民书姓氏，判官蛮子列头衔。
和林仓与和林路，大小同官百字镵。

《和林仓碑》

不花札木各题字，岭北和宁省路碑。
欲检史书征姓氏，文经三写校谁知。

《岭北省和宁路题名二碑》

青冢年年塞草青，汉家遗碣尚亭亭。
纸灰吹起西风急，来读徐郎百字铭。

《汉冢石》

和林耆老各题名，四世同居好弟兄。
至正四年春二月，大书合拟古田荆。

《四世同居立石》

题《卞王京楹帖》诗

（时间不详）

想见衫舒钏重时，王窗香茧界乌丝。
独愁一事梅村误，不誉能书只誉诗。

题湘潭刘辑瑞《自怡山房诗存》

（时间不详）

宋人诗句元人画，一样精神学到难。
如此先生好风趣，不嫌枫落半江寒。

卷三　黄荛圃先生年谱

卷上

乾隆二十八年癸未五月十一日，先生生。《士礼居题跋记》卷五《姚少监文集跋》。先生行二，《梦诗图卷》诗引墨迹。名丕烈，字绍武，一字绍甫，又字荛圃，又曰荛夫，又曰荛翁，又曰老荛，更号复翁、复初氏、宋廛一翁、求古居士、求古居主人、读未见书斋主人、听拟轩主人、秋清逸士、廿止醒人、见独学人、陶陶轩主、复见心翁、学山海居主人、先生题钞本《萧闲老人明秀集诗注》云〔一〕：李中麓家词山曲海，余藏词曲甚夥，名其藏弆之所曰"学山海居"。抱守老人、长梧子、知非子、半恕道人、以上见先生跋语中。民山山民、见张蒔塘《大涤山房诗集》自注。员峤山人、见陈氏《求古精舍金石图》序后印文。佞宋主人，见徐子晋《前尘梦影录》上，皆先生自号也。江苏苏州府长洲县籍。《苏州府志》。先世居闽之莆田，其十世祖秀陆迁至江宁。及曾祖琅，始移居吴门，再传至君。考维，号耐庵，以忠信直谅训其子弟。君生有至性，克承家范。兄承勋，出为伯任达先生后。石韫玉《独学庐四稿》。

标按：《同治苏州府志》：黄丕烈字绍武，乾隆戊申举人，注铨部主事。性孝友。父柩在堂，不戒于火，将及寝，丕烈据棺大恸，誓以身殉，火竟灭。平生无声色之好，喜藏书。购得宋刻百馀种，学士顾莼颜其室曰"百宋一廛"。日夜校雠，研索订正。尝刻《周礼郑注》、《国语》、《国策》、《焦氏易林》等书，一以宋元为准。又《道光志》：丕烈既卒，藏书归长洲汪士钟。又《独学庐四稿》云：少读书务为精纯，发为文章，必以六经为根柢，尝仿宋人《春秋》类对之法，摘经语，集为骈四俪六之文，以类相从，裒然成编，其勤学如此。

二十九年甲申，二岁。

三十年乙酉，三岁。

三十一年丙戌，四岁。

三十二年丁亥，五岁。

三十三年戊子，六岁。

三十四年己丑，七岁。

三十五年庚寅，八岁。

三十六年辛卯，九岁。

三十七年壬辰，十岁。

三十八年癸巳，十一岁。

三十九年甲午，十二岁。

四十年乙未，十三岁。

四十一年丙申，十四岁。

四十二年丁酉，十五岁。

四十三年戊戌，十六岁。

四十四年己亥，十七岁。

四十五年庚子，十八岁。

四十六年辛丑，十九岁。

是年先生以十九名入长洲县庠，学使为彭元瑞侍郎。《长元和三县青衿录》。又《独学庐四稿》云：年十九补学官弟子，寻食饩。

四十七年壬寅，二十岁。

四十八年癸卯，二十一岁。

四十九年甲辰，二十二岁。

五十年乙巳，二十三岁。

五十一年丙午，二十四岁。

五十二年丁未，二十五岁。

五十三年戊申，二十六岁。

先生是年举江南孝廉。《苏州府志》

标按：是科解元泰兴季惇大，潘文勤师序《士礼居题跋记》称为荛圃解元，不知何据？标又见汤三史题先生《梦诗图卷诗注》云：荛圃与余同戊申榜，荛圃名列第三。座师胡豫堂先生以大魁期许，乃礼闱数上，挑列一等，加捐主政，分部告归。

五十四年己酉，二十七岁。

九秋，见《天下郡国利病书》稿本三十四册于张秋塘处。《士礼居藏书题跋》

冬，借朱氏滋兰堂藏沈宝砚校本《扬子法言李注》十卷，手录之。原校本原跋

五十五年庚戌，二十八岁。

秋，于文瑞楼书肆得临陆敕先校明翻宋刻本《国语》六册。记[①]

标按：《海虞诗苑小传》：陆贻典，字敕先，号觌庵。自少笃嗜文典，师东涧而友钝吟。又按：敕先，常熟人。

小春下弦后二日，借滋兰堂惠松崖校本《大戴礼记》过临毕，跋之。长至日，又取卢本覆校，再跋。记

标按：钱大昕《惠先生栋传》：字定宇，号松崖，士奇次子。初为吴江学生员，改归元和籍。自幼笃志向学，家多藏书，日夜讲诵。雅爱典籍，得一善本，倾囊弗惜，或借读手钞。校勘精审，于古书之真伪，了然若辨黑白。

腊月望前，从同年蒋宾嵎得山东孔氏校刊本《国语》，以新借同郡滋兰堂朱秋崖临校惠松崖校本传录于上。又以前得陆校本参互之，并题三跋。记

标按：朱秋崖名邦衡，侄文游，名奂，藏书处曰滋兰堂。《国朝汉学师承记·余古农先生传》：吴县朱丈文游，藏书之

---

① 记凡余未见原跋，仅据此记采入者，旁注一“记”字。

富甲于吴门，延先生教读，馆于滋兰堂中，得遍读四部书。

五十六年辛亥，二十九岁。

得丛书堂钞本《孟子注疏解经》。原跋

春季，校《说文》，后以所藏临陆敕先校本《国语》易五柳居主人陶蕴辉《唐六典》。记

标按：《南涧文集》上卷《琉璃厂书肆记》云：五柳居陶氏在路北，近来始开，而旧书颇多。与文粹堂皆每年购书于苏州，载船而来。五柳多璜川吴氏藏书，书肆中晓事者，五柳之陶，文粹之谢。又按：蕴辉名珠琳，原籍乌程，移家吴门。孙渊如《五松园文稿》曾为蕴辉父正祥作传。正祥字廷学，读书为业，与吴中名下士交接，于书能知宋元佳本。

三月下浣一日，灯下覆勘陆校本《国语》并跋。记

十一月二十八日，跋新得宋宾王校钞本《吴都文粹》，属同年沈书山书之。记

标按：蒋光煦《东湖丛记》、王闻远《金石契言叙》知交七十七人中言：宋蔚如名宾王，起家市井。性嗜奇书，无力购弆，则百方丐钞，惟以搜罗遗佚、访求放失为事。又按：宾王，太仓人。

五十七年壬子，三十岁。

春仲，假得钱磬室校刊《吴地记》、《吴郡图经》二书〔二〕，以吴琯所刻《古今逸史》中《吴地记》校讫。又从同年沈书山借得《吴郡图经续记》以钱本临校一过，即跋于沈书后。《士礼居题跋》　记续①

秋，以数十金得《天下郡国利病书》稿本，跋记，属同年沈书山书之。记

暮秋，得滋兰堂惠校《大戴礼记》十三卷，因跋庚戌年所

---

① 凡未见原跋，据此采入者，书“记续”二字。

临校本后。记

九月四日，重装去年所得《孟子注疏解经》成跋记。原跋

十月，先生以十卷本《钓矶文集》假于钱竹汀先生，钱有跋。见“潜研堂文集”卷三十一。

标按：潜研先生在吴时，与先生往还颇密，《竹汀日记钞》每云“借黄荛圃某书”云云，屡见者也。

十一月，得宋刻《大戴记》。〔三〕以惠校本归顾抱冲。记

标按：顾千里《抚本礼记郑注考异序》：往者家从兄抱冲，收善本经籍将次第刊行，不及而没。兄名之逵，元和廪贡生，没于丁巳春，年四十五。藏书处名“小读书堆。”

仲冬，从朱秋崖借得惠松崖校《经典释文》。记

仲冬，跋校本《经典释文》，并过临惠松崖手校本。记

五十八年癸丑，三十一岁。

秋，从东城顾氏借残宋本《礼记郑注》。记

秋孟，跋校宋本《礼记郑注》。记

冬季，得宋景祐本《后汉书》。蒋光煦《东湖丛记》卷五

十二月七日，钮匪石至先生家观惠校《后汉书补逸》。《匪石日记》

五十九年甲寅，三十二岁。

是年丁外艰。校《老学庵笔记》原跋

标按：当在六月前，因是月火，先生父柩停家中，见《苏州府志》。又按：残宋本《普济方》跋略云：余自甲寅后，连丁大故，天灾人事，困苦身心。又按：影宋本《永嘉四灵诗》跋云：癸丑下第，归后连丁内外艰。

得昆山叶支庄六世孙九来旧藏旧钞本《隶释》。《思适斋集》卷八代荛圃《隶释刊误》序

夏得旧钞本《刘后村集》。记续

四月朔，跋新得钞本《古唐类范》一百六十卷。记续

四月十日，跋所得明刻本高季迪《缶鸣集》。记

四月十六日，匪石至先生处观王育《说文五音韵谱说》。《匪石日记》

四月二十五日，匪石至先生家观宋刻《列女传》。《日记》

五月夏至日，跋宋椠本《中兴馆阁录》。记

五月十四日，匪石至先生家观顾亭林原稿《郡国利病书》、钞本《北堂书钞》、竹垞藏。宋本《唐文粹》、赵氏残宋本《杜诗》。

又在坐中见书贾携来王复斋《钟鼎款识》原本。《匪石日记》

秋，先生同年蒋宾嵎以宋本《孟东野集》赠先生。记

七月十九日，匪石至先生家观影钞天圣七年《国语》，末有义门跋二。宋本小字《左传》，不附释文，刻极精，每叶廿八行，行廿三字，阙八卷。又大字本，亦不附释文，同有残阙。毛影元钞《隶续》，宋本《东家杂记》，略有蠹损。又先生与匪石云：得钞本《读书敏求记》。《匪石日记》

廿二日，又至先生家观钞本《广雅》、《方言》、钱叔宝以宋本校合刻《李杜集》、北宋本《郑注仪礼》。又细观大小字不全宋本《左传注》。《匪石日记》

九月初一日，匪石至先生家观钞本《元秘书监志》，明初本姚光孝《逃虚子集》。又至顾千里馆中，按是时千里馆先生家。见所校《潜夫论》、《越绝书》。《匪石日记》

九月十二日，匪石至先生家，观北宋本《孟东野集》。又观钞本《虞道渊类篇〔稿〕》。《匪石日记》

九月二十八日，匪石至先生家观周漪塘藏影宋钞《隶释》、旧钞本《太平寰宇记》。《匪石日记》

十月十三日，匪石至先生家观元板大字《黄氏日钞》、淡

生堂钞本《隆平集》、旧刊本《林和靖集》。《匪石日记》

六十年乙卯，三十三岁。

春，从同榜蒋宾嵎得天顺本《柳文肃公集》。记续

三月朔日，跋新得王闻远家旧钞《月屋漫稿》。记

三月，于马铺桥周芗严家借得骑龙巷顾氏钞本《灵台秘苑》，即校于旧藏明钞本上，跋记。记

夏日，先生以继得影写明道本《国语》属顾涧苹校旧藏校宋本上，涧苹有记。记

闰月，借顾涧苹传录何校本宋本《新序》，临写一过，跋之。

四月望日，又跋。记

标按：《养一斋文集·顾涧苹墓志铭》：先生名广圻，字千里，以字行，号涧苹。《百宋一廛赋注》：居士姓顾，名广圻，元和县学生。喜校书，皆有依据，深有取于邢子才"日思误书，更是一适"语，以之自号。

闰月七日，匪石至先生家，见旧钞《方舆纪要》、南宋大字本《后汉书》残本。《匪石日记》

四月初一日，访顾抱冲家，观何校本《新序》。记

夏，得元刻《元统元年进士题名录》，索钱竹汀先生跋之。记

标按：钱跋在重五日，日夏至，重加装治，并自跋。

四月，跋旧钞《汪水云诗》。记

四月十四日，见太仓王氏所藏宋本《新序》十卷，以贾巨还之。记

四月廿八日，匪石至先生家，见刘平水《新韵》、宋本《新序》。《匪石日记》

端阳前二日，于书友吴东亭处见新钞本《灵台秘苑》，又校明钞本，再跋。记

重五日，日夏至，钱竹汀为先生跋元刻《元统元年进士题名录》。记

五月十四日，匪石至先生家见宋本《左传集注》附释文，缺三本，又观宋本朱子《易学启蒙》。《匪石日记》

六月四日，跋新从郡中赐书楼蒋氏得宋刻本《三谢诗》一卷，每页白金二钱。记

六月中浣日，以千钱得旧钞《汪水云诗》，跋之。记

六月二十日夜，先生大夫人房中失火，延及先生卧室〔四〕，器用财贿皆空，所藏书籍独存。越二日，从书友胡益谦得宋本《北山小集》四十卷，跋之。记

标按：先生得是书，绘续得书图，名是曰“蜗庐松竹”，详见原跋。

秋仲，以千钱得钞本《回疆志》。记续 《书经补遗》跋

八月，跋顾涧苹以影明道本《国语》校旧藏校宋本。记

八月十日，从书友郑辅义得钞本《柳待制文集》二十卷，附录一卷，跋之。记续

冬，以八十馀金得四月中所见太仓王氏藏宋本《新序》，及北宋小字本《列子》。记

十一月下浣四日，以青蚨八百得元钞本《书经补遗》。记续

十一月二十五日，匪石至先生家，见周漪塘所藏影宋钞《荀子》，又惠松崖手校《荀子》。《匪石日记》

十一月晦日，至郡庙前五柳书居得钞本《巨鹿东观集》，借顾抱冲所藏宋本勘之。

冬至后六日，跋新从五柳书屋主人陶蕴辉处得滋兰堂校本《扬子法言李注》十卷，跋之，即己酉冬借钞之原本也。原跋

标按：原跋云：题于养恬书屋之北窗。

十二月中浣三日，跋顾抱冲所藏宋刻钞配本《巨鹿东观集》。记

十二月廿五日，匪石至先生家见宋本《列子·文中子》，每半页十四行，残本《白香山文集》、《施顾注苏诗》。《匪石日记》

十二月，于华阳桥顾听玉家以五十金得宋本《吴郡图经续记》，醉司命日跋之。记

标按：跋末题：书于读未见书斋之北窗。斋为先生居，当在昭明巷老屋。然校元本《梦华录》跋有道光癸未仲春美镠敬临于读未见书斋之西轩，其时先生之居已二迁矣，岂犹仍旧名耶？前见潘瘦羊言昭明巷先生旧居尚存，犹为黄氏后人所居。或美镠当日未与先生同住县桥巷，亦未可定。又宋本《咸淳临安志》跋庚申五月朔坐雨读未见书斋书此。按其时先生居尚在王洗马巷，岂三处皆有此斋名乎？

秋，校明钞本《西谿丛话》，初校复校两跋之。中秋前一日三跋，后三日四跋五跋，二十六日六跋，季冬月二十六日七跋并题两绝句。记

嘉庆元年丙辰，三十四岁。

元旦，跋新得宋本《列子》。记

是年以校本《博雅》借高邮宋定之，以助王怀祖先生校勘之用也。记

标按：《惕夫未定稿》有题宋本《唐文粹》云：荛翁例不借书，未敢骤请，姑以色求之，荛翁慨然借我，损其匣而勿之惜也。又曰：荛翁以不肯借书见訾同好，然余无一瓻之送，枉蒙破例，有足感者，题其后而归之。标因先生跋语中借人书事极多，而借与人者惟此一条，兹故录惕夫语，可见先生不肯借书之据。标按：阮文达《王石臞先生墓志铭》：先生又长于校雠，凡经史子书，晋唐宋以来古义之晦误，写校之妄改，

皆一一正之。

以去岁所借顾涧苹校《老学庵笔记》,至正月初九日传录毕,跋记。中浣一日又跋。原跋

春,观书于华阳桥顾听玉家得旧钞本《大金集礼》,复向周香严借金钞本勘之。记

标按:周香严名锡瓒,又号仲涟。《爱日精庐藏书志·徐铉文集》有周跋曰:香严居士周仲涟锡瓒记《东湖丛记》段懋堂手校《集韵》跋云:汲古阁钞本从周君漪塘借钞。周君学问淹雅,又复能作荆州之借,流布善本于天地间。荛翁跋语中有云:香严住马铺桥,藏书处名"水月亭"。识古书,为吾侪巨擘。又残宋本《姚少监文集》跋略云:香严喜藏书,家多秘本,先余数十年而收藏者。标又按:香严名曰涟,余旧藏香严书屋钞本《琴清阁书目》有印曰"周曰涟漪塘氏"。据《爱日精庐·东湖丛记》语是即一人而二名,字当曰涟之名在前,锡瓒之名在后也。

正月上元日,借顾抱冲宋刻本《孙可之文集》,校毛刻本毕,跋宋本上。记续

按:此本后归艺芸主人,丁亥,顾涧苹跋之。

正月元夕前一日,跋新校宋本《孙可之文集》。记

得宋本《历代纪年》十卷,清明前三日跋。记

标按:跋末云:书于故居之"养恬轩"。

孟陬下浣,以青蚨三星从学馀书林得明刻本《文温州集》,二月八日跋之。记续

三月七日,从周香严手得明蓝印铜活字本《墨子》,跋。记

五月,迁居王洗马巷,新居书室名"小千顷堂"。旧居在昭明巷,有"养恬书屋"。记

标按:宋本《历代纪年》跋末云:嘉庆元年清明前三日,

书于故居之养恬轩。元旦跋宋本《列子》又曰养恬书屋。当一屋而二名也。

六月一日，匪石至先生家见影宋钞《荀子》，有缺页。又宋本《淮南子》、金本《本草》。《匪石日记》

六月中浣二日，跋旧钞本《大金集礼》。记

六月望日，重装宋本《新序》成，跋。记

八月，以重价得冯窦伯、陆敕先手校《文选》六十卷，顾涧苹借周芗严藏残宋尤椠本为之补校。《张月霄藏书续志》卷四

标按：《海虞诗苑小传》：冯处士武，字窦伯，号简缘。默庵、钝吟两先生之侄也，又为毛潜在馆甥。

九月，跋钱遵王藏钞本《汉天师世家》。记

标按：跋末记云：书于王洗马巷新居。

十月望前二日，借周香严所藏宋六卷本《姚少监文集》手校毕，即跋于校本上。记

冬，借顾抱冲所藏残宋本《说苑》，校程荣本。顾本，缺八至十三，复假周香严所藏钱遵王手校宋本补完。至二年丁巳五月竣。记

冬至前四日，跋宋本《会稽三赋》。《楹书隅录》

十一月十六日，匪石至先生家观宋十行本《穀梁注疏》、影宋钞《谢宣城诗集》、旧钞《方言》，皆顾五痴家藏，及其书目一册，内有钞本《急就篇》、《商子京房易传》、《隶释》、《樊川集》。《匪石日记》

十二月二十日，顾涧苹为跋八月中所得冯陆校本《文选》，盖补校初毕也。《张月霄藏书志》卷四

二年丁巳，三十五岁。

孟春，见张秋塘所藏俞立庵手钞元龚璛《存悔斋诗》一册，仲春社日以六金得之，跋于读未见书斋。《存悔斋诗》原跋

按：张秋塘名□□，为张青夫后人。见先生跋语中。俞初名桢，字贞木，后以字行。种学绩文，躬秉特操，仕终都昌县丞，以清节显见。张米庵此书原跋。

二月望日，先生以《吴都文粹》赠程易畴并跋。记续

按：跋略云：歙程易畴先生，今之老宿也。向为嘉定广文，后辞官。余去夏移居王洗马巷，思以旧宅"学耕堂"扁其新庐，欲得先生书之。今兹二月十日介钱竹汀先生为先容，偕涧苹往谒拜求椽笔，蒙下访以自制墨二梃为赠，余因即取案头《吴都文粹》四册报之。

夏，见宋刊本《温国文正司马公文集》八十卷，八月以六十金得之，跋后。记

五月二十三日，跋校宋本《说苑》。记

五月二十四日，跋明刊本《南部新书》。记

六月十一日，跋新校旧钞本《耕学斋诗集》。记

闰六月朔日，以新得明刻《林和靖先生诗集》，用旧藏顾云美手钞本校毕，跋之。

标按：元和县顾苓，字云美，潜心篆隶，凡金石牌版及鼎彝刀尺款识，虫鱼科斗之书，皆能诵之。后三日，又从顾抱冲弟东京借得抱冲旧藏残宋本，竭一日之力校毕，再跋。标按：先生校旧钞本《麈史》跋云：城南小读书堆，余故友顾抱冲藏书斋名也。抱冲殁在嘉庆之丁巳，此云从抱冲弟东京借得，当抱冲已去世矣。

又属顾涧苹用旧纸摹残宋本，季秋月四日毕，跋之。重阳后三日，又跋宋刻残本后。记

闰六月八日，天晴曝书，与西席顾涧苹、夏方米同观乙卯夏所得宋本《北山小集》，再跋之。记

标按：夏方米名文焘，举人，张船山诗中有《题夏方米孝廉借石小照》。刘履芬《旅窗怀旧》诗自注：吴县夏方米文台

学正，少以习历算得狂疾。陈曼生尝借石写照赠之。最精舆地之学，著述裒然。标按：《北山小集》跋末志云：时在王洗马巷新宅之士礼居。

秋，借贞节居袁氏钞本《隶释》，补甲寅年所得叶本之阙，后借周香严家隆庆四年钱氏钞本勘正。原跋

标按：《同治苏州府志》：袁廷梼更名廷寿，字又恺。国学生。六岁而孤，生母韩教之成立。家有竹柏楼，韩所居也。家饶于赀，遗书万卷。《蒲褐山房诗话》：又恺六俊之后，嗜风雅，好友朋。又得王冈龄小停云馆，枫桥水西来绕其前，中有渔隐小圃，有贞节堂、竹柏楼、红蕙山房、枫江草堂、吟晖亭、五砚楼等十六景。江藩《国朝汉学师承记》：袁上舍丛书万卷，皆宋椠元刻、秘笈精钞，以及法书名画、金石碑版，贮于五砚楼中。

秋日，跋新得明刻本潮溪先生《扪虱新话》。记

九月十一日，匪石至先生家，见旧钞本虞道园《翰林珠玉》。《匪石日记》

秋九月中浣二日，跋顾抱冲旧赠钞本《二百家名贤文粹》世次。劳格《读书杂志》卷十二

丙辰年，得影宋钞《景定建康志》残本九册，假抱冲藏本补钞，至丁巳冬竣事，以卷中阙叶，属涧苹补写并跋，又自跋之。《张月霄藏书志》卷十六

冬，以翻宋《三礼》归他人，中《礼记》系惠松崖校本。记

冬日，以宋本《北山小集》示钱竹汀，钱有跋。《潜研堂文集》卷三十一

十月初五日，跋新得宋刻元人补钞本《湘山野录》。记

十一月二日，《汪本〈隶释〉刊误》成序记。原序

标按：先生序中有云：爰偕顾子千里订诸本之异同，摘记千有馀条，刊其误，遂刻以贻留心东汉文字者云云。按：

原书有顾涧苹跋，无年月。

冬十一月十七日，跋新得宋本《渭南文集》。记续

按：全书五十卷，估值白镪四五十两。

十一月三日冬至前一夕，跋十月十九日新得旧钞《抱朴子内外篇》。记

廿一日，刊误后序成。原序

嘉平月八日，钱竹汀先生为先生跋《汪本〈隶释〉刊误》。原跋

季冬中浣一日，跋曹彬侯钞本《琴川志》。记

标按：曹彬侯名炎，常熟人。《海虞诗苑》有《孙琪市肆蓄书歌》一首，曹彬侯作也。

残腊，得旧钞本《绍兴十八年同年小录》。记

三年戊午，三十六岁。

是年顾涧苹为先生校景祐本《汉书》于读未见书斋。记

得元刻幽兰居士《东京梦华录》。记

顾南雅以毛斧季校本《湘山野录》归先生。记

覆校周香严校影宋本《舆地广记》。记

正月三日，段懋堂先生为先生序《汪本〈隶释〉刊误》。原序

春三月，得金星轺家藏刻本《云谿友议》，缺中卷，跋之。记续

标按：金星轺是金心山之大父。

三月六日，跋旧钞《绍兴同年小录》。记

三月下浣七日，惠氏校宋本《礼记郑注》复归先生，再跋之。记

初秋，陶五柳主人以先生旧为李作梅跋旧钞本《葛公归愚集》求售，先生得之，再跋于后。记

标按：宋本《三谢诗》跋曰：近时大兴朱竹君曾得宋刻，

诧为希有，举以告五柳居陶君廷学曰："此宣城本也。"余从廷学子蕴辉得是言。

秋七月，跋新得残宋刻本《豫章黄先生外集》六卷。记续

秋八月二十八日，跋影宋钞本《剡录》。记续

按：别有跋不载年月，玩文在此跋后。

九月，得宋本《咸淳临安志》九十三卷，季冬月中浣八日跋。记

九月重阳前三日，以白金三十两有奇易得元刊本《吴礼部文集》二十卷，跋之。记

十一月望日冬至，借周香严新得旧钞本《学言稿》上册，以乙卯年所得明刻《半轩集》校勘毕，跋之。记

十二月望日，得宋刻高诱注《战国策》。是日先生偕鲍渌饮、袁绶阶、瞿木夫同集钮匪石寓楼，匪石作诗纪之，索同人题和。瞿中溶《古泉山馆诗集》

标按：瞿次匪石韵诗曰："士礼居中客，（原注荛圃得《仪礼》宋板注疏各一本，因以"士礼"颜其斋。）同登文选楼。奇书欣得赏，老蠹见应愁。两蚌雠新刻，（原注：毛斧季出售书目，有印宋钞高注《战国策》跋云：其中如今日不两，明日不两，与蚌字为韵，今本皆误两为雨。）双签合旧收。（原注：荛圃旧于京邸得牙签一对，上镌"宋板战国策"。）消寒宜雅集，竹素趁思游。"《昭代名人尺牍小传》：鲍廷博字以文，号渌饮，歙县人，诸生，家钱塘。藏书甲浙右，校刊书籍亚于汲古阁，刻《知不足斋丛书》二十八集。嘉庆十八年钦赐举人，年已八十六，逾年卒。瞿为潜研老人婿，与先生时有往还，《士礼居丛书》题首，半出渠笔也。瞿《古泉山馆诗》及先生事甚多。《前尘梦影录》卷上：瞿木夫中溶，嘉定名士钱竹汀宫詹女夫，官楚湘藩幕，适开湖南通志局，金石一门，木翁独任，

排纂工竣，抽印百馀部携归。又著《古官印考》及《吴都文粹续编》。《国朝汉学师承记》：匪石名树玉，吴县人，家洞庭山，隐于贾。无书不读。

十一月十五日，《匪石日记》曰：黄荛圃来，购得南宋本《战国策》，首阙二叶，末阙一叶。黄君云："昔在京师得牙签一对，上刻'宋本《国策》'，今此书适出，竟符夙愿。"

十一月二十二日，匪石至先生家，观宋人画册一，有徽宗御书，恽南田小幅画册一，皆经训堂物。《匪石日记》

四年己未，三十七岁。

是年，以白金七两见，《东坡乐府》跋。得元刻十二卷本《稼轩长短句》，因缺三叶，出旧藏毛钞本，属涧苹检卷中所有之字集补之，所阙者仅十许字。重装手跋，又属涧苹跋之。又涧苹于玉峰为先生收得元刻《丁鹤年集》、明人叶德荣手钞《法帖刊误》、翻宋本《图画见闻志》。记

正月下浣，跋新得残明本《杨文懿公集》。记

二月花朝后一日，跋影宋梁谿高氏本《高注战国策》。记

二月十九日，得宋刊残本《孙真人千金方》，清明前五日跋。二十六日，洞庭钮匪石、枫桥袁绶阶访，先生出新得宋本《千金方》，相约以诗事，用孙字，禁押本事。时同观者有西宾夏方米。先生成五律四首于后。记

标按：《古泉山馆集》中亦有和诗四首。

二月廿六日，匪石至士礼居，见宋本《千金方》，又《史痴翁书画》两册。《匪石日记》

暮春月下浣六日，重装明六卷补钞十四卷《始丰稿》成，录得书时旧跋于第六卷刻本后，又跋于第十四卷钞本后。原书跋

孟夏五日，跋新从顾涧苹得元本《丁鹤年集》后，并和涧

苹题诗，又索夏方米和之，均书之副叶。记

四月二十二日，访周香严。香严赠残宋本《图画见闻志》，即配先生元钞本后。记

夏五月，以《野客丛书》从顾涧苹易传录陆敕先校本陆游《南唐书》，中浣九日跋。记

五月，孙渊如借先生校何本《新序》，有题跋，见《新序》上。记

五月，跋元钞宋刻合装《图画见闻志》。记

中夏月下浣一日，跋新从郡中钱闻起处得元刻小字本《白虎通》。记

标按：原跋云：云起素识古书。

秋孟中元，得宋刻本《圣宋文选》，越二日跋。记

中秋，跋新得嘉靖本《文心雕龙》。记

冬十月既望，跋新得宋刻本《愧郯录》。记

十月十九日，钱竹汀为先生跋钞本《不得已》。记

十月二十七日，撰明道本《国语札记》成，序之。《国语》原序

十一月，得明嘉靖本《齐乘》，跋。记

十一月既望，跋钞本《不得已》。记

标按：此跋末志云：书于联吟西馆。馆系先生所居，当在王洗马巷。

十一月既望，重装丁巳年所得《司马温公文集》成，再跋之。记

标按：跋中有云：装潢之费，倍于得价。

十一月晦日，跋新得王莲泾藏明刻本《宋纪受终考》。原跋

十二月八日，跋旧刻本《唐漫文集》。记〔五〕

五年庚申，三十八岁。

得宋本《新定续志》十卷。记

春，从吴兔床借影宋钞《咸淳临安志》六十五、六十六二卷，属涧苹传录。记

标按：《湖海诗传·小传》：吴骞字查客，海宁人，诸生，有《拜经楼诗集》。《蒲褐山房诗话》：吴槎客所著《国山碑考》极为精核，又喜搜罗宋元刻本，如陶渊明、谢玄晖诸集，皆取而重刻之。

正月十日，再跋嘉靖本《齐乘》。记

春中，从昭文同年借明崇祯时所刻《经纬集》，即以丙辰年所校《孙可之文集》校之，再跋。记

标按：昭文同年疑指张子和燮先生。《永嘉四灵诗》跋：昭文同年张子和藏书也。又《明秀集诗》云："琉璃厂里两书淫，荛友荛翁是素心。"盖张一字荛友。

三月三日，以钱十四缗得金本《中州集》，跋之。记

属同邑李福影书明道本《国语》刊成，三月十二日竹汀先生序之，三月段茂堂先生又序之。刻《国语》原序

三月晦，先生招汪瀞云赏牡丹，分韵赋诗，瀞云得以字。《瀞云诗钞》卷三

夏，为钱竹汀订补《元史·艺文志》。记

闰四月芒种后三日，辑《所见古书录》。记

闰四月芒种后三日，跋元刻幽兰居士《东京梦华录》。记

芒种后三日雨窗跋《新定续志》。记

闰四月望，以六金得钞本《铁崖先生诗集》，跋。同日见金刻《中州集》，借补三月中所得之缺失，再跋之。适命工重装毕，十七日三跋。记

五月朔，二跋宋本《咸淳临安志》。记

标按：《古泉山馆诗集》有为先生咏宋刻《咸淳临安志》

得杭字次先生韵五律一首。

秋，得元刊本《赵松雪行状》，以旧藏元刊本《松雪文集》中行状手勘，正其误字，即跋于集后。记

九月小晦日，跋新得残元本《四书丛说》。记

九月晦日，以影宋钞本《鲍氏集》与袁绶阶易宋钞《乾道临安志》三卷，并跋于《鲍氏集》后。记

冬，跋皇山人姚咨手影宋本《续谭助》五卷。记

标按：《明诗综·小传》：姚咨字舜咨，无锡人，有《潜坤集》。《常熟瞿氏书目记》：咨字舜咨，亦号皇象山人，无锡人。

十月刊《汲古阁珍藏秘本书目》成。原书叶首木记

冬季十有二日，借张子和藏黑口板天顺本《丹崖集》，校旧藏钞本，跋之。记续

六年辛酉，三十九岁。

是年，先生入都晤王伯申。记

由举人挑一等，以知县用。签发直隶，先生不欲就，纳赀议叙得六部主事，旋归里。《独学庐四稿》

作《荛圃雅集诗画册》。

标按：潘顺之先生《遵祁西圃集》卷六有题诗序云：吾乡黄荛圃先生举孝廉，当得县令不就，葺荛圃于王洗马巷。是册为嘉庆辛酉同人觞咏之作。会者六人：南昌万廉山承纪，休宁汪澥云梅鼎，嘉定瞿木夫中溶，同里袁寿阶廷梼、李子仙福及主人黄荛圃丕烈也。澥云画老朴卧柏，廉山画红椒秋菊，木夫画芙蓉鸡冠。六人皆有诗。道光癸未圃已易主，荛圃更为跋语，志死生聚散之迹。越今六十年，册为吴廉夫重熙所收，出以属题。册后有石梅孙渠题跋云：荛圃先生耽于诗，兴会所至，辄成图画，百宋一廛中累累数十册，此其一也。予向见《陶诗摘句图》，先生自纪一生事迹，工细白描人物，数日画一幅，累月而成，惜不记作者之名。又宋椠本《鱼

玄机集》，余秋室学士绘女冠象，并其首题咏数十家，二册。其最著者又有《担书图》。余秋室《学古录》题黄孝廉《担书图》诗云："一室幽闲寄市桥，市声杂沓似春潮。岂知兀坐虚堂者，日对丹铅不厌嚣。""独于遗册恣幽寻，别有酸咸远俗心。东观异时添箸录，精严应好小云林。（注：黄长睿号云林。）""辎重何须薄笨车，缥囊都付小奚奴。移居图好无人画，空写仙翁赋子虚。""奕奕牙签千顷堂，绛云楼后好储藏。代兴留得宗风在，善本都从手校将。"又按：《汪澥云诗钞》卷四曰：读未见书斋主人邀万廉山、李子仙，瞿木夫、袁寿阶及予同集，分韵得野菊五律一首。

得郡中青芝山堂所储钞本《靖康孤臣泣血录》，以明刊本校之。记

标按：先生《桂林风土记》跋云：余此本郡先辈张青芝先生手钞，卷端钤张位小印，即其姓名也。书法工秀，读书者之藏书，斯为善矣。又按：吴云《义门先生集》跋：余友翁叔均搜罗二十年，得其门人张位字青芝者所辑诗文一册。则青芝，义门弟子也。

得宋本《梅花喜神谱》于琉璃厂。记

标按：先生是年春入都，五月杪归里，见先生跋语中。

钱竹汀先生以残元本《陈众仲文集》七卷，又明翻元刻本全集同赠先生。记

二月中旬，从琉璃厂文粹堂得宋本《梅花喜神谱》二卷。记续

按：先生跋云：辛酉春计偕北行，与同邑顾南雅、夏方米同伴嘉定瞿木夫于将行日画梅以赠，余装潢成册。既而海宁陈仲鱼来附，舟行至枫桥，袁绶阶载酒送别，并折庭梅花为探花兆，因以"聊赠一枝春"分韵赋诗。至扬州于风雪中南雅画梅幅，其一即取绶阶赠梅之意，俱写于木夫册上。同

人相与题咏。既得《喜神谱》，重约同行四人题咏，余得七言绝句一章云云。

三月，为钱竹汀先生刊《元史·艺文志》成。《竹汀居士年谱》

标按：志为顾南雅先生莼写样。

夏，从书坊观汪氏开万卷楼书，见钞本《刘梦得文集》四集四册，携归校于明刻《中山集》上，校毕，跋后。记

标按：夏或作秋。

五月五日庚辰，钱竹汀为先生跋元本《祖庭广记》。记

夏五月，自都门归，得何梦华所藏曲阜孔氏藏本元板《孔氏祖庭广记》五册。记

标按：《湖海诗传·小传》：何元锡字梦华，钱塘人，监生候补主簿。先生跋《祖庭广记》曰：余自都门归，钱塘何梦华亦自山东曲阜携眷属侨寓于吴中。何固孔氏婿也，其奁赠中有元板《孔氏祖庭广记》五册，装潢古雅，签题似元人书。

五月杪，以京板《佩文韵府》并银十四两易得宋本《孟浩然集》、钱杲之《离骚集传》、云庄《四六馀话》、影宋钞岳板《孝经》、吕夏卿《唐书直笔新例》五种。记

六月初七日，跋宋本《梅花喜神谱》。记续

夏六月望前一日，跋宋刻《甲乙集》十卷，盖新以十六金收得者也。记

秋，得明钞本《五行类事占》七卷，跋之。记

秋，赵味辛以宋刻本《圣宋文选》三十二卷归先生。记续

七月二十八日，跋新得赵清常家钞本《张光弼集》。记续

标按：《常熟县志》：赵用贤子琦美，字元度。以荫至刑部郎中。《东湖丛记》云：李刊《酉阳杂俎》有赵清常序，末

题:海虞赵琦美。《稽瑞楼书目》:《脉望馆和禅集》五卷,赵琦美撰。赵有《脉望馆书目》。

九月重阳后二日,跋新校宋旧钞二十八卷本《淮南子》。记

标按:旧钞本得于颜家巷张秋塘处,云是其先世青父公所藏。语见原跋中。

九月既望,唐陶山仲冕以南宋人钞本《太玄集注》六卷、《太玄解》四卷附《太玄历》一卷十册赠先生,自为跋记。《瞿氏书目》卷十五

九月望后一日,观书于东城蒋氏,见宋本《新序》,借归校乙卯年所得之本,并再跋于后。记

标按:先生校宋本《新序》云:蒋本向藏史家巷赐书楼蒋氏,今分支居西白塔子巷。家不甚贫,却爱财不爱书云云。所言东城似即指此,惟两巷皆在西城不可解耳。

季秋月乙未日,跋元板《祖庭广记》。记

孟冬,借五柳居《东维子文集》,补明刻本阙叶,跋明刻本上。记续

十月六日,瞿木夫为先生画《读未见书斋雅集书画册》并题诗。原册

十月,跋新得宋本钱杲之《离骚集传》。记

冬孟九日,跋新得宋本《孟浩然集》。记

先生招集钱竹汀少詹、段懋堂大令、陈曼生、顾南雅于红椒山馆,南雅有分得子字韵诗有句云:"诗情入画宜红椒。"颜额始注云:"前月雅集。"曼生有"红椒绝凡艳"句。荛圃因名其室曰"红椒山馆"。属嘉定钱暬田为之图。顾南雅《思无邪室诗集》

标按:山馆当在王洗马巷,先生跋《愧郯录》后自署嘉庆己未冬十月既望书于红椒山馆。

冬，借袁寿阶藏道藏本《淮南子》校之，又借道藏本《抱朴子》校于丁巳年所得旧钞本上。记

冬日，得残本王刻《孙可之文集》，再以校丙辰年所校本，三跋之。记

冬，倩汪瀞云主政作《续得书图》。记

标按：先生跋钞本《北山小集》有云：昔余绘《续得书图》，名是曰“蜗庐松竹”，盖致道寓居吾郡之城北，葺屋曰“蜗庐”，而松柱竹椽，饶有古胜之意。今余自壬戌冬又迁东城之县桥，题藏书室曰“百宋一廛”，夫亦取其小焉耳。又因得《孟浩然集》，画图曰“襄阳月夜”。按：吴云《汪瀞云诗钞》序曰：同年汪瀞云侍御，起家县令，未几移疾去。久之改官礼部，为御史，简司城克称职，而以病殁。瀞云自命甚高，无所发，抒托于画，以写其胸臆。

十一月，钱竹汀为先生跋宋本《东家杂记》。记

标按：此书有先生一跋，仅题“棘人”二字。按：当在乙卯至己未五年中。

七年壬戌，四十岁。

是年作《再续得书十二图》。

标按：宋本《三谢诗》跋云：近作《再续得书十二图》以此列入，名曰“三径就荒”，盖犹不忘篁亭之遗也。

标按：篁亭蒋姓，故有是图。

从都中得旧钞《建康实录》，再跋旧钞《张光弼诗集》。记

先生以旧钞本《乖崖先生文集》十二卷附录一卷赠蜀人张船山太史。《楹书隅录》

春正月，假表兄贞节堂道藏本《韩非子》校之，九日跋。记

夏五月，自都门归，得明刻八卷残本《戴石屏诗集》，跋

之。记

标按：先生是年又入都。

五月，先生四十初度，挈妻子同游穹窿，有登穹窿诗寄汪瀞云主政，瀞云和诗五言二律存集中，曰："黄二荛圃以《登穹窿诗》见寄，盖四十初度时挈妻子同游所作，今年五月间事也。"《瀞云诗钞》卷五

夏六月，先生从涧苹以二十金得元刊《吕氏春秋》，旧钞《严氏诗缉》，明刻书《三史会要》。记续《韩非子》跋

六月七日丙午，孙延为先生题书匵各签。记

标按：钱杲之《离骚集传》题字其一也。蒋宝龄《墨林今话》卷九：延字蔚堂，工诗词篆隶，并画墨兰。所居南郭草堂中有古井，偶剔残藓，得故宋年号，颜其室曰"宋井斋"。

秋，得影宋本《韩非子》。记

七月，重装残元本《陈众仲文集》成，跋后。记

秋七月，借试饮堂残宋本校家藏本《挥麈前录》四卷，并跋。记

中元前三日，涧苹为先生以三十金得影宋钞本《韩非子》，涧苹跋之，既望先生自跋之。记续

七月既望，跋校临支硎山人影宋本《博雅》。记

八月六日甲辰，再跋影宋钞本《韩非子》，以新从张古馀借宋刻校毕。记续

仲秋二十七日，陈简庄以吴兔床藏旧刻六卷本《图绘宝鉴》索先生题识，九月二日为跋记。记

九月，命侍史影旧钞本《昆山郡志》六卷，手校毕，并跋。记续

九月五日，再跋宋刻《三谢诗》。记

九月二十日，涧苹重观影宋钞《韩非子》于读未见书斋，记之。记续

小春，再跋丙辰年所得旧钞《景定建康志》。记

十月，钱竹汀先生观《宋拓温虞恭公碑》于读未见书斋，有题字。原跋

冬十月望日，借周香严旧钞五卷本《吕衡州文集》，以旧藏明钞本校之，并跋。记

孟冬月二十日夜，坐太白楼下，重跋丁巳春所收《存悔斋诗》。原跋

立冬后二日，跋校本《靖康孤臣泣血录》。记

十一月五日，跋新得元本《金石例》。记

十一月二十八日冬至，跋张子和所赠钞宋本《永嘉四灵诗》四卷。记

标按：《同治苏州府志》：张燮字子和，乾隆癸丑进士，历官宁绍台兵备道。燮少以词章名世，尝注《晋书》未就。子和子芙川，名蓉镜，亦喜藏书。《瞿氏书目》收《击壤集》，有芙川血书"南无阿弥陀佛"六字，题其后云：乙巳十一日得之，爱不能释，以血书佛字于空叶，惟愿流传永久，无水火蠹食之害。

岁杪，再徙居县桥巷。记

标按：瞿中溶《古泉山馆诗集》有嘉平廿有三日黄荛圃移居县桥巷，出新诗与图见示，因题四首："爬灶匆匆偪岁除，有人于此赋移居。披图莫认村夫子，曾读人间未见书。""旧治东偏古寺西(标按：宋时长洲县治在天宫寺西，左有桥名县东桥，荛圃谓"悬桥"即"县"之误。余以《宋平江图碑》证之，良然。)，平江一棹接葑谿。满船载去书千卷，入室先教插架齐。""一徙枫桥(原注：谓袁寿阶)一县桥，良朋从此路迢遥。丁宁倘有奇书获，共赏还来折简招""滞我吴阊廿载多，身如幕燕不成窠。练祁只有归耕愿，无计移家唤奈何。"又按：《思适斋集》有词一首，调寄《大江东去》，用东坡

韵赋《黄荛圃移居图》:“痛乎风俗,为求田问舍,消磨人物。瓮聚醯鸡裈处虱,抵死苦寻篱壁。向后悲前,犹今视昔,耻更凭谁雪? 挠之难浊,此君殊复豪杰。　吟客画就移居,歌诗盈卷,引深情遥发。特与图经争第宅,肯似浮云吹灭。露宿车遥,权牵船上,剩我星星发。欣然规往,未知判恁年月?”悬桥巷旧居,今为潘氏松鳞义庄蛾术斋。

六月,命工重装宋本《咸淳临安志》,至十一月中竣事,季冬,三跋之。记

八年癸亥,四十一岁。

是年,顾涧苹为先生校明钞《盐铁论》。记

正月,序汲古阁影钞宋本《博物志》。原序

正月小晦日,跋影严氏芳椒堂旧藏吴文定写本《墨子》。记

二月八日,命阍人张泰手钞《得月楼书目》、《传是楼宋板书目》二种毕,即跋《传是楼书目》后。记

标按:跋云:张泰曾在京师佣书,故字迹颇不恶云。

闰月沈刊《鱼集跋》,以番钱五圆得宋刊《鱼玄机诗集》,以宋刻唐人绝句《才调集》考其互异。以别纸条载之,三月望春尽日毕,跋后。记

标按:《古泉山馆集》有集读未见书斋分韵题宋刻《唐女郎鱼玄机诗》得属字七古一首。又按:先生得此书后曾属余秋室绘《玄机诗思图》,余曾见改七芗临本。

闰二月,以番钱十圆得宋本《朱庆馀诗集》于五柳居,跋记。记

闰二月望后一日,跋新以三十金从陶蕴辉得宋本《参寥子诗集》。记

标按:先生跋此书有云:迁居县桥以来,葺小庐,属南雅庶常题曰“百宋一廛”,盖于其中检点古刻,成一簿录,谓之

《百宋一廛书录》。

三月朔，跋赐书楼藏旧钞本《梁公九谏》。原跋

标按：跋后有云：题纪事诗久绝响矣。即欲为三益联吟之续，而良友匆聚异书不来，意兴殊索然也。闲窗检点旧藏，出此《梁公九谏》一卷，仍用旧例，独吟新诗，亦聊为破寂之助云尔，得梁字，禁押本字："《九谏》词犹在，交章震李唐。安危资柱石，举废得津梁。气挟雷霆厉，心争日月光。名臣传表奏，（原注：《读书敏求记》以此入总集，《述古堂诗〔书〕目》则入表奏。）应此赐书藏。"

三月望后二日，跋辛酉年所得宋刻本《圣宋文选》。记续

夏，用太原书室刊本《盐铁论》校影钞活字本并跋，端阳日再跋。记

夏至日，以白金三星从留耕堂书坊得明刻五卷本《衍极》。跋之。记〔六〕

端阳日，重装六年前五柳居主人所遗残宋本《弘秀集》十卷成，跋之。记续

五月望日，重装宋本《甲乙集》于新居县桥巷之百宋一廛中，并取四卷残宋本展对一过，再跋宋十卷本后。记

朱述之《开有益斋读书志》卷三：吴门黄荛圃丕烈，多藏宋版书，颜所居曰"百宋一廛"。槎客以千元十架揭榜，与之敌。

仲夏下浣三日，邀同人十二，各题新得宋本《鱼玄机集》。《玄机诗思图》自跋

五月廿四日，先生三子寿凤生。《玄机诗思图》跋

标按：寿凤字桐叔。

六月一日，辑《宋刻书目》检及乙卯年所得宋本《北山小集》三跋之。记

秋于顾千里处得宋刻《茅亭客话》十卷，又同得宋本《唐求诗集》一卷，七月白露后一日，跋《唐求诗集》，越日又跋。记

秋，得钞本《中兴间气集》，校冯校本上，跋之。记续

七月，以校宋本《山海经》假于虞山邵阆仙恩多，邵传录一本。邵氏传录本原跋

白露后二日，匪石访先生，以宋本《唐求诗集》审定"鹿顶山"三字图记。记

九月八日，偕陈仲鱼至山塘萃古斋书坊，以四十五番得宋本《史记》、宋咸平本《吴志》、建文时刻本《元音》，即跋《吴志》后。是日，与仲鱼同访周香严于水月亭。记

标按：跋中云：白堤钱听默开萃古斋书坊于山塘。听默已死，此书得自其子也。

秋，影摹宋本姚氏《战国策》刻成，八月八日序之。冬，札记成，付刊。属顾千里为后序，乃十一月也。又钱竹汀先生为之序。刻姚本原序

标按：《前尘梦影录》卷下：许翰屏以书法擅名，当时刻书之家均延其写样。如士礼居黄氏、享帚楼秦氏、平津馆孙氏、艺芸书舍汪氏，以及张古馀、吴山尊诸君所刻影宋本秘籍，皆为翰屏手书。

十一月朔，访海盐友人张芑堂归、三跋《唐求诗集》后。记

标按：《湖海诗传·小传》：张燕昌字芑堂，海盐人，嘉庆元年举孝廉方正。又按：芑堂著有《金石契》、《金粟笺说》，又自号金粟逸人。又按：先生跋语中，芑堂爱古，年已七十，所见古书甚多，与长塘鲍渌饮相友善。

季冬六日，以三十金从顾涧苹得元本《东坡乐府》，季冬月七日，以八金从毛榕坪处得长善滨程氏藏旧钞本《乙巳

古》，跋。记

除夕祭书，以书招顾南雅、陶凫香，以新得《吴志》属南雅题签并书跋语。皕宋楼所藏《吴志》原跋

标按：南雅名莼，五痴子。凫香名梁，喜收藏，有《红豆树馆书画记》，俱吴人。又按：《古泉山馆诗集》有题先生《祭书第二图》诗曰："祭诗图作后先论〔七〕，妙绘同逢道子孙。（原注：前图吴竹虚作，此图吴枚庵作。）叹我风尘沦落久，奇书空向箧中存。（原注：君旧藏宋刻《太平御览》三百六十五卷，为海内绝无奇书。予在湘南亦得十九卷，系海盐陈明府玉垣所赠，适为君书所缺之卷。）""浪仙嘉话古来无，周墨黄书接可趋〔八〕。（原注：周栎园有《祭墨图》。）我有痴情同是癖，也思补画《祭钱图》。）（原注：予嗜古泉，嘉庆丙寅十二月曾仿贾浪仙故事祭钱，因未得名手，其图尚缺。）""烟云聚散本无常，只合流传在四方。但得主人真好古，校雠刊布似黄郎。（原注：时荛夫藏书已多转归他姓，故云。）"又《独学庐四稿》有《题黄荛圃祭书图》七律一首。

拟刊连江叶氏本《博物志》，先生命儿子玉堂依影宋钞者录一帙，与粤东贾人往古药洲开雕。原跋

九年甲子，四十二岁。

春初，先生长子亡。记

标按：先生长子名玉堂，以二月七日死，见所刊《博物志》后跋。又按：玉堂字屿柏，为赋孙先生美镠父，见覆宋拓《温虞恭公碑》跋。

正月丁巳日，跋新得宋椠本《鉴诫录》，二十五日涧苹为先生跋之。记续

按：先生跋略云：去番钱三十三圆，书计五十七叶并题跋一叶，以叶论钱，当合每叶四钱六分零。

见扬州秦太史藏影宋钞本《春秋繁露》手自校雠，二月

朔辛酉日，跋。记

标按：《先正事略》：秦恩复字敦夫，一字淡生，江都人。乾隆丁未进士，官编修，读书好古，所居玉笥仙馆蓄书万卷，丹铅不去手。

二月，得明钞本《茅亭客话》，以宋本校并跋，仲秋重装之。记

二月，以吴枚庵家书籍求售，以三金得陆敕先校宋本《易林》，即过临毛刻本上并跋。记

标按：戴延年《抟沙录》：吴枚庵名翊凤，吴县人。酷嗜异书，无力购致，往往从人借得，露钞雪纂，目为之眚。江藩《半毡斋题跋》：枚庵，长洲庠生，手钞秘籍数百种，日夕不辍，因而损一目。枚庵名翌凤，一字小匏。又按：先生跋谓：枚庵久客楚中，书籍寄贮友人所，友固豪于酒者也，往往取为沽酒赀，故生前已多散佚，予屡收之。又钞校本《文房四谱》跋云：郡中有吴枚庵先生者，余向年就试玉峰，曾有半面，未及把臂也。及余知购书而坊间有善本送阅者，往往出枚庵手钞及家藏者。方知枚庵好聚书，其书之散佚者，大半出其亲友家。盖枚庵游楚中，书多寄诸他人所，久而不归，家属亦寻踪访之，故亲友无忌惮而为此也。又曰：越三十馀年始归，余与订交。

仲春望日，瞿木夫移家归嘐城老屋，先生送行并以窗台弘治刻本《练川图记》以赠。《古泉山馆集》

标按：瞿移家得诗十首，今录其一："道山旧志久烟销，（原注：秦辅之《练川志》失传已久。）图记空教小史描。（原注：踪邑中故家所藏《练川图记》俱系钞本。）谁识南濠真面目，瓶花斋里墨香饶。（原注：移居日，友人黄荛圃来送行，并以弘治刻本《练川图记》见赠。系浙西瓶花斋吴君皃藏本，卷端有其手迹。）

二月清明前五日，以一番钱得明刊本《雅颂正音》，又以一番钱重装之，毕，跋后。记

三月，得王刻《孙可之文集》全帙，四跋于丙辰年校本后。记

三月，刊校《博物志》成，跋后。原跋

三月，以去岁所得《吴志》示陈仲鱼，并属跋语。皕宋楼藏《吴志》原跋

标按：《定香亭笔谈》：海宁陈仲鱼于经史百家靡不综览，尝辑《郑司农论语注》，举孝廉方正。《曝书杂记》：仲鱼，嘉庆元年举孝廉方正，三年本省中式举人。《东湖丛记》：吾乡陈仲鱼征君向山阁藏书大半归马二槎上舍，藏书印记有云："得此书剧辛苦，后之人共鉴我。"又刻仲鱼图象钤于上。

三月十日，跋新从吴枚庵家得渠手校宋旧钞本《东京梦华录》。记

五月，从师德堂收得校旧钞本《尹河南集》九卷、附录一卷，跋后。记

六月六日，以白金二两四钱新于扬州书估得旧钞宋三卷本《唐语林》，跋之。原跋

六月八日，用旧纸命门仆张泰影写宋刻《孙尚书大全文集》残本三十三卷，毕，跋后。记

六月九日，周香严借先生影宋钞本《唐语林》校明齐之鸾刻本，并录先生跋于上。原跋

按：先生别一跋不载年月，似是跋明刻本者。

六月廿日，跋新得周配农手钞五卷本《衍极》。记

七月二日，跋何义门手校旧钞本《麈史》。中元前一日，见周香严所藏毛校本，复校于上下方，再跋。记

九月下旬，先生伯兄亡。见校宋本《茅亭客话》跋

冬，以二百四十金得周香严所藏残宋本《太平御览》三

百六十卷。记

小春月万寿日，命门仆影钞《姚少监文集》五卷，毕，装成跋之。记

十月十三日，再跋钞宋本《茅亭客话》。记

十月十四日，跋北宋本《骆宾王文集》十卷。《楹书隅录》

十一月十六日〔九〕，见张青芝临何义门校本《文心雕龙》，手校己未年所得嘉靖本，即再跋嘉靖本后。记

十一月，跋新从陶蕴辉得宋板《洪氏集验方》。原跋

标按：跋语中有云：六月中有扬州书友告余有宋板《太医集业》四册欲售于余，未至，已售于他姓，后遂得此本云云。

十年乙丑，四十三岁。

甲子冬，顾涧苹《百宋一廛赋》成，春自庐州晋江张太守所寄示先生。先生注之，至秋成。适涧苹归里，仍相与商榷焉。《百宋一廛赋注》

标按：张太守即古馀先生敦仁。顾涧苹《与古楼记》：阳城张观察古馀，以"与古"名其楼，楼在先生旧居秣陵之中正街宅东北隅云。

正月，以元大德本《后汉书》一百二十卷赠仲鱼，并跋。记

春二十日，跋十九日所得叶石君旧藏徐子器刻十卷本《蔡中郎文集》，并借周香严所藏旧钞本，又借何梦华藏华氏活字本合校之再三，跋后。记

标按：《吴门补乘》：叶树廉字石君，洞庭东山人，侨居常熟，博学嗜古，藏书至数千卷。

正月二十七日，先生访寒石长老际风于支硎吾与庵，为其长子延僧礼忏。庵中用洪更生居士韵赋诗以赠，即题丹徒顾弢庵鹤庆所画《吾与庵图》，诗中注云："大儿之亡已周

岁矣，余礼忏于此。”《吾与汇编》

春二月三日，以家刻《国策》易明本《文则》二卷，跋之。记

标按：跋云：估值一两六钱。

春三月二十有六日，得元本《宋朝南渡十将传》，又得旧刻《杨铁崖古乐府》，跋《十将传》后。记

夏，跋新得影宋本《李贺歌诗编》四卷，《集外诗》一卷。记

四月，手录《季沧苇藏书目》上板刻成。书后木记

又原序云：系借嘉定瞿木夫、海盐黄椒升两家本互勘付梓，并序于后。

四月十有九日，为吴槎客跋《笠泽丛书》。《拜经楼藏书题跋记》卷五

六月朔，跋新校旧钞本《对床夜话》。记

夏六月十三日，得明钞本《录异记》手校之。中秋跋并题五言律诗一首、七绝二首。记

闰六月三日，得四明范氏所钞《遂昌山人杂录》，用旧藏钞本校之，并跋。记

秋又六月十六日，再跋壬戌年校宋本《挥麈录续》，以繁雪堂藏宋本补校〔十〕，又跋之。记

八月五日，得洪武本《葬书释注》一卷并跋。记

八月二十六日，从周香严借残宋本《学斋占毕》，跋校旧钞本上，跋记。记

九月，手钞《百宋一廛赋》刊成。原刊书后木记

季秋十日，续校《季沧苇书目》，附后并记。原校语后

十月，跋校本《剧谈录》。记续

冬十月，得陆敕先手校本陆游《南唐书》，跋之，是日灯下以顾氏传录本参校一过，再跋，又跋于顾本后。记

十月，得崇祯乌程闵齐伋刻刘蜕《拾遗集》，孙樵《职方集》，五跋于丙辰年校本《孙可之文集》后。记

小春望日，跋新得旧钞本《稽神录》六卷、补遗二卷。记

十一月二十五日，跋新得旧钞本《毗陵集》。记

十一月，涧苹覆阅影宋钞本《韩非子》毕，记。十二月十七日又记。记续

十二月，涧苹为张古馀覆勘印本《韩非子》一过，并记于先生影宋钞本上。记续

十二月初五日，何梦华以宋刻《棠湖宫词》见示，因跋于旧藏毛钞本《棠湖诗稿》后。记

冬，先生致书顾涧苹，拟重刊《易林》。顾千里《思适斋集》卷九刻《易林序》

标按：涧苹先生是年秋应孙渊如先生山东之招。

见九行二十二字本《穆天子传》，手校之。又借陈仲鱼所得明钦范钦吉陈德文校刊本，又借周香严藏旧钞本合校之，大除夕毕，并跋。记

十一年丙寅，四十四岁。

先生是年更号复翁。

标按：嘉庆丁卯正月七日灯下顾涧苹跋十卷本《蔡中郎集》曰：时惟荛翁更号复翁之明年也。

先生是年有菊社倡和诗事。蒋寅《题梦诗图诗注墨迹》

刊《梁公九谏》成。卷首木记

春，得惠氏藏苏天爵《名臣事略》。原跋

春，得鲍渌饮所藏元刻《契丹国志》十七卷，旧钞本《嵇康集》十卷，活字本《范石湖集》，残本《元朝秘史》，共计番饼四十枚。记

标按：跋语云：渌饮年老患病，思去书以为买参之资也。

谷日，三跋影宋钞本《舆地广记》。记

正月十一日，跋新得钞本《谗书》五卷。记

立春后十日，跋影宋钞本《舆地广记》。记

二月廿有四日，跋新得叶石君藏明弘治本《稽古录》。记

谷雨后二日，跋宋本《会稽三赋》。记

标按：是日亦为吴槎客先生跋宋本《会稽三赋》，乃别一本也。见《拜经楼藏书题跋记》卷五。

又为吴槎客跋宋刻京本《周礼》。记

寒食日，跋新得旧钞本《嵇康集》。四月望后一日，为周香严借校归后又跋。记

夏，以三十金从何梦华得宋本《史载之方》。记

夏，得明刻本《潜夫论》，即以旧藏明缺叶钞补本归他人，因跋于新得本之后。记

孟夏，跋新从陶蕴辉得知不足斋旧藏《续幽怪录》四卷，是时同得宋本《李注文选》。记

孟夏，跋校宋钞本《宾退录》。记

芒种后九日，跋残宋本《太平御览》。记

五月朔，见范刻《穆天子传》，有朱墨句读，过临于乙丑年校本上，五月三日跋。记

秋七月五日，命门仆用旧纸影钞明活字本《蔡中郎集》成，跋之。记

立冬后一日，重装新以百二十金得宋本《管子》成，跋：又重装北宋本《史载之方》成，跋。记

十一月望后三日，跋手校钞本《国朝名臣事略》。原跋

十二月，顾涧苹为先生跋十卷本《蔡中郎集》。记

十二年丁卯，四十五岁。

是年以影钞宋严州本《仪礼经注》寄张古馀太守。刻

江标集

《仪礼》原序

又得穴砚斋钞本陆游《南唐书》。记

又借袁氏五砚楼明刻道藏本《宗元先生文集》，即校于钞本上，并跋。记

又于是年校钞本《萨天锡诗集》，跋之。记

春，假袁氏五砚楼正统道藏本《墨子》，手校于丙辰得蓝印本上。记

正月七日，顾涧苹再跋十卷本《蔡中郎集》，九日，三跋。记

正月望前，见顾涧苹还旧校十卷本《蔡中郎集》中有涧苹校语，遂录于影写明活字本，跋之。记

陬月哉生魄，大病初愈，手校《乐志园集》八卷毕，跋之。记

正月十九日，跋元本《契丹国志》。记

正月二十九日，再跋宋本《史载之方》。记

春二月，先生赠陈仲鱼钞本《国朝名臣事略》十五卷。陈原跋

二月晦日，再跋乙卯年所得元钞本《书经补遗》。记续

三月二十五日，跋新得外洋板本《寒山拾得诗》一卷。记

夏，借陈简庄所藏吴枚庵手钞本《三楚新录》，传录之并校其误脱，跋记。皕宋楼所藏原书原跋

夏，见明弘治本《中州集》，三跋于旧藏金本后。记

夏孟，跋宋刻本《文苑英华纂要》。记

孟夏四日，跋明钞本《蜀鉴》并影钞足丙寅年所得残元本。记

夏至日，跋宋刻本《崇古文诀》。记

五月，得钱遵王钞本陆游《南唐书》，并校乙丑年得陆校

本，因再跋于陆校后。记

五月，得明嘉靖本《长安志》八卷，重装，跋。记

端阳后五日，于王府基书坊，见翻宋刻唐《清塞诗集》、唐《贯休诗集》，皆题菏泽李龚和父编[十一]，与癸亥年得残宋本《弘秀集》行款同，再跋《弘秀集》后。记续

夏五月二十六日，跋旧钞本《蜀梼杌》，时借陈仲鱼藏本校勘一过，毕，又取旧藏冯己苍本校一过，再校。记

标按：《读书敏求记》：孱守居士为居友冯舒己苍，别号癸巳老人，藏书率多异本，吾邑之宿素也。先生校《敏求记》抹去"老"字，注云：己巳冬，见冯钞《汗简》上有"癸巳人"三字印章，知"老"字乃衍文，宜原本无之也。又按：吴翊凤跋冯钞本《近事会元》云：孱守老人姓冯名舒，字己苍，又号癸巳老人，虞山人。吴跋见《士礼居题跋记续》。

六月，跋明刻《友石先生诗集》。记

以青蚨二金馀得明本《周职方诗文集》二卷，秋七月二十五日跋之。记续

七月二十五日，跋校宋本《说苑》。记

七月，从碧凤坊顾氏借得刻本《蜕庵集》，以旧钞本校之，又跋；八月一日访周漪塘，又见旧钞本，再跋之，三跋。记

六月十二日，陶五柳以宋廿二行本《说苑》示先生；秋八月，以卅金得之，重装；白露后二日跋，九月三日再跋。记

白露后一日，跋残明本《黄山谷大全诗注》。记续

九月三日，跋校旧钞三卷本《墨子》。记

霜降前二日，跋新得旧钞本《朝野新声太平乐府》。记续

九月六日，三跋校蓝印《墨子》后，因新得嘉靖陆稳刻本对勘也。记

九月，以胡文焕覆元本《洗冤录》校原刻元本，于上跋。记

季秋，从张讱庵处得元刻本《国朝名臣事略》十五卷。记

秋暮，以明刻《韩山人诗正续集》校旧藏明钞本一过，跋刻本后。记

立冬日，以续得影钞宋本《管子》止十二卷，取旧藏宋刻本影写十三至二十四卷补足，校毕，共三跋之。记续

十月初旬，借周香严藏钞本《朝野新声太平乐府》覆校元刻，并再跋新得旧钞本后。十有九日，三跋之。记续

冬十月，得同郡蒋辛斋旧藏明刻十卷本《戴石屏集》。记

十月十一日，陈仲鱼携吴槎客校宋本《说苑》示先生。记

小春望日，跋吴槎客藏宋咸淳重刊本《说苑》。记

十一月五日，三跋明活字本《蔡中郎集》。记

十一月五日，先生候顾涧苹，时顾方从江宁归也。记

十二月十一日，跋元本《伯生诗续编》。记

季冬望后一日，从顾涧苹手得残宋本《中兴群公吟稿戊集》，跋之。原跋

标按：跋后有云：辛楣少詹事赠小莲。丁卯冬日，思适居士估值每册三金，并记是此书从戈小莲处转得之也。戈亦吾郡藏书家，名半树斋，见《思适斋集》中。

季冬望后一日，跋新得小读书堆藏金俊明先生手录《月泉吟社谷音河汾诸老诗》、《中州集》，并《中州乐府序目》及小传。记续

除夕前四日，重装元本《宋五服图解》成，跋记。原跋

十三年戊辰，四十六岁。

是年，孙渊如先生假归，招先生燕集一榭园。孙渊如《租船咏史集题册诗自注》

标按：孙渊如先生自注诗云：予买虎阜一榭园，建吴将孙子祠。

以明洪武刊本《清江贝先生文集》三十卷归贝简香，得二十四金。《皕宋楼藏书志·贝先生集简香跋》

标按：简香名墉，吴县人。所居有千墨庵，钱塘吴穀人为之作记。顾涧苹《思适斋集》亦有《题贝简香千墨庵图诗廿韵》，藏书籍、金石书画甚富，为袁寿阶婿。《红蕙山房吟稿》有《题贝婿简香味书图小影二律》，首曰："嗜好由天性，诗书岂厌多？一编可陶养，千卷恣研摩。馀兴搜金石，闲情托咏歌。酸咸与世别，莫迓笑殊科。"又袁绶阶亦有《味书图小象》，《思适斋集》有诗曰："自经死矣山枢痛，扫地曾无长物馀。不及生前图象好，手中长保一编书。"《前尘梦影录》卷上：贝简翁刻《千墨庵帖》、《宝严集帖》，皆元明真迹勾模上石，刻手为乔铁厂方云常，皆用挺刀法，以善刻齐名。

元旦，以《黄梅花诗》录于元本《梅花百咏》卷端，并跋。记

正月下弦日，跋夏容庵所藏宋刊本《崇古文诀》。记

标按：容庵为方米父。

正月下旬，顾涧苹为先生叙新刊《易林》。原叙

三月，得元刻本《文心雕龙》，再校于嘉靖本上，并三跋之。记

夏，观书濂溪坊蒋氏，又见咸淳重刊本《说苑》，别一本也。因跋丁巳年所校《说苑》后。记

标按：先生《扪虱新话》跋：余观书濂溪坊蒋氏，见宋钞与述古所藏合。又曰：此宋钞本蒋韵涛故后为余友蒋怀堂所收，藏书家识古之友渐少矣。又《说苑》跋云：时方购进御

书，索值甚昂，未易得也。按指蒋本而言。又宋本《棠阴比事》是年跋云：近因各省大僚购求备贡之书，书主人获善价稍稍散出。

夏，见活字本《蔡中郎集》，以价贵至数十金不能得。

标按：跋云：因时方盛行旧板书。

夏，郑云枝以《附音重言古注礼记曲礼至月令》残宋巾箱本易先生所刻《国语》、《国策》。记

夏，从经义斋得旧刻本《李贺歌诗编》，再跋于乙丑年所得影钞宋本后。记

四月十有八日，再跋校宋本《礼记》。记

闰五月十日，叙新刊成陆敕先校宋本《焦氏易林》。原叙 廿四日，又为后叙。原叙

秋，借濂溪坊蒋氏宋本《周贺诗》，手校一卷本上，并跋。记

秋七月，以白金百二十两得镇江蒋春农藏宋余仲仁本《公羊解诂》十二卷，跋记。记

七月七夕后二日，跋新从试饮堂顾氏得宋本《棠阴比事》。记

七月十八日，以残元本《樵云独唱集》用旧钞本校之，毕，即跋于钞本后。记

九月廿七日，跋所得四卷残宋本《编年通载》。记

九月，得张青芝手钞残本《五代会要》以旧钞本补之并跋。记

九月望，借濂溪坊蒋氏金刻《中州集》，钞补旧藏缺失，四跋之。记

冬，得《宣和遗事》二册，系述古旧藏物。原跋

十月二十二日，跋新得元刻残本《乐府新编阳春白雪》。记

冬至前一日，跋新得残宋本《五百家注音辨唐柳先生文集》十一卷，又录一律诗于后，盖《柳集》系五柳主人所赠，故作此以送行也。记

十一月望后二日，跋新得钞本《道馀录》。记

十一月十九日，四跋影写活字本《蔡中郎集》。记

冬季小寒后六日，再跋己未年所得宋本《圣宋文选》。记

季冬九日，跋新以十六金得残宋本《普济方》，又题诗四绝于后。记

标按：跋中略云：仲冬以来，为亡儿营葬，为长女遣嫁，兼之度岁办粮，所入不偿所出。

校勘记

〔一〕《萧闲老人明秀集诗注》：应作《萧闲老人明秀集注》，据缪荃孙辑《荛圃藏书题识》卷十第五十四页上。

〔二〕假得钱磬室校刊《吴地记》、《吴郡图经》二书："磬"应作"罄"，据缪荃孙辑《荛圃藏书题识》卷三第十三页下。

〔三〕得宋刻《大戴记》："《大戴记》"应作"《大戴礼记》"，据缪荃孙辑《荛圃藏书题识》卷一第七页。

〔四〕六月二十日夜，先生大夫人房中失火，延及先生卧室："大夫人"应作"太夫人"，据缪荃孙辑《荛圃藏书题识》卷八第二十三页上《北山小集》四十卷钞本跋云："乾隆六十年六月二十日夜，余家因已遣之婢寻物失火，焰起老母房中，以致及余卧室，仓皇奔救，幸勿大患。"

〔五〕跋旧刻本《唐漫文集》："《唐漫文集》"应作"《唐漫叟文集》"，据缪荃孙辑《荛圃藏书题识》卷七第十六页上。

〔六〕以白金三星从留耕堂书坊得明刻五卷本《衍极》，跋之："白金三星"应作"白金六星"，据缪荃孙辑《荛圃藏书

题识》卷五第五页下《衍极》五卷明刻本跋。

〔七〕祭诗图作后先论："祭诗图"应作"祭书图"，据《古泉山馆诗集·归田园居钞》卷一第三页下。

〔八〕周墨黄书接可趋："接可趋"应作"接步趋"，据《古泉山馆诗集·归田园居钞》卷一第三页下。

〔九〕十一月十六日："十六日"应作"六日"，据缪荃孙辑《荛圃藏书题识》卷十第三十七页上。

〔十〕以繁雪堂藏宋本补校："繁雪堂"应作"繁露堂"，据缪荃孙辑《荛圃藏书题识》卷六第二十一页上。

〔十一〕皆题菏泽李龚和父编："李龚"应作"李龏"，据缪荃孙辑《荛圃藏书题识》卷十第三页下。

卷下

十四年己巳，四十七岁。

得朱竹垞所藏宋本《舆地广记》。记

标按：《藤阴杂记》：海波寺街金文通第有古藤书屋。康熙丙辰竹垞《自禁垣移居查他山诗》："整娖牙签万卷馀，谁言家具少于车。僦居会好春明宅，好借君家善本书。"

春，重雕宋初刊本《舆地广记》始。原刻书缘起

标按：先生《缘起》中有云：鄱阳胡果泉先生典藩吴郡，敷政之馀，留心选学。闻吴下有藏尤椠者，有人以余对。遂向寒斋以百金借钞，盖酬余损装之赀，而实助余刻书之费用。取所藏宋刻《舆地广记》刊之云云。

以二番饼得旧钞《东莱先生诗律武库》三十卷。记

得残宋本《诗经传笺附释文》。原跋

春，游杭州，登城隍山，于坊间又得《宣和遗事》，遂校付刊。原叙

正月下浣二日，向陈仲鱼借吴槎客所藏残元本《陈众仲文集》，校补辛酉年竹汀先生所赠本阙失处，再跋。记

正月二十八日，跋新从钱塘何梦华以五十一番纸亦五十一叶也得元本《乐府新编阳春白雪》十卷。记

正月晦日，重装钞补金刻《中州集》毕，五跋之。同日又跋毛钞本《中州乐府》。记

二月望日，四跋影宋钞本《舆地广记》。中春下浣七日，五跋。清明后一日，六跋。记

三月，跋新得二十五卷本《栟榈集》。四月晦日，游杭归，见贝简香钞本，再跋于刻本后。记

春三月，游武林得明本《太平乐府》。下旬六日，为先生归舟第二日，跋之。记续

三月廿九日，手钞旧钞《青城山人集》毕〔一〕，跋之。记

立夏前一日，得明本《南峰乐府》，跋之。记续

四月二日，钞旧钞本《普济方》十卷毕，跋之。记

四月六日，跋明成化本《长安志》。记

初夏将届小满，以番饼十七元得元刊本《伤寒百证歌》五卷、《发微论》二卷，跋之。记

四月小满前二日，三跋北宋本《史载之方》。记

仲夏中浣十日，跋新收旧钞本《敬所小稿》。记

六月望后一日，跋何梦华所赠影元本《论语丛说》。记

七月十日，从苏城大观贡品局见弘治本《绍兴同年小录》。

标按：先生跋中云：嘉庆己巳恭遇今上五旬万寿，各省大僚虔备贡品，书籍文玩亦在购备之列。吾吴为江南会垣，珍物雨集〔二〕。城中特开贡局景庆，始开于前大观，继开于后大观。局为葑门彭、宋两家所开。校于旧钞本并跋。记

七月十有一日，跋新得明成化本《勿轩集》。记

仲秋月，跋新得金刻本《李贺歌诗编》四卷。记

仲秋月，跋新得宋刻本《陶靖节先生诗注》四卷。记

中秋十有三日，访陈仲鱼得钞本《青楼集》携归，属内侄丁竹浯传录。十月初旬取向藏旧钞本校之，并跋。记

按：潘榕皋《三松堂续集》有为先生题人问希见书二诗，一题《青楼集》，题下自注云："元至元庚子四月既望，雪蓑钓隐志"。荛圃云：雪蓑钓隐，云间夏伯和也。先生原跋未载。

中秋前五日，晨起书友吴立方携钞本《王子安集》来，以家刻零种易之，并跋。记续

重阳日，张讱庵为先生跋校元旧钞本《国朝名臣事略》。记

仲冬十有四日，访唐公张涵斋学士于葑溪，归，跋校旧钞三卷本《鹖冠子》。记

尚有二跋不知年月，观其词意，当在此跋之前。

标按：先生跋中云：寿阶于今兹将道藏诸本悉归芸台中丞，而外间无有藏《道藏》者。

寿阶初秋得疾于杭[三]，八月初归，即去世，后日已百日矣。

仲冬二十四，从坊间取五砚楼遗书钞本《太平乐府》九卷归，对元刻多卷首邓叙，二十五日跋之。记续

按：先生又跋家藏旧钞本后云：五砚楼书坊人以青蚨二百四十馀金捆载而去。

冬至后二日，跋所得明孱守居士钞《汗简》三卷、《目录叙略》一卷。记

仲冬二十有八日，跋钞本《郑桐庵笔记》。记

标按：《昭代名人尺牍小传》郑敷教字士敬，号桐庵，长洲人，明崇祯庚午举人。

季冬十有一日，跋钞本《淳祐临安志》，并录和陈仲鱼、吴槎客题宋本《临安志》二律于上。记

冬，新葺陶陶室，贮宋刻《两陶集》。记

标按：桐乡金锡爵《新序》跋：嘉庆庚午，借居陶陶室。先生先后得二宋本《陶集》，取名其室。《惕夫未定稿》卷七有《黄荛圃陶陶室记略》曰：同年黄荛圃得虞山毛氏藏北宋本《陶诗》，继又得南宋本汤氏注《陶诗》，不胜喜，名其居曰“陶陶室”。饮余酒，属余为记，余未及为也。后二年，又得南宋本施、顾两家注《东坡和陶诗》，于是复饮荛圃家，而卒为之记。

十五年庚午，四十八岁。

以旧藏宋本《鱼玄机集》，明本《薛涛诗》，宋钞《杨太后宫词》借刊于松江沈绮云古倪园。沈刊《唐宋妇人集》后木记

标按：绮云名恕，《渊雅堂文续编》题《绍熙云间志》云：华亭沈生恕，时来过余，每至必盘桓信宿。生雅好收书，会吾乡袁君廷寿家遗书大出，先后得其数十种以去。

正月，苏州守王坦园泰得《况太守辟疆馆记石刻》，属王铁夫及先生考定之，先生作前后二辨，以正其伪。叶廷琯《吹网录》

二月七日，三跋己未年所得宋本《圣宋文选》。记

夏，跋宋本《东南取进舆地通鉴》。莫友芝《宋元本书经眼录》卷一

夏至后一日，以钞本马令《南唐书》过临冯己苍校本并跋。记

标按：《海虞诗苑小传》：冯文学舒，字己苍，号默庵，嗣宗先生长子也。

五月，为五砚主人后人检理书籍得残宋本《后山诗注》一卷，跋之。记

标按：先生原跋曰：五研主人谓家有残宋本几种当赠子，匆匆未果，主人已作古矣。其孙余婿也。顾千里《月下

笛词过袁寿阶旧居》有感曰:“试问楼中,身前肯信,破家如此。”又曰:“魂归白昼常闻哭,想只恋青箱未死。怪邻翁指点墙头,错叹个人无子。”《汉学师承记》:袁廷梼著书甚多,皆未编辑,其子椎鲁不能读父书,所有稿本散失无存矣。

四月,用白金五两四钱得残宋刻本《孟东野集》,越八日为端午芒种节,展读跋之。是日庚午年壬午月戊午日戊午时。记续

五月初九日,跋新校宋旧钞本《诗律武库》,乃新以六元得宋刻本手校之也。记

夏五月十有一日,夜至玉峰于吴氏见残宋刻本放翁先生《剑南诗稿》十八卷,口占二绝。记续

五月一日,跋新校五砚楼旧藏明钞本《刘子新论》,十三日又跋。记

五月十九日,再跋丁巳年所得明刊本《扪虱新话》。记

五月廿有六日,从城南卫前得旧钞本《杨太后宫词》跋之。记续

按:跋云:是日叔子三癸生七岁。

六月,跋鲍渌饮手校嘉靖年伍光忠刊《江淮异人录》。记

七月,为陈竹汀跋宋本《芦川词》。记

八月,陈曼生为先生题记《玄机诗思图册》,图为周云岩笠所摹,系从吴江陆兰堂英所画《十二女史图》中之本。原册

八月,跋宋本《丁卯集》。记续

八月朔日,跋宋刻钞补本监本《纂图重言重意互注毛诗》,时新从陈仲鱼借得宋刻全部补钞始毕也。毛诗原跋

标按:此书已不可得,原跋一纸旧藏赵静涵表兄家。

中秋,跋残宋刻本放翁《剑南诗稿》,并录前作二绝于卷

首。记续

按：先生再跋是书不载月日，玩之亦是此时。

冬，又跋校宋本《新序》。记

十一月，嘉兴金辔庭锡爵借居先生之陶陶室，先生出示宋椠诸书，辔庭为先生跋宋本《新序》。记

标按：金原跋云：陶陶室先后得二宋本《陶集》，取名其室。

十二月二日，三跋残宋刻本《孟东野集》。记续

按：此跋前有一跋，不载年月。

季冬五日，与金辔庭对校宋本《新序》，即三跋于宋本《新序》后。记

标按：原跋云：辔庭先后来吴中，而皆获至精之书以去〔四〕，可谓识宝者。而以余订交如辔庭谈书，又得一良友。寒斋数日之聚〔五〕，百宋一廛之中添一段佳话。他日摊书对读图成，岂异长毋相忘册耶？按原注云：此五砚楼事。

岁暮，重装五月中所得《后山诗注》毕，跋之。记

十六年辛未，四十九岁。

二月，先生偕石琢堂廉访同游西泠，宿松颠阁，时寒石长老犹主理安寺方丈，不久将退院归吴门。《吾与汇编》

中春二十有二日，钱唐陈曼生云伯兄弟往访先生，先生出元本《乐府阳春白雪》示云伯，定为柳如是校本，再跋之。记

三月初，游嘉禾，遇鲍渌饮先生于双溪桥下，渌饮以家钞《古逸民先生集》一卷、附录一卷赠先生，先生跋记。记

三月廿有四日，以三元得金孝章手钞《诗稿》，跋之。记

四月二日，跋旧刻本崔豹《古今注》三卷。记续

四月又四日，新得王西沚家藏《中吴纪闻》，校临陈白阳手校本毕，跋。记

标按：此跋附记云：西沚即西庄王鸣盛之号也，嘉定人，侨居阊门外庞家衖。乙亥记。又按：白阳名亨，字道复，吴人，家郡之洪湖画家所，称白阳先生也。

五月，见吕无党钞本《栟榈集》，以价贵未得，三跋于己巳年所得明本后。记

标按：吕无党葆中，石门人，吕晚村之子，手钞书“留”字皆缺最后一画。

五月二十日，放舟西山，至支硎山下吾与庵，访寒石大师，时师新自理安归吴。先生此次游山纪事唱和各诗曾刻有《春游杂咏》。《吾与汇编》

仲夏，见述古堂藏钞本《契丹国志》下册，属西宾陆东萝钞补元刻之缺，小暑后一日雨窗跋。记

六月，先生患病一月馀始就痊，同人咸来视疾，赋诗谢之。《吾与汇编》

辛未秋日，近校钱述古本《武林旧事》，取钞本相勘，跋钞本后。记续

初秋，跋明活字本《曹子建集》。记续

七月中元前二日，校钞本《砚笺》毕，跋。记

八月秋分前一日，同石琢堂表兄宿吾与庵，澄公邀往华山看桂归，至白云泉，有诗四首。《吾与汇编》，又《独学庐三稿》有步韵三首。

九月七日，先生偕其女夫袁仲和入山借宿吾与庵，连日为其尊人寿阶先生度地营葬。《吾与汇编》

九月十日，再跋嘉靖本《长安志》。记

暮秋，新得毛子晋跋手编《清塞诗集》二卷本，二跋于戊辰年校本后，并跋毛本后。记

标按：暮秋或作小春二十日。

冬，陆拙生为先生重录钱遵王旧钞本朱校于钞本《武林

旧事》上，并跋之。记

初冬，跋己巳年所得残宋本《毛诗传笺》，越月既望后一日装成。原跋

按：原跋有云：装成原收及装演钞补之费共计百金。又云：顷得一小字本，大同而小异。

十二月二十五日〔六〕，跋新得活字本《小字录》。

十月二十六日，重装新得校钞本《藏春诗集》毕，书三册值三元跋。记

仲冬，再跋钞本《武林旧事》。记

冬至后四日，校旧钞本《画鉴》毕，跋。记

季冬月望前一日，跋新刊成《藏书纪要》。原跋

大除，从五柳居借秘笈《武林旧事》，校所藏钞本，壬申正月廿一日校讫并跋。记

按：《题跋记续》别载一跋，与此跋同而较详，末题壬申岁初二日，不云某月，疑有脱文。

十七年壬申，五十岁。

跋新得元刊三十卷本《皇元风雅》。《月霄藏书志》卷三十五

借周香严铜活字本《开元天宝遗事》，手校于埭川顾氏家塾本上。记

校《周益公全集》毕。记

再跋影宋钞本《舆地广记》。记

春，覆勘藏钞本《武林旧事》，跋之。记

正月下旬六日，晨起四跋残宋本《孟东野集》。记续

正月下浣六日，见柳大中手钞《贞居先生诗词集》，以旧钞本校之，一日毕，跋于旧钞本上。记

标按：《读书敏求记》：柳君名佥，字大中，别号味茶居士，摹写宋本唐人诗数十种，今皆归述古书库中。

二月二日，见王闻远家藏《藏春集》；翌日，再跋校钞本《藏春诗集》；同日又三跋之。记

二月，跋新得旧钞本《湖山野录》。记

仲春小尽日，观《张贞居诗稿》真迹，出丁巳年所校《存悔斋诗》相证。时先生西宾陆拙生为佐校雠之役，共为欣赏。拙生远祖为性夫后人，遂属其书签。《存悔斋诗》第四跋

标按：陆拙生名奎，见钞本《近事会元》跋。

春三月，取旧钞本《山居新话》、《东园友闻》手校元刻于上，并跋。记

春季十有三日，再跋元本《梅花百咏》。记

四月朔，跋旧钞本《思陵录》。记

四月，借孙渊如藏宋刻小字本《刘子新论》，再校庚午年所跋本上，并跋。十八日，第三次校毕，又跋。记

芒种后一日，假钞袁寿阶藏胡茨邨钞本《安南志略》，手自校毕，跋记。记

标按：跋中略云：余所藏他书亦有胡茨邨印记，必是好书之人矣。顷见徐昂发题胡茨邨画象诗曰："金泥小字刻牙签，连屋书囊当画檐。尽日细翻黄白本，始知闲味十分甜。"可见校书之勤。见《经籍访古志》。

夏五月，借试饮堂顾氏旧钞本《砚笺》，再校钞本毕，跋。记

端午后一日，跋校宋本《刘子新论》。记

五月十一日，先生五十寿辰，周香严以残宋本《姚少监文集》五卷为寿，六月十有八日，先生跋。记

夏五月二十五日，跋新得明刻本《开元天宝遗事》，六月上旬又跋。记

季夏，重刻宋本《舆地广记》成，记缘起于首。原刻书缘起

夏六月望前一日，跋旧钞本《开元天宝遗事》。记

中元后二日，新从顾氏得毛藏钞本《砚笺》，跋记。记

标按：此跋末题书于学耕堂，堂即先生所居，应亦在县桥巷。

中元后三日，见元三十卷本《皇元风雅》，跋记。记

九月晦日，拟易号知非子。是日六跋金刻《中州集》。记

十月五日，叙新刊成宋本《舆地广记》并附刊《校勘札记》成。原叙

立冬前一日，二跋元钞宋刻合装本《图画见闻志》。记

标按：跋略云：与西宾陆拙生同观，时拙生亦自玉峰科试归。而书籍街竟无一获，古书难得，数年之间已判盛衰矣。乃指己未年顾涧苹为先生于玉峰得书事。

十月十二日，跋新校旧钞本《河南邵氏闻见录》。记

仲冬九日，见旧钞《茅亭客话》，补校甲子年校钞本，跋记。记

仲冬望日，陆拙生为先生题金刻《李贺歌诗编》签。记

标按：陆题云：获睹于读未见书斋。

十八年癸酉，五十一岁。

以宋小字本《毛诗传笺》归三松堂潘氏。原跋

元旦，再跋毛藏钞本《砚笺》。

标按：跋毛钞《砚笺》略云：顷五月下旬，余世好顾侍萱茂才出其家藏毛校本《砚笺》。

元夕，因新得旧借顾氏试饮堂《砚笺》，复重装钞校本《砚笺》，再跋。记

正月二十八日，再跋壬申校钞本《闻见录》。记

二月，从吴枚庵借本，校旧钞本《文房四谱》毕，跋记。记

二月初八日，跋旧钞本《耆旧续闻》，又借吴枚庵本校之，再跋。记

二月二十九日，以乙丑年所得旧钞《毗陵集》，借同郡吴枚庵所藏遵王手校旧钞本勘之，是日毕，跋记。记

三月初四日，检得戊午年所得旧钞《葛公归愚集》，三跋之。记

暮春廿有五日，从周香严借钱蒙叟本，校旧钞本《文房四谱》毕，再跋，廿有六日三跋。记

春暮，吴枚庵借先生校旧钞本《蜀梼杌》。记

春三月二十有一日，再跋旧刻本崔豹《古今注》。记续

三月晦日，跋新从吴枚庵得钞校本《文房四谱》。记

三月晦日，得汲古阁旧钞本李群玉、方干诗集。记

四月立夏前三日，手过丁卯年所校旧钞本《蜀梼杌》，吴枚庵补校夹签，并跋。记

四月初三日，二跋壬戌年所得《永嘉四灵诗》，因新得毛钞影宋《九僧诗》也。记

四月十四日，见宋刻《嘉祐集》十五卷四册，即传是楼所藏者，购得之，十八日跋，后越日又跋。宋刻《嘉祐集》原跋

五月廿三日，跋补校钞本《东国史略》。记

五月二十六日，四跋《刘子新论》，又三跋丙寅年所得旧钞本《稽康集》。

标按：先生《刘子》跋云：三男生有一载矣，能读父书者赖此子。又《嵇康集》跋云：是书余用别本手校副本备阅，于丁卯岁为旧时西宾顾某借去，久假不归，殊为可惜云云。

五月小晦日，校明影宋钞本《元英先生诗集》毕，跋。记

立秋后十日下弦，跋新得吴稷堂家宋本《毛诗传笺》。原跋

六月三十日，陆拙生奎为先生重钞吴钞本《近事会元》

五卷毕，并跋，先生亦跋之。记续

秋日，石琢堂与先生游西山，有和韵五古八首。独学庐三稿

初秋，再跋乙丑年所得旧钞本《稽神录》。记

七月初四伏日，跋新得旧钞本《日湖渔唱》。记

中元前一日，得旧钞本《麈史》，三跋于甲子年跋本后。记

中元后三日，跋新得旧钞本《麈史》三卷后。记续

七月晦日，题诗一律于毛藏旧钞本《砚笺》之后，并三跋之。记

中秋前十三日，再跋旧钞本《麈史》后。记续

中秋后八日，于王月轩家得见郭天锡手录《图画见闻志》残本。

标按：原跋云：王震兄携来，不知字某某也。

中秋后八日，见元刻刘须溪评点《王右丞诗》，借归与旧藏宋刻本校之，即跋于宋本之后。记

七月二十有六日，跋新校宋本《春渚纪闻》。共三跋九月十七日，复校之，再跋。记

仲冬二十有四日，见张青芝手钞刘祁《归潜志》八卷本，与旧藏本对校，又见后六卷本，亦校之。至十一月二十七日毕，跋记于《青琐高议》第二册卷九前。记

冬季，得元刻东光张预辑《十七史百将传》残本。记

除夕前二日跋新校钞本《青琐高议》后集。记

十九年甲戌，五十二岁。

刊《仪礼郑注》始。原书叙

正月，七跋影宋钞本《舆地广记》。记

正月五日，以家刻《国策》十部，易旧钞本《新编翰林珠玉》六卷，跋记。记

仲春，再跋元板《宋朝南渡十将传》。记

仲春，三跋庚午年得残宋刻本放翁《剑南诗稿》。记续

仲春望后三日，春寒奇甚，两跋校钞本《绍兴同年小录》。记

闰春，再跋钞本《近事会元》。记续

闰二月一日，跋残蜀大字本《周礼》。记

闰二月二日，四跋宋本《圣宋文选》。记

闰月，跋校新钞《青琐高议集》。孟夏，又见旧钞别集，覆校之，再跋。记

闰二月十九日，收得明刻本《张光弼集》，三跋辛酉年所得旧钞本。记

夏初，再跋甲子年所得校旧钞本《尹河南集》。记

四月，跋新得明刊十卷本《戴石屏集》，即以丁卯年所得本归他人。记

端阳前一日，以千钱得旧钞金孝章校本《范德机诗集》，初十日，以毛刻校毕又跋，六月六日三跋。记

端午夏至日，以番钱十六饼购得郭天锡手书《图画见闻志》残本，三跋于元钞宋刊配本后。记

标按：郭天锡，元人，所著《客杭日记》刻入《知不足斋丛书》。原册归高阳师。

六月，见顾竹君家旧钞本《周贺诗集》，再校于戊辰年校本上，并跋。十二日，见顾竹君家《张蠙集》，借校毕，跋记并题五律一首。记

标按：跋略云：闻顾竹君家遗书散出，有旧钞《唐人小集》数十种在友人处。

六月六日，跋新得陆东萝所赠宋刊《浣花集》。记

六月十日，以番饼一圆半得旧钞《宝晋英光集》六卷，借吴枚庵本校之，毕，跋记。记

六月十有一日，为陈仲遵跋旧钞残本《麟台故事》。记

秋，再跋甲子年校本《春秋繁露》。记

秋，借张讱庵藏《秘册汇函》本，用旧钞本校于上。记

按：先生跋讱庵藏本无年月，当是校毕时跋之。

秋白露后一日，跋新得旧钞本《纬略》十二卷。记

中秋后一日，为张讱庵跋钞校本《雁门集》。记

标按：张讱庵名绍仁，长洲人，所居在乔司空巷，见《士礼居跋》四卷。屡与先生往还，皆见跋语中，曾云：校书心到眼到手到，在朋友中无出其右云云。瞿氏《铁琴铜剑楼书目》记《东坡全集》有吴郡张绍仁学官藏书朱记。

九月，再校旧钞本《砚笺》毕，跋。记

重阳日，跋新校宋本《道德真经指归》。记

重阳后，跋旧钞本《庆湖遗老诗集》，盖此集本陈仲鱼所赠，只半部，先生适于张讱庵处见半部，携归证之，竟为延平之合，遂即赠讱庵，并索仲鱼跋之。记

九月十九日，先生为长孙秉刚美鎏授室潘氏。《砚笺》跋越一日，从五柳陶君见旧钞本《砚笺》手校于自藏旧钞本上，跋中略曰：日来避嚣移榻书斋，晨昏起坐，校勘尤便，复翁书于陶陶室之北窗。并题一绝曰："半是书房半卧房，晨昏作伴有青箱。闲来磨墨亲挥翰，一砚随身友最良。"记

九月廿有三日〔七〕，跋新得旧钞节录本《芦浦笔记》、《杨公笔录》；十月初九，二跋；十月十日，取旧藏穴砚斋写本校之，三跋。记

九月三十日，跋新校旧钞本《邵氏闻见后录》。记

冬孟，以《五代史补》用旧钞本校毕，跋。记

初冬，新收旧钞《唐皇里先生文集》〔八〕，以缺第二十卷，从周香严处借得成化时昆山严景和覆本手钞补之，十月十一日毕，跋记，望后二日二跋，二十日三跋。记

十月七日，跋校钞本《闻见后录》。记

十月初九，于元妙观前学山堂书坊，见亡友顾抱冲手阅汪文盛《汉书》。钞本《芦浦笔记》跋

标按：跋中云：抱冲之殁在丁巳年。

十月初九日，再跋校旧钞本《邵氏闻见后录》，以曹秋岳本异处校于上也。记

十一月二十九日，见传是楼黑格钞本《五代春秋》，借校之，毕，跋于校本后。记

十二月，五跋校宋本《春渚纪闻》。记

十二月，以吴枚庵手校旧钞本《春渚纪闻》归西畇草堂陈氏。记

大除夕，得怡颜堂钞本《建炎时政记》三卷，又海虞杨五川钞本《珩璜新论》三卷〔九〕。记

标按：龚三本《松窗快笔》：杨仪字梦羽，嘉靖丙戌进士。罢官，构万卷楼两楹，拥图书自娱。

二十年乙亥，五十三岁。

标按：先生是年重跋《老学庵笔记》云：嘉庆乙亥重阅此已越廿年，计跋此尚在昭明巷老屋。今一再迁徙，家中人唯老妻犹是旧有者，长妇及幼儿幼女三孙皆后添矣。长儿已亡，长女次女已嫁，时事变迁，可感也夫！原跋

是年刊《梅花喜神谱》。《拜经楼题跋》附录《赠荛圃先生诗注》

石琢堂为先生题画梅卷七古一首。《独学庐四稿》

春，宋严州本《仪礼经注》刊成，叙记。《仪礼》刊本原叙

正月五日，属陈拙安镌“一阳更生”印，是日得旧钞本《洞天清录》，假吴枚庵藏本校毕，跋。记

正月，以陈仲遵所藏知不足斋钞本《建炎时政记》校所得怡颜堂钞本，十日跋。记

标按：先生跋中曾云：西畇草堂者，陈子仲遵之居也。仲遵亦颇嗜书。《铁琴铜剑楼书目·徂徕文集》卷首有"平江陈氏西畇藏书陈遵印"朱记。又按：仁和魏锡曾《绩语堂题跋》云：吴门陈君芊汀，名墫，字复初，旧本书往往有其题字藏印，其书法仿蓝田，画近钱松壶。改七芗所辑《西畇寓目编》手写，未刻，自署南湖花隐，盖苏之博雅好古士也。

正月八日，以李子仙所藏竹垞翁跋《桂林风土记》，取张青芝钞本校之，元夕前一日跋，上元后三日雨中访吴枚庵于归云舫，又借手钞本校一过，再跋。记

标按：李子仙名福。

正月二十日，陈仲遵还先生校旧钞本《毗陵集》，先生再跋。记

二月花朝日，得李鉴明古家旧藏本《李正己集》，取旧藏明钞本勘之。是日因期石琢堂，同宿吾与庵，晨买小舟即携此于舟中校之。路经阊门，顺道访段懋堂、周香严，抵西津桥，校始毕，跋记。是晚宿庵中，用集中《同苗员外宿荐福寺》韵赋诗纪事。并邀琢堂同作诗为五律一首，即录校钞本后。记

二月十四日，跋旧钞本《中州启札》。记

二月望后一日，得李明古家校本《弘秀集》，以癸亥所得残宋本校于上，四跋残宋本后。记续

二月望后二日，跋校宋本《唐僧弘秀集》。记

二月二十九日，跋吴枚庵新赠钞本石林居士《建康集》。记

花朝，得李明古家藏钞本《中吴纪闻》即归张讱庵，又得《汪水云诗钞》，越二十日，再跋于丁卯六月所得本后。记

初夏，以新见旧钞两卷本《耆旧续闻》校于癸酉校本上并跋。记

夏，跋新过临张讱庵校本《酉阳杂俎前集》。记

四月十八日，再跋校本《中吴纪闻》后。记

四月八日，用新收影宋本《老学庵笔记》校丙辰所校本前五卷，再跋于旧校本后。以新收旧校二本借与张讱庵，五月初一日抵暮还书。翌日，录讱庵代补校夹签字于旧校上方，再跋之。《老学庵笔记》校本原跋

夏五月，得长洲顾氏藏宋本校刊崔豹《古今注》，取家藏旧刻本勘之，并三跋、四跋旧刻本上。记续

夏，五录《读书敏求记》一则于钞本《近事会元》卷首。记续

五月二日，跋校本陆游《南唐书》。记

五日吴枚庵借先生校宋本《说苑》有题记。记

端午后一日，三跋钞本《近事会元》。记续

夏仲，跋新得穴研斋钞本《何博士备论》。记

标按：原跋略云：余得穴研斋钞本书共十馀册，不知谁何并所钞时代先后，惟陆游《南唐书》为虞山钱遵王藏书，则在遵王先矣。

端阳后十日因新从玄妙观东冷滩获秘册汇函本《大唐创业起居注》，重用旧钞本校于上，毕，跋之。记

五月十有九日，借前归张讱庵钞本《中吴纪闻》，以辛未年过临本校之，三跋于校本之后。记

季夏八日，跋钞本《铁崖赋稿》。记

新秋，得残岳本《周礼》地春二官，手校于嘉靖本上，复以残蜀大字本《秋官》校补之。记

七月二十一日，跋钞本《玉山倡和》、《玉山遗什》，并属吴枚庵题签。记

七月小尽日，新得旧钞本《玄珠密语》，跋之。记续

中秋前八日，重装旧钞本《玄珠密语》成，次日适钱塘何

梦华至，出示此书，先生遂再跋之。记续

标按：跋载嘉庆乙未中秋，嘉庆无乙未年，当乙亥之讹。

秋杪，装甲戌所得旧钞《甫里先生文集》毕，再跋。记

冬，以元本《东京梦华录》归汪阆源。记

标按：先生《郡斋读书志》叙云：阆源英年力学，读其尊甫厚斋先生所藏四部之书，以为犹是寻常习见之本，必广搜宋元旧刻以及四库未采者，于是厚价收书，不三年藏弆日富。

冬二十有五日，再跋残蜀大字本《周礼》。记

季冬，以宋景祐本《汉书》归汪厚斋，跋记于书后。记

标按：厚斋先生名文琛，与阮文达有连，文达曾为之撰墓志铭。

岁除，以宋本《东莱先生诗律武库》归艺芸书舍。记

二十一年丙子，五十四岁。

跋明刻本《梦溪笔谭》。记

汪本《隶释刊误》刊成。原书叶首记

标按：刻本后题：吴县陆损之书，男寿凤，孙美镐校字，沈良玉刻。

正月初三日，再跋校宋旧钞本《东京梦华录》，又跋校钞本《诗律武库》。记

上元，重录壬戌年《戴石屏集》，跋于甲戌年所得本后。记

二月，覆刻宋拓本《温虞恭公碑》，从先生孙美镠请也。美镠原跋

按：此石刻今藏同郡沈子良同年维骥家。

仲春六日，三跋宋本《嘉祐集》。原跋

仲春，重装金刻本《张子和医书》成，越日展观，是为上巳前二日跋记。记

夏日，见明高瑞南刻《外科秘方》，又跋旧钞本《玄珠密语》后，以旧钞有"古杭高氏藏书"印也。记续

四月朔，补校辛酉年旧钞本《淮南子》，盖新得宋本也。记

长夏无事，取所有子书次第校勘。记

五月二十二日，跋新校宋本《列子》。记

初伏第四日，三跋校宋旧钞本《东京梦华录》，越日以弘治甲子刊本手校其异于别纸，并四跋记。记

六月下弦，以壬戌年校道藏本《韩非子》，再以宋本校之，毕，跋记。记

季夏二十八日，以海盐黄椒升所赠宋本魏鹤山《渠阳诗集》重装于宋本《鹤山集》后，跋记。记

标按：先生跋语中有云：椒升，余二十年前友也。颇藏书，最喜金石，好蓄古印，兼精篆刻。尝往来吴门，从潜研老人游，每至必携古书相质证。余时或得之，后为小官于闽中。又按：椒升名锡蕃。

六月二十八日，作五言长古哭吾与庵天台澄谷大师。《吾与汇编》

闰六月，收得道藏本《黄帝八十一难经句解》，内有缺叶，送托穹窿道士向玄妙观借藏本补钞。记

闰六月十四日，送澄谷大师龛归西湖理安寺，下榻松颠阁中，慨想旧游，乞王椒畦典簿绘图，有诗纪事。《吾与汇编》

秋日，借玄妙观道藏本《穆天子传》，补校于乙丑年校本上。记

秋分后一日，跋元刻本《伤寒直格》。记

秋日借张讱庵所收席玉炤所藏旧钞本《刘梦得文集》，再取旧藏残宋刻一至四卷本合校之，重阳日校毕，跋后。记

标按：顾千里题《清河书画舫》后：藏书有常熟派钱遵

王、毛子晋父子诸公为极盛，至席玉炤而殿。天禄琳琅《离骚草木疏》有"虞山席鉴玉照氏收藏"朱记。

中秋，校道藏本《玄珠密语》，又跋旧钞本。记续

季秋，跋校宋旧钞本《中兴馆阁录》九卷、续录一卷。《楹书隅录》

五月中浣八日，从天庆观借道藏本《鸣鹤馀音》〔十〕，校旧藏钞本，即跋钞本后。十月十一日毕，再跋。记

十一月十八日，再跋金本《张氏医书》。记

标按：此跋无纪年，以辞意定为丙子之跋。

除夕前六日，吴虞臣寿旸过吴门访先生于士礼居中，赠以"员峤真逸"一印，并呈二律。《拜经楼藏书题跋记》附录

标按：朱述之《开有益斋读书志》：寿旸字虞臣，槎客以宋椠《东坡先生》授之，因自号苏阁。《拜经楼藏书题跋记》：《周礼纂图互注重言重意》宋刻二十卷陈简庄跋云：槎客先生得此书时适生虞臣，故其小字曰周官。

时先生方校刊《周礼郑注》，以明董氏本为主，而校以各本，借拜经楼小字京本合勘之。《拜经楼藏书题跋记》附录吴寿旸赠荛夫先生诗注

标按：《湖海诗传·小传》：吴骞字槎客，海宁人，诸生，有《拜经楼诗集》。《蒲褐山房诗话》：槎客喜收罗宋元刻本。

二十二年丁丑，五十五岁。

先生是年得曾孙。

标按：《渊雅堂编年诗续集》：丁丑有《戏柬黄荛圃同年奉助重孙喜诗》句有云："君今五十抱重孙，求之近古无其人。"又曰："试啼已下堪传研，百宋廛书堆满院。"又《独学庐四稿》有《贺黄绍武表弟得曾孙诗》。

王惕夫为先生题《祭书第二图》。《渊雅堂丁丑编年诗续集》

重装己巳年所得元刊《伤寒百证歌》,《伤寒发微论》作四册,又跋。记

检理书籍,跋校旧钞本《傅与砺诗集》。记

石琢堂邀先生同题吴巢松编修《闲云出岫图》。《独学庐四稿》

先生以《元夕诗》示石琢堂,石依格和之。《独学庐四稿》

初夏,七跋金本《中州集》。记

夏,跋宋钞本《扪虱新话》。记

四月十七日,跋甲戌年所得旧钞本《珩璜新论》。记

夏五,以己未年所得残宋本《千金方》配以元明刊本合装之,再跋。又再跋校宋本《却扫编》。记

标按:《却扫编》中云:仲鱼于丁丑年二月中辞世。

秋,招王惕夫诸公集学耕堂看菊,同坐皆有诗。《渊雅堂丁丑编年诗续集》

孟秋,再跋壬戌年影旧钞本《昆山郡志》。记续

秋白露前四日,三跋丁巳年所得明刊本《扪虱新话》。记

仲秋,四跋校宋本《春渚纪闻》。记

重阳日,装宋本《管子》成,跋记。越一日以陆敕先原校宋刻本,手勘一过,再跋。记

秋,以独学老人石琢堂先生手录选本分体编次六卷本《船山遗稿》刊成,题记。原叙

十月,先生偕石琢堂廉访、王椒畦孝廉、张莳塘大令同赴海昌,流连匝月,燕饮唱酬。维时顺德张荣巢司马青选任东防同知,招集听潮吟馆餐菊,以“夕餐秋菊之落英”分韵赋诗。又馀姚朱少仙学博招集学舍之绕竹山房。又偕少仙自州城近游至马桥,马笙谷舍人邀集古芸斋信宿。马两如部郎式钰招集春星带草堂。马容海光禄汶招集云石山房,各

为赋诗。又为笙谷题《碧萝仙馆图》,为容海题《绉云石》,即吴将军赠查伊璜孝廉继佐故物。

标按:今在石门湾东之福严寺。

最后至长安镇,朱紫烂舍人蔚招集盟兰山馆,赠诗甚多,舍人合编为《盟兰唱酬集》两卷。椒畦为作《修川雅集图》,又为马笙谷作《小桐溪馆图》,盖以马桥亦名小桐溪也。《盟兰唱酬集》

二十三年戊寅,五十六岁。

元旦,三跋明钞甲子年校宋本《茅亭客话》,又再跋壬申年所得残宋本《姚少监文集》。记

五月,借艺芸书舍汪氏宋本《文苑英华》。记

夏孟,得会通馆印正本《文苑英华纂要》,再跋于丁卯年所得宋本后,又于六月初九日以借冰雪堂汪氏宋本校补宋本旧阙,毕,三跋。记

标按:叶菊裳师曰:以荛圃跋语相证,冰雪堂即艺芸家也。

六月大尽日,为张讱庵跋明刻本贾浪仙《长江集》。记

秋,借濂溪坊蒋氏毛藏元钞本《书经补遗》,以物主居奇还之,三跋于乙卯年得元钞本后。记续

立秋后三日,为乌程陈新畲叙《求古精舍金石图》。原图叙

标按:新畲名经,又曰褒之,自刻一印曰"于乾隆五十八年正阳日生,自号二卣主人"。盖得商父、癸父己二卣也。曾摹象于所拓金文册首,严铁桥为之题曰:二卣主人廿一岁小象。莫子偲《宋元本书经眼录》见《考古图》叶首亦有二卣主人小象,疑为倪稻孙讹也。

秋八月,校旧钞本《湖山类稿》。《楹书隅录》

初冬,四跋钞本《近事会元》。记续

初冬，得明人影宋钞本《春渚纪闻》，五跋于校宋本后。记

孟冬，重雕嘉靖本《周礼郑注》校刊成，并附札记、跋记。刻《周礼原跋》。

二十四年己卯，五十七岁。

春，为张叔未检廖莹中世彩堂原刻本《韩集》，定方铜镜字为孟蜀韩文范。《张叔未清仪阁题跋》

初夏，以重价从小读书堆得日本旧钞本《论语集解》，索翁广平跋之。《张月霄藏书志》卷六

五月二十九日，见何元朗所藏旧钞《麈史》，四跋于甲子年所跋本后。记

标按：《松江府志》：何良俊字元朗，华亭人，余藏高丽钞本《虞山小史》有何传云：少而笃学，二十年不下楼，有清森阁，藏书四万卷。

秋，获见何元朗本《麈史》，手校钦阳本上，即三跋旧钞本。记续

秋，三跋残宋本《姚少监文集》。记

孟秋，后叙新刊成宋本《洪氏集验方》。原叙

标按：所刊尚有石韫玉叙，无年月，末有乙丑八月顾千里跋。

秋七月，为沈十峰慈跋新刊《绿窗遗稿》，并跋正讹字。沈刊《绿窗遗稿》后叙

标按：沈，华亭人，有古倪园所刊妇人集如《鱼玄机集》、《薛涛诗》、《杨太后宫词》，皆有先生校跋者也。先生《玄机诗思图册诗注》曰：近沈绮云有《唐宋三妇人集》之刻，皆出自予家。

中秋五日，跋新从顾抱冲家得旧钞日本正平本《论语集解》。记

中秋日，见周香严家旧钞本，五跋旧刻本崔豹《古今注》后。记续

按：跋后有先生七绝二首，其一注云：“年年中秋倪苹江、管佛容、吴枚庵三人来坐月谈心，今岁惟倪、管二老，吴不至，盖日中来言月蚀恐不明也〔十一〕。”七绝后又跋云：“如梳，此始亏也，其后食之，既且黑气摩荡全无影者，有二时。”

中秋，作《月明秋思图》。

标按：《功甫小集》卷四有《题黄主政月明秋思图》七绝一首，“注曰：图己卯中秋作，是夜月蚀。”又《独学庐四稿》有《题黄绍武月明秋思图卷》七绝二首，又有《和黄复翁闷坐》二五律。

八月晦日，再跋甲戌年所得旧钞本《珩璜新论》。记

十月廿六日，跋影宋钞本《书苑菁华》。记

十一月望日，校新得周香严所藏校旧钞本《沈下贤文集》毕，跋记。跋略云：校本乃从吴枚庵子晋斋处得，时枚庵已逝世矣。记

季冬望后一日，跋新得周香严旧刻本《刘子》。记

标按：先生跋中语：春初香严主人殁，遗书分贮各房。有目录传观于外，余遂检向所见过者稍留一二种。惜年来力绌，宋元旧刻散失殆尽，区区旧刻又复思置之，且卖书买书牵补殊艰，自笑兼自愧也。又五月二十九日《麈史》跋云：香严之殁已逾百日。标藏有《香严书目草本》上皆注价值并图记，或即当日传观之本。

二十五年庚辰，五十八岁。

见蓝格旧钞五卷本《衍极》，即校于甲子年所得旧钞本上，跋记。记

标按：此后又一跋，不载年月，中言近得是书，似此时所记，末题“见独学人”，亦先生号也。

先生以与潘榕皋舍人暨归佩珊女史叠韵唱酬之作，示石琢堂，石和其韵。又闻先生入山探梅，再叠韵简之。《独学庐四稿》

秋，以残宋本《会昌一品制集》介何梦华归常熟陈子准。记

标按：孙原湘《天真阁集》：陈揆字子准，诸生，购古籍手自校勘。顾千里《张月霄书目序》：子准夭，无子，半生心血徒供族人一卖。标按：今潘郑庵尚书刻《稽瑞楼书目》，即子准藏书目也。

中秋前一日，再跋辛未年所得金孝章手钞《诗稿》。记

中秋后一日，跋旧钞《珩璜新论》。记

秋九月二十七日，跋新收旧钞本《张来仪文集》，十月四日又跋，十五日三跋。记

小春望后一日，从杭州得残钞本《阳春白雪》，即跋于松木场舟中。记

小春二十九日，借张讱庵校元本《辛稼轩长短句》，临何孟伦本上，毕，跋记。记

小春下浣，自杭归，于城南卫前书坊得明刻《救民急务录》。原跋

十月二十日，以新得旧钞《虚靖真君集》、《句曲外史杂诗》，借道藏本《真君集》校毕，跋记。记

十二月东坡生日，跋明刻本《山窗馀稿》，并倩人影钞一本，越一日又跋。记

石琢堂和先生除夕七律一首。《独学庐四稿》

道光元年辛巳，五十九岁。

刻顾梧生孝廉凤藻《夏小正集解》成。原书后木记

标按：顾氏跋纪“辛巳夏五月庚戌朔”，系刊在傅木之后者。每卷后有门人美镠校字，是即先生之孙。时顾馆于先

生家中也。首有夏文焘叙，即顾之外兄也。

跋明刊本《揭文安公文粹》。记

二日立春，跋残棉纸旧钞十卷本《吕衡州文集》。记

二月，见小读书堆残宋本《说苑》散在坊间，借归续校于自校本上。记

三月，跋新得香严书屋明刻本《荆南唱和集》。记续

三月，跋新得周香严所藏活字本《开元天宝遗事》，又取壬申年所得明刻本校之，即跋于壬申本后。四月朔又跋。记

四月朔，访周香严季子谢庵于水月亭。《天宝遗事》跋

标按：跋中云：谢庵出所著《群书缀拾》〔十二〕相质，萃元明以来人著述为目录之学者，以续贵与《经籍考》。

孟夏望后二日，跋新刊成袁刻傅崧卿本《夏小正》，并附校录。原刻跋记

三月三日，跋新得宋刻补钞《小畜集》三十卷，三月七日先生挈眷赴杭，舟中以新得宋刻补钞本《小畜集》校旧钞本，即跋钞本之后。四月十日又跋，端午日三跋。记

四月，得宋本《注解珞琭子三命消息赋》三卷，《校正李燕阴阳三命》二卷，八月载生明，跋记。记

秋八月，见明刻《宝祐四年登科录》，因再跋校旧钞本《绍兴同年小录》。记

夏有修《苏州府志》之举，石竹堂、潘文恭公主其事，先生与纂修之列，因访书赴常熟于八月二十一日泊舟西门之仓前，天未明时梦见一空旷之所，石、潘二公凭一石几对坐作谈诗状，闻七字句云："不使闲情管落花。"醒后足成七绝一首，及归再用句中平韵衍之，复得二首，属陆铁箫鼎画《梦诗前后二图》于重阳后十日装成卷。以藏经纸作卷尾，自书三诗于上，并属同人题咏焉。原卷跋语

按：是卷今藏张叔鹏孝廉炳翔家，一时和诗石、潘二先生外，有吴玉松云、陈梦湘廷桂、吴棣花廷琛、吴阅甫信中、蒋宾嵎寅、张莳塘吉安、尤春樊兴诗、彭苇闲希、郑汤三史达，题首为陶筠椒赓隶书“镜花水月”四字。又按：先生分纂得方外一门，见张莳塘题《梦诗图诗注》。

冬孟，依道藏本校补脱讹本《意林》，并跋。记

冬，见黑格条钞本李群玉、方干诗集，以价昂未收。记

冬，潘榕皋为先生题人间希见书二种诗，一题《青楼集》题下注云：“元至正庚子四月既望，雪蓑钓隐志。”荛圃云：雪蓑钓隐云间夏伯和也。《三松堂续集》

十月十日，为张月霄跋残宋刻本《续颜氏家训》。记。

十月下浣四日，为张子和孙伯元跋影宋本《宝祐四年万年具注历》。记

二年壬午，六十岁。

是年，先生自号抱守老人。记

标按：先生《阳春白雪》跋：余生平喜购书，残阙者尤加意，戏自号曰抱守老人。

新刻《珞琭子三命消息赋》成，作诗示石琢堂，石成长句简之。《独学庐四稿》

先生以菜心饷石琢堂，石赋诗奉谢。《独学庐四稿》

作《西泠春泛图》，石琢堂题七古一首。《独学庐四稿》

正月，先生以石琢堂先生、潘文恭公、元和吴棣华廉访、长洲吴霭人学士四人至虞山访书，唱和诗刊于《士礼居丛书》之后，题曰《四元唱和集》。潘文恭公《思补斋笔记》

正月十一日，过胥门学士街书坊，见钞本《汪水云诗》，携归手校乙卯六月所得本一过，三跋之。记

二月初吉，过临旧校宋本《李卫公文集》及外集、别集于新得红格明钞本上，二日而毕，并跋于后。记

闰三月立夏前三日，沈钦韩于先生校旧钞本《邵氏闻见后录》上校误。记

四月廿有五日，何梦华从琴川来访先生，谈次及钞本《阳春白雪》事，先生即以旧藏元钞本校庚辰年所得钞本，廿六日毕，再跋庚辰本后。廿七日，又从元钞本补钞三叶，三跋之。记

仲夏，见李子仙手临顾涧苹所录惠松崖、段若膺两先生校定本《广韵》，择其与姓氏有证佐，及《广韵》向未载其姓者，间补出一二，摘录于自辑《广韵姓氏考》上。《广韵姓氏考》原稿跋

标按：先生跋语中有云：段、李皆作古人，涧苹又交绝。是先生于六十岁后不与苹往还矣。书系仅录《广韵》中姓氏，似未成之，书见于汪郎亭先生笈中。按聊城杨氏海源阁所藏宋本《舆地广记》，即先生旧藏者也，有顾涧苹跋，力掊先生新刊《札记》之讹，每称彼而不称名字，且云：吾愿汪君据此之真，显彼之伪云云。末题庚辰立秋前一日。是早与先生绝交矣。又张穆阁《潜邱年谱》卷四云：千里天性轻薄，如平生师事之段懋堂，旦论学不合，辄痛加诟厉，无复弟子之礼。懋堂至引颜黄门语以责之。事具见《经韵楼集》中。于总丱至交之李尚之，其没也，又造作文字，重相诋毁。顾吴羹通政尝述其事。

标按：千里于至交而断绝者，今又得一人矣。所谓造作文字相诋毁者，闻尚之故后，千里挽以“人有千算”四字。又见《百宋一廛赋》初印样本，有顾校字，今俱刻正矣。末有顾题云：“荛翁手写有别趣，但此君不晓楷法，美哉犹有憾。醉中记”四十二字，是亦轻诋之证。

秋七月，传录《北山小集》毕。

标按：原书本先生物，已归艺芸书舍。辛巳年以修志事

借出钞之。跋记。复录一本予张月霄。记

秋七月，借张氏爱日精庐旧钞本《皇朝文鉴》，还书之日跋之，命三孙美镐书。记

中秋三日，以刻本《霏雪录》校旧钞本，多胡谧、张文昭两跋。命孙儿影写足之，越日晨起跋。记

按：跋称：壬子先生时年三十，无孙儿影写事，如后六十年更非，“子”当午之误。

除夕，以元板《国朝名臣事略》归他人。记

三年癸未，六十一岁。

题《读未见书斋雅集书画册》，首四字曰“树犹如此”。原册

石琢堂为先生题家藏《船山太守寒山独树图》。《独学庐四稿》

先生和石琢堂五柳园春日诗，石琢堂又叠韵奉酬。《独学庐四稿》

初五日，再跋壬午春过临校明钞本《李卫公文集》。记

春，收得贝□香家书，得淡生堂钞本苏天爵《名臣事略》。记

春，送考昆山，得宋刻唐人《碧云集》、《李群玉诗集》，以毛刻《碧云集》校之，跋校本后。记

正月人日癸未，跋残钞本《李文饶文集》十六卷。记续

春，先生曾孙生，其次孙饮鱼茂才美镠倩陶筠椒为作《兰征图》，以乞同人题咏。

标闻之查氏光曰：张莳塘《大涤山房集》云：潘榕皋有题诗曰：“露蕊纷披整复斜，谢庭兰玉擅清华。凭将陶令春风管，留作黄家及第花。”又按：饮鱼室为李氏，名慧生，字定之、工诗画，为子仙孝廉福之女，潘榕皋先生之诗弟子也。

元夕后三日，五跋校宋旧钞本《东京梦华录》，时为沈小宛借去方送归也。记

正月二十五日，先生结“问梅诗社”之第一集于尤春樊兴诗家之延月舫，同社者石琢堂、彭苇间二公。先生属陆铁箫鼎画《问梅诗社图册》，同社人皆题诗于上。原册

标按：此册今藏于同郡吴颖芝荫培探花家，旧归叶茗生先生，后为吴莲夫先生重熙所得。颖芝即先生侄也。册中彭苇间诗自注云：余移居城内甫十日，春樊、荛圃过访，往积善西院看梅，因以“问梅”名社。又云：琢堂未共看梅而入社。又云：荛夫自制诗社吟笺。按：潘麟生先生诗社册后跋云：曩余见芑香胡君所摹《梅社七贤图》，为荛圃黄先生、琢堂石先生、苇间彭先生、春樊尤先生、莳塘张先生、族祖理齐公，六人诗具见册中。其一则棣华吴先生也，册中独无诗，岂入社较后耶？石梅孙渠册后跋云：先生没于乙酉秋，越戊子始与哲嗣同叔文孙饮鱼定交，不及见先生。而其家藏曾一一寓目，即诗社册犹及睹其全也。自是晨夕过从，两家契好者三十年无间。沧海横流，里社邱墟，同叔父饮鱼已前卒。其家，以投池死、以疾病死殆不下二十人。存者惟饮鱼一孙，十馀龄；同丈一嗣曾孙，才数龄。近闻其三代诗集皆在庙湾司墓者某姓家。又《独学庐五稿》有《题问梅诗社图诗》，其序云：城西积善院有古梅一株，数百年物也。道光癸未仲春之月，黄子荛圃偕尤春樊舍人、彭苇间太守探梅至此。乘兴欲结“问梅诗社”，邀予入社。每月一会，会必作诗。其后士大夫归田者相继讲苔岑之契，则有张大令莳塘、朱赞善兰友、韩司寇桂舲、吴廉访棣华、潘农部理斋。而董琴涵太守、卓海帆京兆在吴门时，皆来赴会，乃荛圃已先归道山矣。己丑夏，哲嗣同叔出此图见示，盖荛翁于初结社时所作，抚今追昔，不胜白社黄垆之感。

仲春，从汪阆源借乙亥年所归《东京梦华录》，校新得残元本，再跋。记

仲春，以同邑施少谷南金手影钞宋刻庞安常《伤寒总病论》付梓成，并附札记跋后。原跋

标按：先生跋语中有云：刻《洪氏集验方》之冬，余忽得一梦，有人谓余："何不再刻庞《伤寒》？"醒而异之，遂商诸艺芸，拟取旧藏宋本后归汪氏者借钞入刻，艺芸不允让钞，适少谷哲嗣稻香欣然辍赠其先人手泽，付诸剞劂云云。

二月十有六日，先生举行问梅诗社第二集于积善西院，先生赋五言古诗二十二韵。原册先生诗序云：积善西院虽为看玉兰计，实则欲展谒忠介公墓也。又《独学庐四稿》石琢堂是日有《题问梅诗社》七古一首。

三月望日，跋新从玉峰考棚汗筠斋书籍铺得翁南陔栻手录钱思复《江月松风集》十二卷。原书原跋

标按：先生跋中云：翁字又张，为金侃亦陶之高足，住东洞庭山。

三月二十一日，彭苇间招集先生及琢堂、春樊于静怡书室，为问梅诗社第三集。先生叠六麻韵和苇间七律二首，春樊诗自注云：时荛夫、苇间豪饮。原册

三月二十有六日，吴玉松云招彭苇间、阳兴阿达枝、蒋宾嵎寅及先生举第三次五同年会，盖始自上年九月也。是日以"可以远眺望"五字分韵，先生得"眺"字，成五古一首。钱梅溪《咏虎丘杂志》稿本卷十，录吴玉松五同年会记。

三月廿八日，琢堂招先生食莼羹，即为问梅诗社第四集，先生有七律二首。原册

三月晦日，瞿木夫为先生题宋本《朱庆馀集》。记

四月初八，与彭雅泉、尤春樊、石琢堂有入山访僧之约，至期雨甚，不果行，遂小集花间草堂，以"赏雨茅屋"四字分韵。《独学庐四稿》

标按：石琢堂得"屋"字，成五言十二韵。

四月十有三日，跋新得明刊本《西谿丛话》。记[十三]

六月四日，于郡庙前五柳居得明刻毛校本《王建诗集》八卷。记续

石琢堂和先生《秋怀》诗，及《柳下花间》之作。《独学庐四稿》

秋社日，先生及彭雅泉、石琢堂集尤春樊舍人斋中赋诗。《独学庐四稿》

秋校《范石湖集》。记

秋七月，先生病暑初愈。中浣二日，书估持顾氏《试饮堂席上辅谈》求售，先生不在家，越日取归，既望跋之，八月廿有五日命工重装讫，晨起又跋之。记续

按：跋云：本书六十一番，跋三番，估值五金，以家刻书易之。

七月下浣，见毛子晋旧藏墨格竹纸钞本《碧云集》再校于春时校本上，又跋。记

七月二十八日，湖山风月主人借先生《江月松风集》，并附跋语。原书原跋

标按：主人不知何姓名，估押一圆印亦曰"湖山风月主人"。其跋曰：癸未七月廿有八日，从荛夫借观。晦日，往渎川省徐氏妹，午后狂风大作，泊西跨塘桥下，投宿谈氏。越日仲秋朔归。往来舟中读竟。按其语气亦吾郡人也。

八月朔日，跋新得陈简庄旧藏吴枚庵钞校本《长安志》。记

八月白露后一日，跋所得旧钞本《湖山类稿》。记

八月十二日，于臬辕西中有堂书坊得明本《刘子新论》。九月十八日，重装成，跋记。记

九日，石琢堂招先生及春樊、苇间集五柳园。先生登石家凌波阁。《独学庐四稿》

标按：凌波阁琢堂藏书处，四稿中有《凌波阁藏书目录》序。

仲秋廿有二日，秋社，检箧得辛酉年所集《读未见书斋雅集书画册》自跋于后云：是日将赴第八集诗社于延月舫。又跋云：此册之作，在王洗马巷第一迁之新居，雅集在迁后之第六年辛酉冬初也。越岁壬戌冬季又迁于县桥，距今已二十二年。回忆营荛圃于王洗马巷所居之隙地，广莳花木，今屋已易主，且隙地皆营室，毫无疏散之趣。当时所图，想维老朴，卧柏、红椒、荷、菊花、芙蓉、鸡冠。草木同腐，有深慨矣。原册

六日午，校毕跋记，又属张讱庵覆校之，十九日毕，二十五日又跋之。记

九月二十四日，见明钞《吴都文粹》，再跋辛亥年所得校钞本，二十七日三跋，十月十一日四跋。记

冬得顾秀雅藏钞本《珩璜新论》。记

标按：《昭代名人尺牍小传》：嗣立字侠君，辰州人，康熙壬辰特赐进士，改庶吉士，所居秀野草堂。

冬十月十二日，先生及春樊、苇间共集吴玉松太守矩鱼乐轩，石琢堂未赴，分韵征诗。《独学庐四稿》

仲冬月，跋影宋本《铜壶漏箭制度准斋心制几漏图式》，又校宋旧钞本《孟东野集》，毕，跋记。又跋新校元本《东坡乐府》，时已将元刻归他人矣。记

标按：元刻初归艺芸书舍，后归海源阁，有两家书目可证，今尚在杨氏也。

仲冬，长孙从坊间得旧钞本《绛云楼书目》，手校一过。记

冬至前三日，跋旧钞本《绛云楼书目》。记

冬至后三日，跋校元旧钞本《国朝名臣事略》。

标按:即春日所得淡生堂本,以元刻校之。

四年甲申,六十二岁。

初四日,跋校本《封氏闻见记》十卷。记续

按:跋未载月,故列岁首。

上元后三日,以去冬所得顾秀野藏钞本《珩璜新论》,校异同于甲戌年所得钞本后,跋记,复跋秀野本后。二月二十有七日,再跋,并题二绝句。记

标按:跋中有云:余老矣,向有《所见古书录》之辑,将所藏者为正编,所见而未藏者为附编,悉载诸家藏书源流。又《元统元年题名录》跋云:近拟辑《所见古书录》,自叙云:"编残简断,市希骏骨之来;墨敝纸渝,窥诩豹斑之见。"跋无年月,有竹汀跋在乙卯夏五。则先生此书早成矣。标又按:《东湖丛记》卷一记《朱文公大同集》云:吴门黄荛圃读未见书斋载元刻《朱文公大同集》一卷云云。是先生藏书旧有书目兼有题解,惜今不可得见也。

仲春,跋新校明钞本《李群玉诗集》,春分后一日,覆校讫,再跋。记

标按:先生跋此书中有云:毛刻诸书动辄与藏本互异,即如八唐人集中,此本以意分体,统三卷及后集五卷,一例排比硬分为三卷,俾人不知就里,好古者固当如是耶?

二月,新得元钞本《乐府新编阳春白雪》十卷,跋之。《楹书隅录》

春季,见周香严家残宋刻《礼记月令》一篇,以癸丑年所跋校宋本《礼记》补校之,再跋于校本后。记

孟夏,跋新从碧凤坊顾氏得影宋钞十卷本《张说之文集》。记 跋略云:相传顾氏书虽残鳞片甲,无一不精。

四月,先生命长孙美鎏手校明刻本《潜夫论》。记

四月,先生约潘功甫游龙树积善诸禅舍,潘未果,有诗

纪事，见《功甫小集》卷九。

四月二十三日，先生举行问梅诗社第十五集。原册先生诗叙云：时彭大吾冈折赠家圃红豆花，予分赠三松老人，有诗为答。得七言绝三首。因思向日王忘庵曾因东禅僧赠花，为花写影，并题诗答之。今三松已题诗，予不可不写影，命三孙妇李慧生作画，乞同人题之，体与韵俱步三松，予叙事共得四绝句。又诗自注云：李慧生写红豆花一册一轴，各自出新意为之。

五月十有九日，命三孙美镐传录校宋旧钞本《孟东野集》毕，跋记。记

夏五望后三日，尤春樊先生举行问梅诗社第十六集于延月舫，时重装周忠介公遗像同社各赋题句，先生成七律一首。原册

夏至后三日，先生举问梅诗社第十七集于琢堂先生家，先生成五古一首。原册

按：是集有张莳塘、安吉次竹堂先生均诗。

六月二十四日，长洲吴玉松太守云招先生并张莳塘至葑门外荷花塘观荷。先生以“荷花生日是今朝”，用辘轳体首唱四绝句，同人咸为和之。张莳塘《大涤山房集》

六月小尽日，跋手校旧钞本《韩君平诗集》五卷本，《钱考功诗集》十卷本。记

新秋，跋旧钞本《鼓枻稿》。记

七月二十六日，跋影宋本《增广圣宋高僧诗选》。记

闰七月朔日，以十三洋得洪武刻《元史节要》张美和编二册，又以十三洋得钱东涧钞陶九成《草莽私乘》一册，又以六洋四角得朱竹垞钞《美合集》一册，又以二洋得钞本何太虚《知非堂稿》一册。是日即跋《知非堂稿》及《草莽私乘》后。记

闰月十三日，跋钞本《得月楼书目》。记

九月大尽日，为张芙川题八绝句于影写金本《萧闲老人明秀集》后。记

十二月校《续宋中兴编年通鉴》。记

五年乙酉，六十三岁。

是年先生开滂喜园书籍铺，襄事者为懋堂老友。记

标按：书铺旧在玄妙观，西有滂喜园，售书价目帖载在乌程范白舫《锴花笑庼杂笔》中，海宁查蕉坨光云："此书已刻，且白舫尚有《感事诗》一卷，及先生诗，及记事一则。"标惜未见刻本，无从采入。

石琢堂邀先生及春樊、苇间同赏牡丹。《独学庐四稿》

花朝前二日，校宋本《王右丞诗集》毕，跋记。后一日，跋影钞元本《续宋中兴编年资治通鉴》后。三日月望，跋甲申残岁所校宋本《山谷词》。记

夏日，元和朱酉生先生环为先生题宋椠本《鱼玄机》二绝，未写入册，至丙戌二月二日，补书，并其夫人高湘筠竹眉两绝句，皆书册后。原册

孟夏月望日，跋新影写宋刊本《三历撮要》。记

标按：原跋略云：数年来廛赋盛传于时，遂有按籍以求者，宋廛所存仅百一矣。

望后一日，新装甲申秋从钱梦庐处得宋刻五十卷本《黄山谷大全集》，毕，跋记。记

标按：钱梦庐名天树，字仲嘉。《曝书杂记》云：平湖家梦庐翁天树，笃嗜古籍。

六月十二日，先生招同人为山谷先生寿，石琢堂与焉。《独学庐四稿》

标按：石琢堂有七古一首。

七月先生子桐叔纂题同人分题《咸宜女郎诗册汇编》。

原册

七月七日，先生为桐叔邀集同时诸老，集县桥小隐学耕堂为吟社第三集，题为宋廛所藏《唐女郎鱼玄机诗》不限体韵。与会者尤崧镇榕畴、陆损之东萝、彭蕴章咏莪、朱绶西生、陈彬华小松、吴嘉淦清如、褚逢椿仙根、孙义钧子和、沈秉钰式如、潘曾沂功甫、吴根寿云、李一凤苞之及先生孙寿凤桐叔、美镐饮鱼。先生集集中句成七绝八首，每首各注所指。其一注：七月七日第三次集同人题咏。其二注：吟社始于六月十二，再会于六月廿四，今会已入新秋数日矣。其三注：是会潘功甫未及入会，为先有诗二，成在七月哉生明日。其四注：近沈绮云有《唐宋三妇人集》之刻，皆出自余家，为《鱼集》以宋板，故独登《百宋一廛赋》。其五注：前会如南雅、皃香、琴涵以及木夫、竹友（疑汀字之误），今皆为京外官。其六注：前会如寿阶、蔚堂、子仙、嫩云，今皆先后作古。其七注：此册所贮锦囊用洞庭山人钮匪石所赠古锦以制，山人暮年落寞，糊口四方，故是册反无只字。其八注：予家百宋一廛中物，按图索骏，几为一空。惟此以予所钟爱，得以守之勿失。此宋廛百一之珍也，子孙其世守之，勿为豪家所夺。时先生已病，苦气逆不顺，未能构思，因集为鱼句。末记云：晨起坐百宋一廛之北窗。是日先生又成一记，书于册中，曰：此上石章，下铜镜，二者皆得诸顾子鉴泉。初予欲购一长方印，鉴泉因取黄寿山石章相示，质颇佳，上有辟邪钮，惜已镌成文曰“生来瘦”。予虽不适用，然篆出于乔昱手物，以人重留之，以为文玩可矣。至于铜镜，本非所需，鉴泉云：是青铜镜，鉴之可见真面目。亦遂留之。时予有琴川之行，盖为往吊陈君子准也。初一出门，初三归家，三昼夜中劳顿伤感，疲惫已极。偶憩滂喜园中，适有西城旧人过予门曰：主翁今年七十五岁耶？予甚异其言，急问：镜曾磨否？儿辈应曰:磨矣。取而鉴之,形神瘦削,顿改旧容。意一生之肥瘠,亦何关于人事?而必有石章以为先机之示兆。又有铜镜以为对面之参观,始知一动一静,悉本天然矣。或诮之曰:子此行才三日耳,有诗若干首,得毋苦吟而疲乎?予曰:疲有精神,何以肥为?且曰"生来瘦",则疲者生来之机也。予今年□六十三岁耳,而外人以为七十五。此一纪之寿,天假吾以年矣。夫何忧?按此记后书寿凤钤印摹镜,美镐书,先生又自题两诗于上。原册

七月七日,先生自题《鱼集》云:再集同人于宋廛,分题《鱼集》,一切情事并详第二册中。予戏集集中句廿四首,皆七言绝句。凤儿补集二首,共得廿六首。持示同人,诧为钩心斗角。客有怂恿予者曰:子心思万窍玲珑,能更集二首以成二十八宿,罗心胸,可谓元精耿耿贯当中矣。予曰:特患无题,不患无诗。展卷见《秋室学士诗集写照》,妙墨犹存,仙踪已杳,回忆吉祥弄中读画谈诗,曾几何时?不胜室迩人远之感。因集剩句成诗,即录于秋室札后,诗云:"雪远寒峰想玉姿,带风杨柳认蛾眉。忆君心似西江水,镜在鸾飞话向谁?"原册

标按:宋本《鱼玄机集》于丁酉春见于长沙,盖先生此书于道光壬寅归上海徐紫珊渭仁家,至咸丰时徐氏不能守,转归长沙黄荷汀□□,黄时为苏松兵备道,携归湘中,册首有余秋室绘《玄机诗思图》,诗集作蝴蝶装。首叶与末叶字体粗细精恶不同,册后题词甚多,始陈云伯,终徐紫珊,共二十一家。售者坚持荛翁千金不易之说,不可问价,录各家题语归之。

七月十日,先生病榻无聊,惟以宋雕《鱼集》展阅销闲,因仍集句成诗,有诗制题前四首,叙当日雅集之意,兼及雅集三人题旨在各首下。后六首:一叙宋廛觞咏之事,一叙

《鱼集》题词之人，馀叙旧题之人，人各一诗，即当怀旧之作。其一注：座中秋赋白门者共有八人，此集即为祖饯亦可。其二注：席上探花，以为诸君夺元之兆。其三注：三孙以诗获隽游庠，今科居然观场，倘得掷地声金，或冀仰天攀桂，予时作非分之想。其四注：小松遁幽，寿云高尚，皆未赴试。其五注：自道宋廛□集之乐。其六注：归佩珊夫人词意甚妙，三松女弟子也，为予代求之。其七注：南雅宦羁京阙，曾任云南学差，乞假后旋赴补言事镌级，谪为散仙。其八注：方米远馆北行。又云：方米久已赋闲，今春就徐氏馆，买舟北上，即使明春得第，而年已及周甲，亦复何用？我辈故交，不胜惜别之心。其九注云：木夫久官湖南，近始归隐练川矣。其十注：春生因昆仲析居，从老屋迁此，与予同居处。原册

七月十日之夜，风雨大作。先生夜眠不寐，仍集《鱼集》句。迟明梳洗既毕，佛堂香火亦竣事，遂磨墨伸纸，随卧时所制题为之写毕，诗不录。其一注：卷中先有女史曹贞秀题句，有楞伽山人同观款，今墨琴已失耦，而予近日又乞得昭文孙子潇夫妇题句，倘使墨琴见之，定多伤感。其二注：沈绮云，墨琴夫人妹婿也。曾覆刻此集甚精，板归松江古倪园。今绮云作古，需此甚难，或向其弟十峰求之，间有得者。其三注：咏莪、功甫来岁俱上春官，定看遍长安花矣。蓬山伊迩，芙蓉镜下，及第此二君也。其四注：予幼子桐叔及子仙令郎苞之，一以寿凤名，一以一凤名，今春小试，俱未售，不胜"凤兮凤兮"之感。其五注：惕甫幼子，予第三婿也。予尝欲再会同人，分题《鱼集》。井叔实应其选，乃不及待而去秋病殁。大抵少年风流，误入烟花之队。临殁以《嗣雅堂稿》廿五册授其继室曹左芬，左芬坚守不轻示人，闻近已刊行矣。其六注：此叙昨夜风雨不寐光景，为总结，又附跋语

曰：午后风稍息、时露日光。一力从山中来，作遣往展五峰墓，并候山僧，阻风雨，宿庵中。庵僧知予病，特遣道人向孙家桥荡中□白花莲蓬十只贻予。剥之色香味俱备，可谓知情识趣之辛成和上矣。《秋清逸士手稿》

七月中元前三日又跋：是会期而未至者一人，曹堉稼山也，即墨琴之侄，井叔之表兄也。故与予三儿尤稔，胸中颇多蕴蓄，时作长篇大文以发挥之。近应贺方伯选《经济文编》之聘，就馆薇垣，其不来者，想公事倥偬也。家住城西之谿上，去枫江不远矣。三儿补集一首，因手书之。诗不录。又跋曰：此书曾为艺芸主人指名相索，予曰：留此为娱老之资，虽千金不易也。从此无有过而问焉者。七月二十一日，海虞胡芑香骏声为先生写镜中影小照。《鱼玄机诗思图册》中原像

七月二十有六日，得周香严旧藏残宋本《学斋占毕》，复跋于乙丑年校宋旧钞本后。记

标按：此跋语云：香严作古，书多分散。儿孙有不爱此，或并借此先世宝藏声名挟册索重值获利，故肯赠人。予亦重是故友物，必勉力购之。此时聊厌，我欲聊尽我情耳。安知我之儿孙，不犹是耶？后之视今，亦犹今之视昔，何独于书？

八月，先生卒。

标按：《大涤山房集》有八月十八日彭咏莪邀游石湖，时荛圃新逝，即席感赋次彭苇闲韵五古之作。先生是年七月二十六日尚题残宋本《学斋占毕》跋，则先生殁，当在乙酉八月十八日之前，七月二十六日之后，二十二日内，惜无从考定也〔十四〕。又《独学庐四稿》云：秋八月，微示疾，遂不起。当易箦时，神明不乱。

《潘西圃集》卷一：道光庚子曾有为先生题问梅诗社图

诗，时先生次子桐叔属也。《西圃续集》卷四题吴棣华问梅诗社长歌引曰：吾吴问梅诗社举自道光初，始之者黄丈荛圃、彭丈苇间、尤丈春樊，余皆及见。又卷四：壬午为先生玄孙实甫望岵兄弟题先生镜中影遗像，如自题绝句之数，并仿其体。

又曰：先生尝数至三松堂与先大父先公剧谈，不离文字结习，而于宋椠书尤有酷嗜，园中唱和诗即以宋椠《鱼玄机集》为题。

又曰：像为老友胡芑香所写，近遇望岵得重展是册。望岵为芑香孙岫云婿，实甫之从弟也。

又曰：实甫持此册来见，其祖赋生，余族姊婿也。实甫兼祧祖饮鱼，余表姊婿也，姊李定之为子仙姑丈之女。道光癸未，饮鱼以春阴诗见赏于周石芳学使，赋未终卷，即蒙取录。

壬子浴佛日，吕祖诞日，同人为尤榕畴七十、先生幼子桐叔五十称觞。董幼琴绘《园林初夏□集图》

又曰：曹稼山、王井叔皆先生戚好，高才不禄。

按：王井叔嘉禄《嗣雅堂记》存有偕妇弟黄桐叔至城北亡妇殡宫述哀，是井叔为先生婿也。册中题咏诸君皆先生小友，彭文敬前身为笔玉僧，功甫家兄，自言浮渡山萝蔓峰是前生涅槃处。

屠苏《小草庵诗钞》梅影轩图为黄饮鱼表兄作句云："憔悴青衫直到今，梅花林下少知音。飞来太白楼头月，照著平生感旧情。"自注：太白楼令祖荛圃先生旧藏书处也。

先生题《玄机诗思图册》叙曰：前此黄文节公生日，会于仪宋堂。荷花生日，立秋会于小茭芦馆。今七月七日，又会于县桥小隐。

标按：比皆先生斋名。

先生所居又有见复斋，见《玄机诗思册》同人题语。

校勘记

〔一〕手钞旧钞《青城山人集》毕："手钞"应作"手校"，据缪荃孙辑《荛圃藏书题识》卷九第四十六页上。

〔二〕珍物雨集："雨集"应作"云集"，据缪荃孙辑《荛圃藏书题识》卷二第二十五页上。

〔三〕寿阶初秋得疾于杭："初秋"应作"秋初"，据缪荃孙辑《荛圃藏书题识》卷五第十九页上。

〔四〕皆获至精之书以去："至精之书"应作"至精之本"，据缪荃孙辑《荛圃藏书题识》卷四第四页下。

〔五〕寒斋数日之聚："聚"应作"叙"，据缪荃孙辑《荛圃藏书题识》卷四第四页下。

〔六〕十二月二十五日："十二月"应作"十月"，据缪荃孙辑《荛圃藏书题识》卷六第三页上。

〔七〕九月廿有三日："廿有三日"应作"廿有九日"，据缪荃孙辑《荛圃藏书题识》卷五第三十七页下。

〔八〕新收旧钞《唐皇里先生文集》："唐皇里先生文集"应作"唐甫里先生文集"，据缪荃孙辑《荛圃藏书题识》卷七第四十九页下。

〔九〕《珩璜新论》三卷："三卷"应作"一卷"，据缪荃孙辑《荛圃藏书题识》卷五第四十七页上。

〔十〕五月中浣八日，从天庆观借道藏本《鸣鹤馀音》："五月中浣八日"应作"丙子夏"，据缪荃孙辑《荛圃藏书题识》卷十第五十六页上。

〔十一〕今岁惟倪、管二老，吴不至，盖日中来言月蚀恐不明也：应作"今岁惟倪、管二老至而吴不至，盖日中来时言月蚀恐不明也"。据缪荃孙辑《荛圃藏书题识》卷五第二十九页下。

〔十二〕谢庵出所著《群书缀拾》:“群书缀拾”应作“群收缀述”,据缪荃孙辑《荛圃藏书题识》卷六第九页下。

〔十三〕跋新得明刊本《西谿丛话》:“西谿丛话”应作“西谿丛语”,据缪荃孙辑《荛圃藏书题识》卷五第三十六页上。

〔十四〕则先生殁,当在乙酉六月十八日之前,七月二十六日之后,二十二日内,惜无从考定也:王大隆辑《黄荛圃先生年谱补》定荛圃卒年为清道光乙酉八月十三日,是依据《瞿木夫先生自订年谱》考定的。现将《瞿木夫先生自订年谱》中有关原文引录如后:“八月,携根儿赴苏扫墓,下榻彭苇间姊婿新宅。知黄荛圃于十三日作古,往哭之。晤令子同叔索荛翁手辑书目及百宋一廛簿录所见古书甲乙丙三编及附编共二十册观之,属其缮出清本,拟为编校以待梓行,次日复往为议编写书目条款。九月,为校订《百宋一廛书录》。”

卷四　政治经济言(节录)

序

古无经济专书，而要非无经济言。五经、历史、诸子百家，皆经济书也。四千年来，圣君贤相，以及士庶，或著作万卷，自号专家，或伏阙上书，条陈得失，原原本本，宏济时艰，稽之经籍，凡言可经世而传之不朽者，不胜缕计，惜无抽精摘髓选为专门书耳。

今者朝野竞言变政，学者往往采取东洋一二小本，奉为圭臬。鰓鰓焉，告人曰此哲学书也；昧昧焉，自书曰此宪法书也。姑无论中外大局不同，即使宗旨可法，亦不能尽弃中国之学而学之，此一定不易之论也。江君建霞有《政治经济言》手录一册，赴修文后，散失已久。兹从京友觅得，亟付梓，以公同好，使天下之公理仍还之天下。是书一出，群视之为经济正宗也，庶不至任东洋学派侵蚀吾中华数千年之大经济耶！光绪二十有八年清和月上浣曲园老人识。

目录

卷一

君　心

淮南子　淮南子　李沆论大臣当正君心　欧阳修五代史伶官传论　魏徵谏太宗十思　牛僧孺守在四夷论

君　德

程颐经筵劄子　程颐论君道　子产论宽猛　臧哀伯谏取郜鼎　李纲中兴十议　宵衣箴　正服箴　罢献箴　纳诲

箴　辨邪箴　防微箴　匡衡治性正家疏

君　道

董仲舒贤良策　董仲舒天人策对　仲尼惜繁缨

附勤政

敬姜论劳　吕览

听　谏

贾山至言　欧阳修上范司谏书　苏洵谏论上　史记屈原传　韩非难言说难　说苑　诗　文中子　鬻子

侈　戒

吕览　鲁其公酒味色论　贾山至言　贤良文学罢盐铁议　张蕴古大宝箴　徐贤妃谏太宗息兵罢役　白居易立制度对　汉景帝令二千石修职诏　杜牧阿房宫赋　诸子类语　盐铁论

戒　猎

臧僖伯谏观鱼　相如谏猎书

审　幾

刘子　关尹子　说苑

卷二

审　治

诸子语类　士经　管子牧民　管子权修　管子四伤百匿　管子八观　墨子兼爱上　郤缺请归卫地　韩非亡征　师旷论卫国出君　贾谊治安策　徐幹民数论　苏轼策略五　管子论处四民　荀悦申鉴节录　苏轼策略四　张九成状元策对

卷三

法　令

商鞅算地　管子法禁　诸子类语

重　农

晁错请入粟拜爵书　董仲舒论种麦奏　董仲舒论限民名田麦　贾谊论积贮书　韩诗外传　左传　苏洵论田制

附借田计二条

虢文公谏宣王不借田　孔子止季氏田赋

臣　道

说苑　荀子　荀子臣道篇　苏辙臣事策一　晏子和同辨　李华中书政事堂记

任大臣

李纲中兴十议　朱熹辞崇政殿说书封事　李固灾异策　真德秀御试策对

卷四

任官内附史职一条

诸子类语　类语　抱朴子　说林　陆贽论官员改转伦序状　杨万里论监司守令　孙洙论资格之弊　吕览　吕览

附史职计一条

苏轼史官助赏罚

举　士

潘岳九品议　刘毅中正疏　文献通考　韩非有度　真德秀御试策对　白居易百职修皇纲振策对　淮南子　类语

卷五

学校内附养老二条

李太伯袁州学记　文献通考　董仲舒贤良策

附养老计三条

文献通考　贾谊治安策　汉文帝行养老礼诏

储　教

贾谊治安策　文献通考

诗　乐

毛诗序卜商　文献通考　文献通考　吕览　吕览

礼　让

游吉述礼仪　荀子礼论　晋侯治兵绵上　薳启强谏楚子耻晋

卷六

祀　典

展禽论祀爰居　韦玄成谏罢郡国庙议　季梁止随侯追楚师　荀子礼论篇　韩愈禘祫议　匡衡议郊祀奏

灾　异

史记　魏相阴阳明堂月令奏　李寻灾异对　类语

治　河

贾让治河奏

爱　养

范祖禹论农事　朱熹辞崇政殿说书封事　平百货之价对

钱　币

单穆公谏景王铸大钱　贡禹言钱币书

卷七

国　势

贾谊治安策　苏洵审势　范仲淹请修建东京状　苏洵六国论　苏辙唐论　李纲中兴十议

边防内附边储二条

贾谊治安策　晁错募民实塞下书　侯应罢边备议　江

统徙戎论　限武论边防　苏轼乡试策　张九成状元策对　真德秀上殿劄子

附边储计二条

陆贽备边疏　陆贽备边疏

卷八

军　政

祭公谏伐犬戎　穆叔谏作三军　管子兵法　管子霸言　晁错论兵事书　魏相谏击匈奴　陆贽议备虏　朱熹辞崇政殿说书封事

慎　谋

范文子不欲伐楚　董公乞为义帝缟素行师　范蠡谏伐吴　范蠡谏伐吴　范蠡谏伐吴　越绝书

任　将

陆贽备边疏　苏轼倡勇敢策

战　守

陆贽议备虏　苏洵审敌　欧阳修论西贼议和利害状　苏洵审敌　欧阳修论西贼议和利害状　苏轼教战守策　苏辙民政策九　李纲中兴十议　李纲中兴十议　李纲中兴十议

卷九

屯　田

赵充国上屯田奏一　赵充国屯田奏二　赵充国上屯田奏三

理　财

苏轼省费用策　类语　类语　诸子类语

征　敛

贤良文学罢盐铁议　唐太宗论止盗　司马光应诏陈失政疏　白居易议罢漕运可否策对　苏轼较赋役策

慎　刑

路温舒尚德缓刑书　萧望之入粟赎罪议　钱易请除非法之刑　声子为析举语子木　苏轼刑赏忠厚之至论

赏　罚

陆贽论刑赏　苏轼无沮善策　类语　类语　李斯督责书　诸子类语

卷十

权　宠

韩非孤愤　王符潜夫论贵忠篇　类语　诸子

宦　寺

文献通考　欧阳修五代史宦者传论　刘蕡直言极谏对　苏轼大臣论上　刘陶陈时事疏　范晔宦者传论

后　妃

范晔皇后纪论　张华女史箴

朋　党

欧阳修朋党论　苏轼续欧阳修朋党论

抑　奸

苏轼大臣论下

卷十一

货　赂

陆贽论止贿赂

封　建

文献通考　师服论封桓侯于曲沃　陆机五等诸侯论

士才守

苏轼留侯论　苏轼伊尹论

纪纲风俗

朱熹辞崇政殿说书封事　吕氏　贾谊治安策　贡禹言风俗书

卷十二

杂　纪

繁露　董仲舒春秋繁露节录　吕览　吕览　吕览　吕览　国语　吕览　国语　国语　国语　张九成状元策对　王通中说节录　国语　国语　吕览　抱朴子　孔丛子　淮南兵略　国策　家语　家语　家语　诗　文中子　类语　老子　类语　韩非子　文中子　庄子　庄子　类语　类语　老子　韩非子　类语　类语　类语　类语　类语　齐丘　管子

卷三

法　令

商鞅算地

夫地大而不垦者，与无地者同〔一〕。民众而不用者，与无民者同〔二〕。故为国之数，务在垦草。用兵之道，务在一赏。私利塞于外，则民务属于农；属于农则朴，朴则畏令。私赏禁于下，则民力抟于敌；抟于敌则胜。奚以知其然也？夫民之情，朴则生劳而易力，穷则生知而权利；易力则轻死而乐用，权利则畏罚而易苦；易苦则地力尽，乐用则兵力尽。夫治国者，能尽地力而致民死者，名与利并至〔三〕主操名利之柄，而能致功名者，数也。圣人审权以操柄，审数以使民。数者，臣主之术而国之要也。故万乘失数而不危，臣主失术而不乱者，未之有也。今世主欲辟地治民，而不审数；人臣欲尽其事〔四〕，而不立术，故国有不服之民，主有不令之臣。故圣人之为国也，入令民以属农，出令民以计战。夫农，民之所苦；而战，民之所危也。犯其所苦，行其所危者，计也。故民生则计利，死则虑名。名利之所出，不可不审也。利出于地，则民尽力。名出于战，则民致死。入使民尽力，则草不荒。出使民致死，则胜敌。胜敌草不荒，富强之功，可坐而致也。（江标批：只是不脱一个术数，成其为商君。）

管子法禁

君之置其仪也不一，则下之倍法而立私理者必多矣。是以人用其私，废上之制，而道其所闻。故下与官列法，而上与君分威，国家之危，必自此始矣。昔者圣王之治其民也不然，废上之法制者，必负以耻。君人而不能知立君之道以为国本，则大臣之赘下而射人心者必多矣；君不能审立其法以为下制，则百姓之立私理，而径于利者必众矣。昔者圣王之治人也，不贵其人博学也，欲其人之和同以听令也。君失其道，则大臣比权重以相举于国，小臣必循利以相就也。故举国之士以为己党，行公道以为私惠，进则相推于君，退则相誉于民。各便其身，而忘社稷，以广其居。聚徒威群，上以蔽君，下以索民。此皆弱君乱国之道也，故国之危也。擅国权以深索于民者，圣王之禁也。其身毋任于上者，圣王之禁也。进则受禄于君，退则藏禄于室，毋事治职，但力事属，私王官，私君事，去非其人，而人私行者，圣王之禁也。修行则不以亲为本，治事则不以官为主，举毋能，进毋功者，圣王之禁也。交人则以为己赐，举人则以为己劳，仕人则与分其禄者，圣王之禁也。交于利通，而获于贫穷，轻取于其民，而重致于其君，削上以附下，枉法以求于民，圣王之禁也。用不称其人，家富于其列，其禄甚寡，而资财甚多者，圣王之禁也。拂世以为行，非上以为名，常反上之法制，以成群于国者，圣王之禁也。饰于贫穷，而发于勤劳，权于贫贱，身无职事，家无常姓，列上下之间，议言为民者，圣王之禁也。壶士以为亡资〔五〕，修田以为亡本，则生之，养私不死，然后失矫以深与上为市者，圣王之禁也。审饰小节以示民，时言大事以动上，远交以逾群，假爵以临朝者，圣王之禁也。卑身杂处，隐行辟倚，侧入迎远，遁上而遁民者，圣王之禁也。诡俗异礼，大言法行，难其所为，而高自错者，圣王之禁也。守委闲居，博之以致众，勤身遂行，说人以货财，济人以买誉，其身甚静，而使人求者，圣王之禁也。行辟而坚，人诡而辨〔六〕，术非而博，顺恶而泽者，圣王之禁也。以朋党为友，以蔽恶为仁，以数变为智，以重敛为忠，以遂忿为勇者，圣王之禁也。固国之本，其身务往于上，深附于诸侯者，圣王之禁也。圣王之身，治世之时，德行必有所是，道义必有所明。故士莫敢诡俗异礼，以自见于国，莫敢布惠缓行，修上下之交，以和亲于民。故莫敢超等逾官，渔利苏功，以取顺其君。圣王之治民也，进则使无由得其所利，退则使无由避其所害，必使反乎安其位，乐其群，务其职，荣其名，而后止矣。故曰：绝而定，静而治，安而尊，举错而不变者，圣王之道也。（江标批：越职行恩曰赘，射人必使归己，赘下射人心，句新。）

重　农

晁错请入粟拜爵书

圣王在上，而民不冻饥者，非能耕而食之，织而衣之也，为开其资财之道也。故尧、禹有九年之水，汤有七年之旱，而国亡捐瘠者，以畜积多而备先具也。今海内为一，土地人民之众，不避汤禹，加以亡天灾数年之水旱，而畜积未及者，何也？地有遗利，民有馀力，生谷之土未尽垦，山泽之利未尽出也，游食之民未尽归农也。民贫，则奸邪生。贫生于不足，不足生于不农，不农则不地著，不地著则离乡轻家，民如鸟兽，虽有高城深池，严法重刑，不能禁也〔七〕。人情，一日不再食则饥，终岁不制衣则寒。夫腹饥不得食，肤寒不得衣，虽慈母不能保其子，君安能以有其民哉！今农夫五口之家，其服役者不下二人，其能耕者不过百亩，百亩之收不过百石。春耕夏耘，秋获冬藏，伐薪樵，治官府，给繇役；春不得避风尘，夏不得避暑热，秋不得避阴雨，冬不得避寒冻，四时之间，亡日休息；又私而送往迎来，吊死问疾，养孤长幼在其中。勤苦如此，尚复被水旱之灾，急政暴虐，赋敛不时，朝令而暮收〔八〕。当其有者半贾而卖，亡者取倍称之息，于是有卖田宅鬻子孙以偿债者矣。而商贾大者积贮倍息,小者坐列贩卖,操其奇赢,日游都市,乘上之急,所卖必倍。故其男不耕耘,女不蚕织,衣必文采,食必粱肉;亡农夫之苦,有阡陌之得。因其富厚,交通王侯,力过吏势,以利相倾;千里遨游,冠盖相望,乘坚策肥,履丝曳缟。此商人所以兼并农人,农人所以流亡者也。今法律贱商人,商人已富贵矣;尊农夫,农夫已贫贱矣。故俗之所贵,王之所贱也;吏之所卑,法之所尊也。上下相反,好恶乖迕,而欲国富法立,不可得也。方今之务,莫若使民务农而已矣。欲民务农,在于贵粟,贵粟之道,在于使民以粟为赏罚。今募天下入粟县官,得以拜爵,得以除罪。如此富人有爵,农民有钱,粟有所渫。夫能入粟以受爵,皆有馀者也;取有馀以供上用,则贫民之赋可损,所谓损有馀补不足,令出而民利者。(江标批:国计不外民计。以粟拜爵可为一时权宜,不可为法。)

苏洵论田制

周之时用井田。井田废,田非耕者之所有,而有田者不耕也,耕者之田,资于富民。富民之家,地大业广,阡陌连接,募召浮客,分耕其中,鞭笞驱役,视以奴仆,安坐四顾,指麾于其间,而役属之民,夏为之耨,秋为之获,无有一人违其节度以嬉。而田之所入,己得其半,耕者得其半。有田者一人,而耕者十人,是以田主日累其半以至于富强,耕者日食其半以至于穷饿而无告。夫使耕者至于穷饿,而不耕不获者坐而食富强之利犹且不可,而况富强之民,输租于县官,而不免于怨叹嗟愤,何则?彼以其半而供县官之税,不若周之民以其全力,而供十一之税也。使以其半供十一之税,犹用十一之税然也。况今之税,又非特止于十一而已,则宜乎其怨叹嗟愤之不免也。噫!贫民耕而不免于饥,富民坐而饱且嬉又不免于怨，其弊皆起于废井田。井田复，则贫民有田以耕，谷食粟米不分于富民，可以无饥；富民不得多占田以锢贫民，其势不耕，则无所得食，以地之全力，供县官之税，又可以无怨。是以天下之士，争言复井田。（江标批：是富强亦为税所困，老泉正意在此一段。）

附借田计二条

虢文公谏宣王不借田

夫民之大事在农，是故稷为大官。古者，太史顺时覛土〔九〕，阳瘅愤盈，土气震发，农祥晨正，日月底乎天庙，土乃脉发，先时九日，太史告稷曰："自今至于初吉，阳气俱烝，土膏其动。弗震弗渝，脉其满积，谷乃不殖。"稷以告王曰："史帅阳官，以命我司事曰：'距今九日，土其俱动，王其祗祓，监农不易。'"王乃使司徒咸戒公卿、百吏、庶民，司徒除坛于借，命农大夫咸戒农用。先时五日，瞽告有协风至，王即齐宫，百官〔十〕御事，各即其齐三日。王乃淳濯飨醴，及期，郁人荐鬯，牺人荐醴，王裸鬯，飨醴乃行，百官〔十一〕庶民毕从。及借，后稷监之，膳夫、农正陈借礼，太史赞王，王敬从之。王耕一拨，班三之，庶人〔十二〕终于千亩。其后稷省功，太史监之；司徒省民，太师监之；毕，宰夫陈飨，膳宰监之。膳夫赞王，王歆太牢〔十三〕，班尝之，庶人终食。是日也，瞽师、音官以省风土。廪于借东南，钟而藏之，而时布之于农，稷则遍戒百姓，纪农协功，曰："阴阳分土，震雷出滞。"土不备垦，辟在司寇。乃命其旅曰："狥，农师一之，农正再之，后稷三之，司空四之，司徒五之，太保六之，太师七之，太史八之，宗伯九之，王则大狥。耨获亦如之。"民用莫不震动，恪恭于农，修其疆畔，日服其镈，不解于时，财用不乏，民用和同。是时也，王事唯农是务，无有求利于其官，以干农功，三时务农，一时讲武，故征则有威，守则有财。若是，乃能媚于神而和于民矣。（江标批：先王重农，周家以此开基，后世不讲此久矣。）

臣　道

荀子臣道篇

从命而利君谓之顺，从命而不利君谓之谄，逆命而利君谓之忠，逆命而不利君谓之篡。不恤君之荣辱，不恤国之臧否，偷合苟容，以持禄养交而已耳，谓之国贼。○故谏争辅拂之人，社稷之臣也，国君之宝也，明君之所尊厚也；而暗主惑君以为己，贼也。故明君之所赏，暗君之所罚；暗君之所赏，明君之所杀。○故正義之臣设，则朝廷不颇；谏争辅拂之人信，则君过不远。爪牙之士施，则仇仇不作；边境之臣处，则疆垂不丧。故明主好同，而暗主好独。明主尚贤使能而飨其盛，暗主妒贤畏能而灭其功。罚其忠，赏其贼，夫是之谓至暗，桀、纣所以灭也。○有大忠者，有次忠者，有下忠者，有国贼者。以德复君而化之，大忠也。以德调君而补之，次忠也。以是谏非而怒之，下忠也。不恤君之荣辱，不恤国之臧否，偷合苟容，以之持禄养交而已耳，国贼也。（江标批：不远，旋改也。）

苏辙臣事策一

臣闻天下有权臣，有重臣，二者其迹相近而难明。天下之人，知恶夫权臣之专，而世之重臣，亦遂不容于其间。夫权臣者，天下不可一日而有，而重臣者，天下不可一日而无也。天下徒见其外，而不察其中，见其皆侵天子之权，而不察其所为之不类，是以举皆嫉之而无所喜，此亦已太过也。今夫权臣之所为者，重臣之所切齿；而重臣之所取者，权臣之所不顾也。将为权臣耶，必将内悦其君之心，委曲听顺，而无所违戾；外窃其生杀予夺之柄，黜陟天下，以见己之权，而没其君之威惠。内能使其君欢爱悦怿，无所不顺，而安为之上；外能使其公卿大夫、百官庶吏无所不归命，而争为之腹心。上爱下顺，合而为一。然后权臣之势遂成而不可援。（江标批：鲁季孙、齐田常皆如是，凡说尽权臣情状，“安”字与“争”字不可易。）至于重臣则不然，君有所为不可，则必争，争之不能，而其事有所必不可听，则专行而不顾，待其成败之迹著，则上之心将释然而自解。其在朝廷之中，天下为之踧然，而有所畏，士大夫不敢安肆怠惰于其侧。爵禄庆赏，已得以议其可否，而不求以为己之私惠。刀锯斧钺，已得以参其轻重，而不求以为己之私势。（江标批：伊尹、周公如是。）要以使天子有所不可必为，而群下有所振惧而已，不与其利。何者为重臣者，不待天下之归己。而为权臣者，亦无所事天下之畏己也。故各因其行事，而观其意之所在，则天下谁可欺者！臣故曰：为天下安，可一日无重臣也。且今使天下而无重臣，则朝廷之事，惟天子之所为而无所可否。虽天子有纳谏之明，而百官畏惧战栗，无平昔尊重之势，谁肯触忌讳、冒罪戾，而为天下言者？虽其小小得失之际乃敢上章，欢哗而无所惮。至于国之大事，安危存亡之所系，则将卷舌而去，谁敢发而受其祸？此人主之所大患也。悲夫！后世之君，徒见天下之权臣，出入唯唯，以为有礼，而不知此乃所以潜溃其国。徒见天下之重臣，刚毅果敢，喜逆其意，则以为不逊，而不知其有社稷之虑。二者淆乱于心，而不能辨其邪正，是以丧乱相仍而不悟，何足伤也。（江标批：二段发权臣重臣迹类而心有邪正。）

李华中书政事堂记

记曰：政事堂者，君不可以枉道于天，反道于地，覆道于社稷，无道于黎元，此堂得以议之。臣不可悖道于君,逆道于人,黩道于货,乱道于刑,克一方之命,变王者之制,此堂得以移之。兵不可以擅诛,权不可以擅施,货不可以擅蓄,王泽不可以擅夺,君恩不可以擅间,私雠不可以擅报,公爵不可以擅私,此堂得以诛之。事不可以轻入重,罪不可以生入死,法不可以剥害于人,财不可以擅加于赋,情不可以委之于幸,乱不可以启之于萌。伐亲不赏,削亲不封,闻荒不救,见馑不惊,逆谏自贤,远道伤古,此堂得以杀之。故曰:庙堂之上,樽俎之前,有兵有刑,有梃有刃,有斧钺,有鸩毒,有夷族,有破家,登此堂者得以行之。故伊尹放太甲之不嗣,周公逐管蔡之不义,霍光废昌邑之乱,狄公正庐陵之位。自君弱臣强之后,宰相主生杀之柄,天子掩九重之耳,燮理化为权衡,论思变成机务,道变倾身,祸败不可胜数。列国有传,青史有名,可以为终身之诫,无罪记云。(江标批:堂堂正议,如日月经天,读之令人悚然。)

任大臣

李纲中兴十议

朝廷,天下之大本也,政事法度于是乎出。故中书进拟,门下审驳,尚书奉行,皆所以宣布天子之命令,使四方禀承焉。政出于一,则朝廷尊,而天下安。政出于二三,则朝廷卑,而天下危。唐至文宗之朝,可谓衰弱矣。武宗既立,得一李德裕相之,而威令遂振。何哉?德裕知所本故也。其初为相,即上言曰:“宰相非其人,当亟废罢。至天下之政,则不可不归中书。”武宗听之,号令纪纲,威自己出,故能削平僭伪,号为中兴。自崇观以来,政出多门,阉宦恩幸女谒皆得以干与朝政。所谓宰相者,保身固宠,不敢以为言,遂失其职,法度废弛,驯至靖康之祸,非一朝一夕之积也。

臣愚，诚愿陛下深思天下安危之本，察德裕之言，而法武宗之信任；监崇观之失，以刷靖康之大耻，宗社生灵幸甚。（江标批：宰相无权，由宦幸干政，以至于乱，可为殷鉴。）

校勘记

〔一〕与无地者同：应作“与无地同”，据高亨《商君书注译》第六十三页。

〔二〕与无民者同：应作“与无民同“，据高亨《商君书注译》第六十三页。

〔三〕名与利并至：“并”应作“交”，据高亨《商君书注译》第六十四页。

〔四〕人臣欲尽其事：应作“臣欲尽其事”，据高亨《商君书注译》第六十五页。

〔五〕壶士以为亡资：“壶”应作“壹”，据《四部丛刊》本《管子法禁》第十四。

〔六〕人诡而辨：“人”应作“言”，“辨”应作“辩”，据《四部丛刊》本《管子法禁》第十四。

〔七〕不能禁也：应作“犹不能禁也”，据《汉书》卷二十四《食货志》。

〔八〕朝令而暮收：“收”应作“改”，据《汉书》卷二十四《食货志》。

〔九〕太史顺时觇土：“觇”应作“覛”，据上海古籍出版社本《国语》卷一《周语》。

〔十〕〔十一〕百官：“官”应作“吏”，据上海古籍出版社本《国语》卷一《周语》。

〔十二〕庶人：“人”应作“民”，据上海古籍出版社本《国语》卷一《周语》。

〔十三〕王歆太牢：“太”应作“大”，据上海古籍出版社本《国语》卷一《周语》。

卷五

学校内附养老二条

李太伯袁州学记

惟四代之学，考诸经可见已。秦以山西鏖六国，欲帝万世，刘氏一呼而关门不守。武夫健将，卖降恐后，何耶？《诗》、《书》之道废，人惟见利而不闻义焉耳。孝武乘丰富，世祖出戎行，皆孳孳学术，俗化之厚，延于灵、献。草茅危言者，折首而不悔；功烈震主者，闻命而释兵。群雄相视，不敢去臣位，尚数十年，教道之结人心如此。今代遭圣神，尔袁得圣君，俾尔由庠序践古人之迹。天下治则谭礼乐以陶吾民，一有不幸，犹当仗大节，为臣死忠，为子死孝，使人有所法。是惟朝廷教人之意，若其弄笔墨以徼利达而已，岂徒二三子之羞，抑亦为国者之忧。（江标批：学校系人心，风教甚重，奈何徒隶名位已耶？）

储　教

贾谊治安策

夏为天子，十有馀世，而殷受之。殷为天子，二十馀世，而周受之。周为天子，三十馀世，而秦受之。秦为天子，二世而亡。人性不甚相远也，何三代之君有道之长，而秦无道之暴也？其故可知也。古之王者，太子乃生，固举以礼，使士负之，有司齐肃端冕，见之南郊，见于天也。过阙则下，过庙则趋，孝子之道也。故自为赤子而教固已行矣。昔者成王幼在襁抱之中，召公为太保，周公为太傅，太公为太师。保，保其身体；傅，傅之德义；师，道之教训；此三公之职也。于是为置三少，皆上大夫也，曰少保、少傅、少师，是与太子晏者也。故乃孩提有职，三公、三少，因明孝仁礼义以道习之，遂去邪人〔一〕，不使见恶行。于是皆选天下之端士，孝弟博闻有道术者，以卫翼之，使与太子居处出入。故太子乃生而见正事，闻正言，行正道，左右前后皆正人也。夫习与正人居之，不能毋正，犹生长于齐不能不齐言也；习与不正人居之，不能毋不正，犹生长于楚之地不能不楚言也。故择其所耆，必先受业，乃得尝之；择其所乐，必先有习，乃得为之。孔子曰："少成若天性，习贯如自然。"及太子少长，知妃色，则入于学。学者，所学之官也。《学礼》曰：帝入东学，上亲而贵仁，则亲疏有序而恩相及矣；帝入南学，上齿而贵信，则长幼有差而民不诬矣；帝入西学，上贤而贵德，则圣智在位而功不遗矣；帝入北学，上贤而贵爵，则贵贱有等而下不隃矣；帝入太学，承师问道，退习而考于太傅，太傅罚其不则，而匡其不及，则德智长而治道得矣：此五学者，既成于上，则百姓黎民化辑于下矣。及太子既冠成人，免于保傅之严，则有记过之史，彻膳之宰，进善之旌，诽谤之木，敢谏之鼓。瞽史诵诗，工诵箴谏，大夫进谋，士传民语。习与智长，故切而不愧；化与心成，故中道若性。三代之礼：春朝朝日，秋暮夕月，所以明有敬也；春秋入学，坐国老，执酱而亲馈之，所以明有孝也；行以鸾和，步中《采齐》，趣中《肆夏》，所以明有度也；其于禽兽，见其生不见其死，闻其声不食其肉，故远庖厨，所以长恩，且有仁也。夫三代之所以长久者，以其辅翼太子有此具也。及秦而不然，其俗固非贵辞让也，所上者告讦也；固非贵礼义也，所上者刑罚也。使赵高传胡亥而教之狱，所习者非斩劓人，则夷人之三族也。故胡亥今日即位而明日射人，忠谏者谓之诽谤，深计者谓之妖言,其视杀人若艾草菅然。岂惟胡亥之性恶哉?彼其所以道之者非其理故也。鄙谚曰:“不习为吏,视已成事。”又曰:“前车覆,后车诫。”夫三代之所以长久者,其已事可知也,然而不能从者,是不法圣智也。秦世之所以亟绝者,其徹迹可见也;然而不避,是后车又将覆也。夫存亡之变,治乱之机,其要在是矣。天下之命,悬于太子;太子之善,在于早谕教与选左右。夫心未滥而先谕教,则化易成也;开于道术道谊之指,则教之力也。若其服习积贯,则左右而已。夫胡、粤之人,生而同声,耆欲不异,及其长而成俗,累数译而不能相通行者,有虽死而不相为者,则教习然也。臣故曰:“选左右、早谕教最急。”夫教得而左右正,则太子正矣,太子正而天下定矣。(江标批:古时储教甚严,自秦以后具故事耳,安望仁圣耶?)

诗　乐

毛诗序卜商

《关雎》,后妃之德也,风之始也,所以风化天下而正夫妇也,故用之乡人焉,用之邦国焉。《风》,风也,教也,风以动之,教以化之。《诗》者,志之所之也,在心为志,发言为诗,情动于中而形于言,言之不足故嗟叹之,嗟叹之不足故永歌之,永歌之不足,不知手之舞之,足之蹈之也。情发于声,声成文,谓之音。治世之音,安以乐,其政和;乱世之音,怨以怒,其政乖;亡国之音,哀以思,其民困。故正得失,动天地,感鬼神,莫近于诗。先王以是经夫妇,成孝敬,厚人伦,美教化,移风俗。故《诗》有六义焉:一曰风,二曰赋,三曰比,四曰兴,五曰雅,六曰颂。上以风化下,下以风刺上,主文而谲谏,言之者无罪,闻之者足以自戒,故曰风。至于王道衰，礼义废，政教失，国异政，家殊俗，而变风变雅作矣。国史明乎得失之迹，伤人伦之废，哀刑政之苛。吟咏情性，以风其上达于事变，而怀其旧俗者也。故变风发乎情，止乎礼义。发乎情，民之性也；止乎礼义，先王之泽也。是以一国之事，系一人之本，谓之风。言天下之事，形四方之风，谓之雅。雅者，正也，言王政之所由废兴也。政有小大，故有小雅焉，有大雅焉。颂者，美盛德之形容以其成功，告于神明者也，是谓四始，诗之至也。然则《关雎》、《麟趾》之化，王者之风，故系之周公南言化自北而南也。《鹊巢》、《驺虞》之德，诸侯之风也，先王之所以教，故系之召公。《周南》、《召南》正始之道，王化之基。是以《关雎》乐得淑女，以配君子，忧在进贤，不淫其色，哀窈窕，思贤才，而无伤善之心焉，是《关雎》之义也。（江标批：观于家知王道之兴衰，观于诗而知政教之得失。）

礼　让

游吉述礼仪

夫礼，天之经也，地之义也，民之行也。天地之经，而民实则之。则天之明，因地之性，生其六气，用其五行。气为五味，发为五色，章为五声。淫则昏乱，民失其性。是故为礼以奉之：为六畜、五牲、三牺，以奉五味；为九文、六采、五章，以奉五色；为九歌、八风、七音、六律，以奉五声。为君臣上下，以则地义；为夫妇外内，以经二物；为父子、兄弟、姑姊、甥舅、婚媾、姻亚，以象天明。为政事、庸力、行务，以从四时；为刑罚威狱，使民畏忌，以类其震曜杀戮；为温慈惠和，以效天之生殖长育。民有好恶、喜怒、哀乐，生于六气，是故审则宜类，以制六志。哀乐不失，乃能协于天地之性，是以长久。（江标批：先王因性制仪，此云则天地。盖天地礼之原也,人性禀于天地者也。故曰:哀乐不失,乃脂协于天地之性。)

荀子礼论

礼起于何也?曰:人生而有欲,欲而不得,则不能无求,求而无度量分界,则不能不争。争则乱,乱则穷。先王恶其乱也,故制礼义以分之,以养人之欲,给人之求。使欲必不穷乎物,物必不屈于欲,两者相持而长,是礼之所起也。○故礼者,养也。刍豢稻粱,五味调香,所以养口也;椒兰芬苾,所以养鼻也;雕琢、刻镂、黼黻、文章,所以养目也;钟鼓、管磬、琴瑟、竽笙,所以养耳也;疏房、檖貇、越席、床策几筵〔二〕,所以养体也。故礼者,养也。君子既得其养,又好其别。曷为别?曰:贵贱有等,长幼有差,贫富轻重皆有称者也。故天子大路越席,所以养体也;侧载睪芷,所以养鼻也;前有错衡,所以养目也;和鸾之声,步中《武》、《象》,趋中《韶》、《濩》,所以养耳也;龙旗九斿,所以养信也;寝兕、持虎、蛟韅、丝末、弥龙,所以养威也;故大路之马必倍至教顺然后乘之,所以养安也。熟知夫出死要节之所以养生也!熟知夫出费用之所以养财也;熟知夫恭辞让之所以养安也!熟知夫礼义文理之所以养情也!故人苟生之为见,若者必死;苟利之为见,若者必害;苟怠惰偷懦之为安,若者必危;苟情说之为乐,若者必灭。故人一之于礼义,则两得之矣;一之于情性,则两丧之矣。(江标批:熟当是孰。这一段说得切理。)

校勘记

〔一〕遂去邪人:"遂"应作"逐",据上海人民出版社本《贾谊集》第一九三页。

〔二〕疏房檖貇越席床策几筵,"踈"应作"疏","貇"应作"额","策"应作"第",据章诗同《荀子简注》第二〇三页。

卷六

祀　典

展禽论祀爰居

夫祀，国之大节也。而节，政之所成也。故慎制祀以为国典。夫圣王之制祀也，法施于民则祀之，以死勤事则祀之，以劳定国则祀之，能御大灾则祀之，能扞大患则祀之。非是族也，不在祀典。是故有虞氏禘黄帝而祖颛顼，郊尧而宗舜；夏后氏禘黄帝而祖颛顼，郊鲧而宗禹；商人禘舜而祖契，郊冥而宗汤；周人禘喾而郊稷，祖文王而宗武王。幕能帅颛顼者也，有虞氏报焉；杼能帅禹者也，夏后氏报焉；上甲微能帅契者也，商人报焉；高圉太王能帅稷者也，周人报焉。凡禘郊宗祖报，此五者，国之典祀也。加之以社稷山川之神，皆有功烈于民者也；及前哲令德之人，所以为民质也；及天之三辰，民所以瞻仰也；及地之五行，所以生殖也；及九州名山川泽，所以出财用也。非是不在祀典。（江标批：语极典则极说严。）

匡衡议郊祀奏

帝王之事，莫大乎承天之序。承天之序，莫重于郊祀。故圣王尽心极虑以建其制。祭天于南郊，就阳之义也；瘗地于北郊，即阴之象也。天之于天子也，因其所都而各飨焉。往者，孝武皇帝居甘泉宫，即于云阳立泰畤，祭于宫南。今行常幸长安，郊见皇天反北之泰阴，祠后土取东之少阳〔一〕，事与古制殊。又至云阳，行溪谷中，厄狭且百里〔二〕，汾阴则度大川，有风波舟楫之危，皆非圣主所宜数乘。郡县治道共张，吏民困苦，百官烦费。劳所保之民，行危险之地，难以奉神灵而祈福祐，殆未合于承天子民之意。昔者周文王郊于丰鄗,成王郊于洛邑〔三〕,由此观之,天随王者所居而飨之,可见也。(江标批:何往非天欲择地而飨之。)

灾 异

魏相阴阳明堂月令奏

臣闻《易》曰:"天地以顺动,故日月不过,四时不忒;圣王以顺动,故刑罚清而民服。"天地变化,必繇阴阳。阴阳之分,以日为纪。日冬夏至,则八风之序立,万物之性成,各有常职,不得相干。东方之神太昊,乘"震"执规司春;南方之神炎帝,乘"离"执衡司夏;西方之神少昊,乘"兑"执矩司秋;北方之神颛顼,乘"坎"执权司冬;中央之神黄帝,乘"坤""艮"执绳司下土。兹五帝所司,各有时也。东方之卦不可以治西方,南方之卦不可以治北方。春兴"兑"治则饥,秋兴"震"治则华,冬兴"离"治则泄,夏兴"坎"治则雹。明王谨于尊天,慎于养人,故立羲和之官以乘四时,节授民事。君动静以道,奉顺阴阳,则日月光明,风雨时节,寒暑调和。三者得叙,则灾害不生,五谷熟,丝麻遂,草木茂,鸟兽蕃,民不夭疾,衣食有馀。若是,则君尊民说,上下亡怨,政教不违,礼让可兴。夫风雨不时,则伤农桑;农桑伤,则民饥寒;饥寒在身,则亡廉耻,寇贼奸宄所由生也。(江标批:本《礼记》。)

李寻灾异对

《易》曰:"悬象著明,莫大乎日月。"夫日者,众阳之长,辉光所烛,万里同晷,人君之表也。故日将旦,清风发,群阴伏,君以临朝,不牵于色。日初出,炎以阳,君登朝,佞不行,忠直进,不蔽障。日中辉光,君德盛,明大臣奉公。日将入,专以壹,君就房,有常节。君不修道,则日失其度,暗昧无光。各有云为。其于东方作,日初出时,阴云邪气起者,法为牵于女〔四〕,谓有所畏难;日出后,为近臣乱政;日中,为大臣欺诬；日且入，为妻妾役使所荧[五]。间者日尤不精，光明侵夺失色，邪气珥蜺数作。本起于晨，相连至昏，其日出后至日中间差瘉，小臣不知内事，窃以日视陛下志操，衰于始初多矣。其咎恐有以守正直言，而得罪者，伤嗣害世，不可不慎也。○臣闻月者，众星之长，消息见伏，百里为品，千里立表，万里连纪，妃后大臣诸侯之象也：朔晦正终始，弦为绳墨，以成君德，春夏南，秋冬北。间者，月数以春夏与日同道，过轩辕上后受气，入太微帝廷扬光辉，犯上将近臣，列星皆失色，厌厌如灭，此为母后与政乱朝，阴阳俱伤，两不相便。外臣不知朝事，窃信天文即如此，近臣已不足杖矣。屋大柱小，可为寒心。唯陛下亲求贤士，亡强所恶，以崇社稷，尊强本朝。（江标批：君臣妃后，动关天象，一有失度，即逆其行，故圣人必谨诸此。）

治　河

贾让治河奏

治河有上中下策。古者立国居民，疆理土地，必遗川泽之分，度水势所不及。大川无防，小水得入，陂障卑下，以为污泽[六]。使秋水多，得有所休息，左右游波，宽缓而不迫。夫土之有川，犹人之有口也。治土而防其川，犹止儿啼而塞其口，岂不遽止，然其死可立而待也。故曰："善为川者，决之便道；善为民者，宣之使言。"盖堤防之作，近起战国，雍防百川，各以自利。齐与赵、魏以河为竟。赵、魏濒山，齐地卑下，作堤去河二十五里。河水东抵齐堤，则西泛赵、魏，赵、魏亦为堤去河二十五里。虽非其正，水尚有所游荡。时至而去，则填淤肥美，民耕田之。或久无害，稍筑室宅，遂成聚落。大水时至漂没，则更起堤防以自救，稍去其城郭，排水泽而居之，湛溺自其宜也。今堤防陿者去水数百步，远者数里。近黎阳南故大金堤，从河西西北行，至西山南头，乃折东，与东山相属。民居金堤东，为庐舍，住十馀岁更起堤，从东山南头直南与故大堤会。又内黄界中有泽，方数十里，环之有堤，往十馀岁太守以赋民，民今起庐舍其中，此臣亲所见者也。东郡白马故大堤亦复数里〔七〕，民皆居其间。此黎阳北，有魏界〔八〕。故大堤去河远者数十里，内亦数重，此皆前世所排也。河从河内北至黎阳为石堤，激使东抵东郡平刚；又为石堤，使西北抵黎阳观下；又为石堤，使东北抵东郡津北；又为石堤，使西北抵魏郡昭阳；又为石堤，激使东北。百馀里间、河再西三东，迫厄如此，不得安息。今行上策，徙冀州之民当水冲者，决黎阳遮害亭，放河使北入海。河西薄大山，东薄金堤，势不能远泛滥，期月自定。难者将曰："若如此，败坏城郭田庐冢墓以万数，百姓怨恨。"昔大禹治水，山陵当路者毁之，故凿龙门，辟伊阙，折底柱，破碣石，堕断天地之性。此乃人功所造，何足言也！今濒河十郡治堤岁费且万万，及其大决，所残亡数。如出数年治河之费，以业所徙之民，遵古圣之法，定山川之位，使神人各处其所，而不相奸。且以大汉方制万里，岂其与水争咫尺之地哉？此功一立，河定民安，千载亡患，故谓之上策。若乃穿渠于冀州地〔九〕，使民得以溉田，分杀水怒，虽非圣人法，然亦救败术也。难者将曰："河水高于平地，岁增堤坊，犹尚决溢，不可以开渠。"臣窃案视遮害亭西十八里，至淇水口，乃有金堤，高一丈。自是东，地稍下，堤稍高，至遮害亭，高四五丈。往五六岁〔十〕，河水大盛，增丈七尺，坏黎阳南郭门，入至堤下。水未逾堤二尺所，从堤上北望，河高出民屋，百姓皆走上山。水留十三日，堤溃二所，吏民塞之。臣循堤上，行视水势，南七十馀里，至淇口，水适至堤半，计出地上五尺所。今可从淇口以东为石堤，多张水门。初元中，遮害亭下河去堤足数十步，至今四十馀岁，适至堤足。由是言之，其地坚矣。恐议者疑河大川难禁制，荥阳漕渠足以卜之，其水门但用木与土耳，今据坚地作石堤，势必完安。冀州渠首尽当卬此水门。治渠非穿地也，但为东方一堤，北行三百馀里，入漳水中，其西因山足高地，诸渠皆往往股引取之；旱则开东方下水门溉冀州，水则开西方高门分河流。通渠有三利，不通有三害。民常罢于救水，半失作业；水行地上，凑润上彻，民则病湿气，木皆立枯，卤不生谷；决溢有败，为鱼鳖食：此三害也。若有渠溉，则盐卤下隰，填淤加肥；故种禾麦，更为粳稻，高田五倍，下田十倍；转漕舟船之便：此三利也。今濒河堤吏卒郡数千人，伐买薪石之费岁数十万〔十一〕，足以通渠成水门；又民利其溉灌，相率治渠，虽劳不罢。民田适治，河堤亦成，此诚富国安民，兴利除害，支数百岁，故谓之中策。若乃缮完故堤，增卑倍薄〔十二〕，劳费亡已，数逢其害，此最下策也。（江标批：罢音疲。）

爱　养

范祖禹论农事

爱民者在知其劳苦而恤其困穷。天下之人至劳苦而常困穷者，农民是也。周公作《无逸》戒成王，以先知稼穑之艰难。天生时而地生财，自一粒一缕以上皆出于民力，然后人得而用。人臣之禄，受之于君，故不可不报君。人君之奉，取之于民，故不可不爱民。天子者，合天下之力而共尊养之。凡宫室车马服食器用，无非取于天下，皆百姓之膏血也。其作之也甚劳，其成之也甚难。安而享之不可不思其所从来，则爱之而有不忍费财之心，忧之而有不忍劳民之心。以此之心，行此之政，而天下不安者，未之有也。天下之大，生民之众，唯系于一人之心。君心静，则天下静；君心不静,则天下亦不静。臣愿陛下当食则思天下有饥而不得食,当衣则思天下有寒而不得衣者。凡于每事,莫不皆然。推至诚以召和气,使百姓皆家给人足,则太平矣。(江标批:极言农民之苦,以动人主之心。)

朱熹辞崇政殿说书封事

今请即民力之未裕而推言之。臣闻虞允文之为相也,尽取叛曹岁入窠名之必可指议者,号为岁终羡馀之数,而输之内帑。顾以其有名无实,积累挂欠,空载簿籍,不可催理者,拨还叛曹。其为说曰:内帑之积,将日备用兵进取不时之须,而叛曹目今经费已自不失岁入之数,听其言诚甘且美矣。然自是以来,三十馀年,内帑岁入不知几何,而认为私贮,典以私人。宰相不得以式贡均节其出入,叛曹不得以簿书勾考其存亡,其日消月耗,以奉燕私之费者,盖不知其几何矣。而曷尝闻其能用此钱,以易胡人之首,如太祖皇帝之言哉!徒使叛曹经费阙乏日甚,督趣日峻,以为未足,则又造为比较监司,郡守殿最之法以诱胁之,不复问其政教设施之得失,而一以其能剥民奉上者为贤。于是中外成风,兢为苛急,监司明谕州郡,郡守明谕属邑,此民力所以重困之本也。(江标批:这是有一法即有一法之弊。叛曹典以私人,竟目为私贮,巧取料索,乌得不困?)

钱　币

单穆公谏景王铸大钱

古者天降灾戾,于是乎量资币,权轻重,以振救民。民患轻,则为之作重币以行之,于是乎有母权子而行,民皆得焉。若不堪重,则多作轻而行之,亦不废重,于是乎有子权母而行,小大利之。今王废轻而作重,民失其资,能无匮乎?若匮,正用将有所乏;乏则将厚取于民;民不给,将有远志,是离民也。且夫备有未至而设之，有至而后救之，是不相入也。可先机时不备，谓之怠。可后而先之，谓之召灾。周故羸国也，天未厌祸焉，而又离民以佐灾，母乃不可乎？将民之与，处而离之，将灾是备，御而召之，则何以经国。且绝民用，以实王府，犹塞川原而为潢污也，其竭也无日矣！是去其藏而翳其人也。（江标批：翳犹屏也，谓远屏其民也。）

校勘记

〔一〕祠后土取东之少阳："取"应作"反"，据《汉书》卷二十五下。

〔二〕厄狭且百里："厄狭"应作"厄陕"，据《汉书》卷二十五下。

〔三〕成王郊于洛邑："洛"应作"雒"，据《汉书》卷二十五下。

〔四〕法为牵于女："女"应作"女谒"，据《汉书》卷七十五。

〔五〕为妻妾役使所荧："荧"应作"营"，据《汉书》卷七十五。

〔六〕以为污泽："污"应作"汙"，据《汉书》卷二十九。

〔七〕东郡白马故大堤亦复数里："里"应作"重"，据《汉书》卷二十九。

〔八〕有魏界："有"应作"尽"，据《汉书》卷二十九。

〔九〕若乃穿渠于冀州地："穿渠"应作"穿漕渠"，据《汉书》卷二十九。

〔十〕往五六岁："五六"应作"六七"，据《汉书》卷二十九。

〔十一〕伐买薪石之费岁数十万："十"应作"千"，据《汉书》卷二十九。

〔十二〕增岸倍薄："岸"应作"卑"，据《汉书》卷二十九。

卷七

国　势

苏洵六国论

六国破灭，非兵不利，战不善，弊在赂秦。赂秦而力亏，破灭之道也。或曰："六国互丧，率赂秦耶？"曰：不赂者以赂者丧，盖失强援不能独全，故曰：弊在赂秦也。秦以攻取之外，小则获邑，大则得城。较秦之所得，与战胜而得者，其实百倍，诸侯之所亡，与战败而亡者，其实亦百倍。则秦之所大欲，诸侯之所大患，固不在战矣。思厥先祖、父，暴霜露，斩荆棘，以有尺寸之地，子孙视之不甚惜，举以与人，如弃草芥。今日割五城，明日割十城，然后得一夕安寝。起视四境，而秦兵又至矣。然则诸侯之地有限，暴秦之欲无厌，奉之弥繁，侵之弥急。故不战而强弱胜负已判然矣。至于颠覆，理固宜然。古人云："以地事秦，犹抱薪救火，薪不尽，火不灭。"此言得之。齐人未尝赂秦，终继五国迁灭，何哉？与嬴而不助五国也；五国既丧，齐亦不免矣。燕、赵之君，始有远略，能守其土，义不赂秦，是故燕虽小国而后亡，斯用兵之效也。至丹，以荆卿为计，始速祸焉。赵常五战于秦，二败而三胜，后秦击赵者再，李牧连却之洎，牧以谗诛，邯郸为郡，惜其用武而不终也。且燕、赵处秦革灭殆尽之际，可谓智力孤危，战败而亡，诚非得已。向使三国各爱其地，齐人勿附于秦，刺客不行，良将犹在，则胜负之数，存亡之理，当与相较，或未易量。呜呼！以赂秦之地，封天下之谋臣；以事秦之心，礼天下之贤才，并力西向，则恐秦人食之不得下咽也。悲夫！有如此之势而为秦人积威之所劫，日削月割，以赵于亡。为国者无使为劫威之所劫哉！夫六国与秦皆诸侯也,其势弱于秦,而犹有可以不赂而胜之之势;苟以天下之大,下而从夫六国破亡之故事,是又在六国下矣。(江标批:①既曰弊在赂秦,又曰不赂者以赂者丧,此意为一篇之纲,是深识六国弊源处。②当日事势的是如此。③三国指楚、韩、魏。④良策。)

苏辙唐论

天下之变常伏于其所偏重而不举之处,故内重则为内忧,外重则为外患。古者聚兵京师,外无强臣,天下之事皆制于内,当此之时,谓之内重。内重之弊,奸臣内擅,而外无所忌。匹夫横行于四海而莫能禁,其乱不起于左右之大臣,则生于山林小民之英雄。故夫天下之重,不可使专在内也。古者诸侯大国或数百里,兵足以战,食足以守,而其权足以生杀,然后能使四夷盗贼之患不至于内。天子之大臣有所畏忌,而内患不作,当此之时,谓之外重。外重之弊,诸侯拥兵,而内无以制,由此观之,则天下之重,固不可使在内,而亦不可使在外也。且夫天子之于天下,非如妇人孺子之爱其所有也。得天下而谨守之,不忍以分于人,此匹夫之所谓知也,而不知其无成者未始不自不分始。故夫圣人将有所大定于天下,非外之有权臣,则不足以镇之也。而后世之君乃欲去其才爪,剪其股肱,而责其成功,亦已过矣。夫天下之势,内无重则无以威外之强臣,外无重则无以服内之大臣,而绝奸民之心。此二者,其势相持而后成,而不可一轻者也。昔唐太宗既平天下,分四方之地,尽以沿边为节度府,而范阳、朔方之军皆带甲十万,上足以制夷狄之难,下足以备匹夫之乱,内足以禁大臣之变,而将帅之臣常不至于叛者,内有重兵之势,以预制之也。贞观之际,天下之兵八百馀府,而在关中者五百,举天下之众,而后能当关中之半。然而朝廷之臣亦不至于乘隙伺衅,以邀大利者,外有节度之权,以破其心也。故外之节度,有周之诸侯外重之势,而易置从命,得以择其贤不肖之才。是以人君无征伐之劳,而天下无世臣暴虐之患。内之府兵有秦之关中,内重之势,而左右谨饬,莫敢为不义之行。是以上无逼夺之危,下无诛绝之祸。盖周之诸侯内无府兵之威,故陷于逆乱而不能以自止。秦之关中,外无节度之援,故胁于大臣。而不能以自立。有周秦之利,而无周秦之害,形格势禁。内之不敢为变,而外之不敢为乱,未有如唐制之得者也。而天下之士,不究利害之本末,猥以成败之遗踪,而论计之得失,徒见开元之后,强兵悍将皆为天下之大患,而遂以太宗之制为猖狂不审之计。夫论天下,论其胜败之形,以定其法制之得失,则不若穷其所由胜败之处。盖天宝之际,府兵四出,萃于范阳;而德宗之世,禁兵皆戍赵、魏,是以禄山、朱泚得至于京师而莫之能禁,一乱涂地;终于昭宗,而天下卒无宁岁。内之强臣,虽有辅国元振、守澄、士良之徒而卒不能制唐之命,诛王涯杀贾悚自以为威震四方,然刘从谏为之一言,而震慴自敛,不复敢肆,其后崔亨遐倚朱温之兵,以诛宦官,去天下之监军,而无一人敢与抗者。由此观之,唐之衰,其弊在于外重,而外重之弊起于府兵之在外,非所谓制之失,而后世之不用也。(江标批:①篇中虽内外并举,而意当归宿外重边。②剖析精确,利害了然。)

李纲中兴十议

国家都汴,处中以临四方,垂二百年靡有变,故岂特仁德足以结万邦之心,亦由以中制外据天下之利。方今多难之际,宗庙朝廷一迁,天下之势必有偏而不起之处,中原摇动,卒难安复,此臣所以夙夜思虑,欲为权天下之势,以济长久之策也。古者帝王有巡幸之礼,今当以长安为西都,襄阳为南都,建康为东都,各命守臣营葺城池、宫室、官府,使之具储偫糗粮，积金帛，以备巡幸。陛下銮舆顺动，以天临之览，观山河之形胜，省察牧守之治忽，抚士民，问风俗，收豪俊之用以攘戎狄，复境土，然后复据河洛而都之。此今日权宜之上策也。其利有三：借巡幸之名，国势不失于太弱，一也；不置定都，使夷狄无所窥伺，二也；四方望幸，使奸雄无所觊觎，三也。则三都成而天下之势安矣。（江标批：巡幸以振威灵，亦以固人心，使知所宗也。人心犹未忘宋，此举尤为要著。）

边防内附边储二条

贾谊治安策

天下之势方苦倒悬。凡天子者，天下之首，何也？上也。蛮夷者，天下之足，何也？下也。今匈奴嫚侮侵掠，至不敬也；为天下患，至亡已也，而汉岁致金絮采缯以奉之。夷狄征令，是主上之操也；天下共贡，是臣下之礼也。足反居上，首顾居下，倒悬如此，莫之能解，犹为国有人乎？非亶倒悬而已，又类辟，且病痱。夫辟者一面病，痱者一方痛。今西边北边之郡，虽有长爵不轻得复，五尺以上不轻得息，斥候望烽燧不得卧，将吏被介胄而睡，臣故曰一方病矣，医能治之，而上不使，可为流涕者此也。陛下何忍以王帝王之号为戎人诸侯，势既卑辱，而祸不息，长此安穷进谋者，率以为是固不可解也，亡具甚矣。臣窃料匈奴之众，不过汉一大县，以天下之大，困于一县之众，甚为执事者羞之。（江标批：汉与匈奴相亲甚为失策。亶音但。激发处。）

晁错募民实塞下书

臣闻古之制边县以备敌也，使五家为伍，伍有长；十长一里，里有假士；四里一连，连有假五百；十连一邑，邑有假候。皆值其邑之贤才有护〔一〕，习地形知民心者，居则习民于射法，出则教民于应敌。故卒伍成于内，军正定于外。服习以成，勿令边徙；幼则同游，长则共事。夜战声相知，则足以相救；昼战目相见，则足以相识；欢爱之心，足以相死。如此而劝以厚赏，威以重罚，则前死不还踵矣。(江标批：还音旋。)

侯应罢边备议

臣闻北边塞至辽东，外有阴山，东西千馀里，草木茂盛，多禽兽，本冒顿单于依阻其中，治作弓矢，来出为寇，是其苑囿也。至孝武世，出师征伐，斥夺此地，攘之于幕北，建塞徼，起亭隧，筑外城，设屯戍以守之，然后边境得用少安。幕比地平，少草木，多大沙，匈奴来寇，少所蔽隐，从塞以南，径深山谷，往来差难。边长老言匈奴失阴山之后，过之未尝不哭也。如罢备塞戍卒，示夷狄之大利，不可一也。今圣德广被，灭覆匈奴，得蒙全活之恩〔二〕，稽首来臣。夫夷狄之情，困则卑顿〔三〕，强则骄逆，天性然也。前以罢外城，省亭隧，今裁足以候望通烽火而已。古者安不忘危，不可复罢，二也。中国有礼义之教，刑罚之诛，愚民犹尚犯禁，又况单于，能必其众不犯约哉！三也。自中国尚建关梁以制诸侯，所以绝臣下之觊欲也。设塞徼，置屯戍，非独为匈奴而已，亦谓诸属降国〔四〕，本故匈奴之人，恐其思旧逃亡，四也。近西羌保塞，与汉人交通，吏民贪利，侵盗其畜产妻子，以此怨恨，起而背畔，世世不绝。今罢乘塞，则生嫚易分争之渐，五也。往者彼军多没不还者，子孙贫困，一旦亡出，从其亲戚，六也。又边人奴婢愁苦，欲亡者多，曰“闻匈奴中乐，无奈候望急何!”然时有亡出塞者，七也。盗贼桀黠，群辈犯法，如其窘急，亡走北出，则不可制，八也。起塞以来，百有馀年，皆非以土垣也〔五〕，或因山岩石，木柴僵落，谿谷水门，稍稍平之，卒徒筑治，功费久远，不可胜计。臣恐议者不深虑其终始，欲以一切省繇戍，十年之外，百岁之内，卒有他变，障塞破坏，亭隧灭绝，当更发屯缮治，累世之功不可卒复，九也。如罢戍卒，省候望，单于自以保塞守御，必深德汉，请求无已。小失其意，则不可测。开夷狄之隙，亏中国之固，十也。非所以永持至安，制百蛮之长策也。（江标批：呜呼！后世之不踵前功而废远大之业者，何可胜数。思之浩叹。）

江统徙戎论

夫关中土沃物丰，帝王所居，未闻戎狄宜在此土也。非我族类，其心必异，而因其衰敝[六]，迁之几服，士庶玩习，侮其轻弱，使其怨恨之气毒于骨髓。至于蕃育众盛，则坐生其心，以贪悍之性，挟愤怒之情，候隙乘便，辄为横逆。而居封域之内，无障塞之隔，掩不备之人，收散野之积，故能为祸滋蔓，暴害不测。此必然之势，已验之事也。当今之宜，宜及兵威方盛，众事未罢，徙冯翊、北地、新平、安定界内诸羌，著先零、罕幵、析支等地；徙扶风、始平、京兆之氐，出还陇右，著阴平、武都之界。廪其道路之粮，令足自致，各闲本种，反其旧土，使属国、抚夷就安集之。戎晋不杂，并得其所，纵有猾夏之心，风尘之警，则绝远中国，隔阂山河，虽有寇暴，所害不广矣。（江标批：晋世五胡之乱，实胎于此，江君真有防微之识。）

贶武论边防

礼让以交君子，不以接小人，况于禽兽夷狄乎？夫奇货内来，即华夏之情荡；纤丽外散，则戎羯之心生。华夏情荡，出兵之源也；戎羯心生，侵盗之本也。圣人惟此之慎，不贵奇货，不宝远物。禽兽非其土性不育，器服非其所产不御，岂惟贽币不通哉！至于饮食声乐，不与共之。故夷狄来朝，坐之门外，使委以食之，若禽兽然，不使以馨香佳味也。获其声不列于庭庙，受其贡不过楛矢兽皮，不为贽币，不为财货，利既小矣，酬亦宜然。汉氏习玩，骄虏使悦，燕赵之名，倡雅质甘。太宫之八珍六齐便，五都之文绮罗纨，供之则长欲而增求，绝之则灭德而招怨。加以斥候不明，士卒不习，是犹饱豺狼以良肉，而纵其猎噬毙人，求其祸源，接以礼让之所致也。夫华人步卒也，利险阴阻；虏人骑兵也，利平地。彼利驰突，我则坚守，无与追奔，无与攻击，来则杜险使无进，去则闭险使无还，冲以长戟，临以长弩，非求胜之也，创之而已。措彼顽凶，置之度外，譬诸虫豺，方乎虺蜴，如是，何礼让之接，何曲直之争哉！（江标批：只是不贵奇货远利，而兵端息矣。）

苏轼乡试策

边境安已而兵不得彻者，有安之之名，而无安之之实也。古之制北狄者，未始不通西域；今之所以不能通者，是夏人之所为障也。朝廷置灵武于度外几百年矣，议者以为绝域异方，曾不敢近，而况于取之乎？然臣以为事势有不可不取者，不取灵武，则无以通西域，西域不通则契丹之强未有艾也。然灵武之所以不可取者，非以数郡之能抗吾中国，中国自困而不能举也。其所以自困而不能举者，以不息不生之财，养不耕不战之兵，块然如巨人之病腿，非不枵然大矣，而手足不能以自举。欲去是疾也，则莫若捐秦以委之，使秦人断然如战国之世，不待中国之援，而中国亦若未始有秦者，有战国之全利而无战国之患，则夏人举矣。其便莫若稍从沿边之民不能战守者于空闲之地，而以其地益募民为屯田。屯田之兵稍益，则向之戍卒可以稍减，使数岁之后，沿边之民尽为耕战之夫。然后数出兵以苦之，要以使之厌战而不能支，折而归吾矣。如此而北狄始有可制之渐，中国始有息肩之期。不然将济师之不暇，而又何彻乎？（江标批：今之不能胜虏亦坐此。）

真德秀上殿劄子

臣观鞑靼之在今日，无异昔日女真方兴之时，一旦与吾为邻，亦必祖述女真已行之故智。盖女真尝以燕城归我矣，今犹不能还吾河南之地，以观吾之所处乎？受之则享虚名而召实患，不受则彼得以陵寝为词，假大义以见攻。女真尝与吾通好矣，今独不能卑词遣使以观吾之所答乎？从之则要索无厌，岂能满其溪壑之欲？不从则彼得借口以开衅端，黠虏之情，必出于此，不可不豫图所以应之也。曩者，虏在燕、幽，吾以岁事聘问，已非获已，彼既播越而南，独不可迁延其词，俟复燕山，然后玉帛往来如故。乃使大宗臣子拜犬羊于祖宗殿廷之下，其一误也。岁币之弗遣是矣，然不以还燕为词，而诿曰漕之渠干涸，使残虏得以移文，督责中原，豪杰闻之，宁不以寡谋见哂乎？其误二也。并边遗民皆吾赤子，穷而归我，当示绥怀疆。吏非人，唯知拒却，固已绝中原之望；甚者视为盗贼，戮之焚之。召邻国之侮，开边鄙之隙，结遗黎之怨，逆上帝之心，孰甚于此！其误国三也。积我三祸，而吾国之威灵气焰索然矣。今庸人之论有二：不曰虏未遽亡，犹可倚为屏蔽；则曰中原方扰，未暇窥我江淮。凡此皆误国之言，不可不察也。虏之必亡，无愚智举知之，臣不复重陈。若昔五胡之乱，江右粗安者，盖以群丑并争，莫能相一；故吾江表，得以伦旦夕之安，及苻坚既灭慕容，旋起吞晋之谋；元魏已并诸胡，遂萌饮江之志。今新虏鸱张，尽有河朔，而杨、刘群盗，又往往服从。臣恐与五胡角立之势悬殊，未可为江右苟安之计。或又以为安边置所储偫日丰，以此饵敌，何患不济？臣窃谓不然。夫金缯遗虏，虽后世偃兵息民之权宜，然用之于国势盛强之时，则足以示恩，而不至于召侮，景德之事是也；用之于国势委靡之时，则适以召侮，而不足示恩，宣和之事是也。倘不思自强其国，而倚赂遗以幸一日之安，臣知其非策矣。今国幅员万里，贡赋云集，带甲百万，江汉为池，而中外有司忠诚愤激者少，委靡颓堕者多，一闻赤白囊至，则相顾失色，不知所为。国家平时，不爱名器爵禄，以宠士大夫；一旦有急，未见有毅然以戮力王室自任者。此臣之所以大惧也。（江标批：①勘破丑虏情事。②宋世不振，全为此辈误事。）

校勘记

〔一〕皆值其邑之贤才有护："值"应作"择"，据《汉书》卷四十九。

〔二〕灭覆匈奴，得蒙全活之恩：应作"匈奴得蒙全活之恩"，据《汉书》卷九十四下。

〔三〕困则卑顿："顿"应作"顺"，据《汉书》卷九十四下。

〔四〕亦谓诸属降国：应作"亦为诸属国降民"，据《汉书》卷九十四下。

〔五〕皆非以土垣也："皆非"应作"非皆"，据《汉书》卷九十四下。

〔六〕而因其衰敝："敝"应作"弊"，据《晋书》卷五十六。

卷八

军　政

祭公谏伐犬戎

夫先王之制，邦内甸服，邦外侯服，侯卫宾服，蛮夷要服，戎翟荒服。甸服者祭，侯服者祀，宾服者享，要服者贡，荒服者王。日祭、月祀、时享、岁贡、终王、先王之训也。有不祭则修意，有不祀则修言，有不享则修文，有不贡则修名，有不王则修德。序成而有不至则修刑，于是乎有刑不祭，伐不祀，征不享，让不贡，告不王；于是乎有刑罚之辟，有攻伐之兵，有征讨之备，有威让之令，有文告之辞。布令陈辞而又不至，则又增修于德，无勤民于远，是以近无不听，远无不服。（江标批：惟修德可以弭兵。）

管子霸言

得天下之众者王，得其半者霸。夫先王取天下也，术。术乎大德哉，物利之谓也。夫权者，神圣之所资也；独明者，天下之利器也；独断者，微密之营垒也。此三者，圣人之所则也。圣人畏微，而愚人畏明。圣人之憎恶也内，愚人之憎恶也外。圣人将动必知，愚人至危易辞。圣人能辅时，不能违时。知者善谋，不如当时，精时者日少，而功多。夫谋无主则困，事无备则废。是以圣王务具其备而慎守其时，以备待时，以时兴事，时至而举兵，绝坚而攻国，破大而制地，大本而小标，埊近而攻远。故观国者观君，观军者观将，观备者观野。其君如明而非明也，其将如贤而非贤也，其人如耕者而非耕也，三守既失，国非其国也。地大而不为，命曰土满；人众而不理，命曰人满；兵威而不止，命曰武满。三满而不止，国非其国也。夫无土而欲富者忧，无德而欲王者危，施薄而求厚者孤。夫上狭而下苴，国小而都大者弑。（江标批：绝坚谓兵超绝而又坚利。埊，古地字。苴，苞也，上既狭，故为下苞。）

晁错论兵事书

臣闻用兵，临战合刃之急者三：一曰得地形，二曰卒服习，三曰器用利。兵法曰：丈二之沟，渐车之水，山林积石，经川丘阜，草木所在，此步兵之地也，车骑二不当一。土山丘陵，曼衍相属，平原广野，此车骑之地也，步兵十不当一。平陵相远，川谷居间，仰高临下，此弓弩之地也，短兵百不当一。两陈相近，平地浅草，可前可后，此长戟之地也，剑楯三不当一。萑苇竹箫，草水蒙茏，枝叶茂接，此矛铤之地也，长戟二不当一。曲道相伏，险厄相薄，此剑楯之地也，弓弩三不当一。士不选练，卒不服习，起居不精，动静不集，趋利弗及，避难不毕，前击后解，与金鼓之音相失，此不习勤卒之过也，百不当十。兵不完利，与空手同；甲不坚密，与袒裼同；弩不可以及远，与短兵同；射不能中，与亡矢同；中不能入，与亡镞同：此将不省兵之祸也，五不当一。故兵法曰：器械不利，以其卒予敌也；卒不可用，以其将予敌也；将不知兵，以其主予敌也；君不择将，以其国予敌也。此四者，兵之至要也。又闻小大异形，强弱异势，险易异备。夫卑身以事强，小国之形也。今匈奴地形技艺与中国异，上下山阪，出入溪涧，中国之马弗与也；险道倾仄，且驰且射，中国之骑弗与也；风雨罢劳，饥渴不困，中国之人弗与也；此匈奴之长技也。若夫平原易地，轻车突骑，则匈奴之众易挠乱也；劲弩长戟，射疏及远，则匈奴之弓弗能格也；坚甲利刃，长短相杂，游弩往来，什伍俱前，则匈奴之兵弗能当也；材官驺发，矢道同的，则匈奴之革笥木薦弗能支也；下马地斗，剑戟相接，去就相薄，则匈奴之足弗能给也：此中国之长技也。匈奴之长技三，中国之长技五。陛下又兴数十万人众，以诛数万之匈奴，众寡之计，以一击十之术也。(江标批：善兵者先料敌，然后用其所长，破其所短，万无不胜之理。虏在目中矣。)

陆贽议备虏

关东之地，百物殷阜；从军之徒，尤被优养，惯于温饱，狎于欢康。闻绝塞荒陬之苦，则辛酸动容；聆强蕃劲虏之名，则慑骇夺气。而乃使之去亲戚[一]，舍园庐，甘其所辛酸，抗其所慑骇，不亦疏乎！矧又有休代之期，无统帅之驭，资奉若骄子，姑息如倩人，进不邀之以成功，退不加之以严宄。其来也咸负德色，其止也莫有固心。平居则殚耗资储以奉浮冗之众，临难则投弃城镇以摇远近之心，其弊岂惟无益哉！固亦将有所挠也。复有拥旄之帅，身不临边，但分偏师，俾守疆埸。大抵军中壮统〔二〕，元戎例选自随，委其疲羸，乃配诸镇。节将既居内地，精兵只备纪纲，遂今守要御冲，恒在寡弱之卒。寇戎每至，力势不支〔三〕，入垒者才足闭关，在野者悉遭拘执〔四〕，恣其芟蹂，尽其搜驱〔五〕。比及都府闻知，虏已克获旋返。且安边之本，所切在兵，理兵若斯，可谓措置乖方矣。夫赏以存劝，罚以示惩，劝以懋有庸，惩以威不恪。故赏罚之于驭众也，犹绳墨之于曲直。驭众而不用赏罚，则善恶相混而能否莫殊；用之而不当功过，则奸妄宠荣而忠实摈抑。夫如是，聪明可眩，律度无章，则用与不用，其弊一也。罪以隐忍而不彰，功以嫌疑而不赏，故使忘身效节者，获诮于等夷；率众先登者，取怨于士卒；偾军蹙国者，不怀于愧畏；缓救失期者，自以为智能。此义士所以痛心，勇夫所以解体也。驭将若斯，可谓课责亏度矣。（江标批：①养兵若此，不惟浪费，抑且丛害，可为寒心。②惰军怠卒，往往如是。）

任　将

陆贽备边疏

陛下忿蕃丑之暴掠，惩边镇之空虚，缮甲益兵，庇人保境，此诚雄武之英志，刷愤耻而扬威声。然而统师无律，制事失权，戍卒不隶于守臣，守臣不总于元帅。至有一城之将，一旅之兵，各降中使监临，皆承别诏委任。分镇亘千里之地，莫相率从；分边列十万之师，不设谋主。夫将贵专谋，军尚气势，训齐由乎纪律，制胜在于枢机。是以兵法有分阃之词，有进退如一之命，故能动作协变通，出则同力，居则同心，然后可以捍寇仇、护氓庶、蕃畜牧、辟田畴。天子惟务择人而任之，则高枕无忧矣。吐蕃之比予中国，众寡不敌，然而彼攻有馀，我守不足。盖彼之号令由将，而我之节制在朝；彼之兵众合并，而我之部伍分离。夫部伍分离，则纪律不一，而气势不全；节制在朝，则谋议多端，而机权多失。臣故曰措置乖当，此之谓乎！（江标批：任将不专，最误军事。胜败之际，将亦可诿，安有成功？）

苏轼倡勇敢策

战以勇为主，以气为决。天子无皆勇之将，而将军无皆勇之士。是故致勇有术，勇莫先乎倡，倡莫善乎私。此二者，兵之微权。英雄豪杰之士所以阴用而不言于人，而人亦莫之识也。臣请得以备言之：夫倡者何也？气之先也。有人人之勇怯，有三军之勇怯。人人而较之，则勇怯之相去，若莛与楹。至于三军之勇怯，则一也。出于反覆之间，而差于毫厘之际，故其权在将与君。人固有暴猛兽而不操兵，出入于白刃之中而色不变者；有见虺蜴而却走，闻钟鼓之声而战栗者，是勇怯之不齐，至于如此。然闾阎之小民，争斗戏笑，卒然之间，而或至于杀人。当其发也，其心翻然，其色勃然，若不可以已者，虽天下之勇夫，无以过之。及其退而思其身，顾其妻子，未始不恻然悔也，此非必勇者也。气之所乘，则夺其性而忘其故。故古之善用兵者，用其翻然勃然于未悔之间。而其不善者，沮其翻然勃然之心，而开其自悔之意，则是不战而先自败也。故曰致勇有术。致勇莫先乎倡，均是人也，皆食其食，皆任其事。天下有急，而有一人焉，奋而争先，而致其死，则翻然者众矣。弓矢相及，剑楯相搏，胜负之势，未有所决，而三军之士，属目于一夫之先登，则勃然者相继矣。

天下之大，可以名劫也；三军之众，可以气使也。谚曰："一人善射，百夫决拾。"苟有以发之，及其翻然勃然之间而用其锋，是之谓倡。倡莫先乎私。天下之人，怯者居其百，勇者居其一，是勇者难得也。捐其妻子，弃其身以蹈白刃，是勇者难能也。以难得之人行难能之事，此必有难报之恩者矣。天子必有所私之将，将军必有所私之士，视其勇者而阴厚之。人之有异材者，虽未有功，而其心莫不自异。自异而上不异之，则缓急不可以望其为倡。故凡缓急而肯为倡者，必其上之所异也。私者，天下之所恶也，然而为己而私之，则私不可用；为其贤于人而私之，则非私无以济。盖有无功而可赏，有罪而可赦者，凡所以愧其心而责其为倡也。天下之祸，莫大于上作而下不应。上作而下不应，则上亦将穷而自止。方西戎之叛也，天子非不欲赫然诛之，而将帅之臣，谨守封略，外视内顾，莫有一人先奋而致命；而士亦循循焉，莫肯尽力，不得已而出，争先而归。故西戎得以肆其猖狂，而吾无以应，则其势不得不重赂而求和，其患起于天子无同忧患之臣，而将军无心腹之士。西师之休十有馀年矣，用法益密，而进人益艰，贤者不见异，勇者不见私，天下务为奉法循令，要以如式而止，臣不知其缓急将谁为之倡乎？（江标批：①此段致勇有术。②归到本旨。）

战　守

陆贽议备虏

戎狄为患，自古有之，其于制御之方，得失之理〔六〕，备存史册〔七〕，可得而言。大抵尊即叙者，则曰非德无以备要荒，曾莫知威不立，则德不能驯也。乐武威者，则曰非兵无以服凶犷，曾莫知德不修则兵不可恃也。务和亲者，则曰要结可以睦邻好，曾莫知我结之而彼复解之也。美长城者，则曰设险可以固邦国而扞寇仇，曾莫知力不足而人不堪〔八〕，则险之不能恃，城之不能有也〔九〕。尚薄伐者，则曰驱遏可以禁侵暴而省征徭，曾莫知兵不锐，垒不完，则遏之不能胜，驱之不能去也。夫中夏有盛衰，夷狄有强弱，事机有利害，措置有安危，故无必定之规，亦无长胜之法。向若遇孔炽之势，行即叙之方，则见侮而不从矣；乘可取之资，怀畏避之志，则失机而养寇矣；有攘却之力，用和亲之谋，则示弱而劳费矣；当降屈之时，务剪之略，则召祸而危殆矣。○夫制敌行师必量事势，力大而敌脆，则先其所难，是谓夺人之心，暂劳而永免者也；力寡而敌坚，则先其所易，是谓固国之本，观衅而后动者也。顷属多故，人劳未瘳，而欲发师徒，深践寇境，复其侵地，攻其坚城。前有胜负未必之虞，后有馈运不继之患。倘或挠败，适所以启戎心而挫国威，以此为安边之谋，可谓不量事势而务于所难矣！天之授者，有分事，无全功；地之产者，有物宜，无兼利。以水草为邑居，以射猎供饮茹，多马而尤便驰突，轻生而不耻败亡，此戎狄之所长也。戎狄之所长，乃中国之所短；而欲益兵搜乘，角力争驱，交锋原野之间，决命寻常之内，以此为御寇之术，可谓勉所短而校其所长矣！若乃择将吏以抚宁众庶，修纪律以训齐师徒，禁侵掠之暴以彰吾信〔十〕，抑攻取之议以安戎心，彼求和则善待而勿与结盟，彼为寇则严备而不务报复，此当今之所易也。贱力而贵智，恶杀而好生，轻利而重人，忍小以全大，安其居而后动，俟其时而后行。是以修封疆，守要害，堑蹊隧，垒军营，谨禁防，明斥候，务农以足食，练卒以蓄威，非万全不谋，非百克不斗。寇小至则张声势以遏其人，寇大至则谋其大以邀其归〔十一〕，据险以乘之，多方以误之。使其勇无所加，众无所用，进有腹背受敌之虞，退有首尾难救之患。所谓乘其弊不战而屈人之兵，此中国之所长也。我之所长，乃戎狄之所短；我之所易，乃戎狄之所难。舍此不务，而反为所乘，斯谓倒戈矛〔十二〕以镈授寇者也！（江标批：灼知情势，语语中窍。）

苏洵审敌

北胡骄恣，为日久矣，岁邀金缯以数十万计。曩者幸吾有西羌之变，出不逊之语，以撼中国。天子不忍使边民重困于锋镝，是以虏日益骄而贿日益增。迨今凡数十百万，而犹慊然不满其欲，视中国如外府。然则其势又何止数十百万也。夫贿益多，则赋敛不得不重。赋敛重则民不得不残，故虽名为息民，而其实爱其死而残其生也；名为外忧，而其实忧在内也。外忧之不去，圣人犹且耻之，内忧而不为之计，愚不知天下之所以久安而无变也。○匈奴之计不过三：一曰声，二曰形，三曰实。匈奴谓中国怯久矣，以为吾终不敢与之抗，且其心常欲固前好而得厚赂，以养其力。今也据绝之，彼必曰战而胜，不如坐而得赂之为利也。华人怯，吾可以先声胁之，彼将复赂，我于是宣言于远近，我将以某日围某所，以某日攻某所，如此谓之声。命边郡休士卒，偃旗鼓，寂然若不闻其声。声既不能动，则彼之计将出于形，除道剪棘，多为疑兵，以临吾城，如此谓之形。深沟固垒，清野以待，寂然若不见其形。形又不能动，则技止此矣。将遂练兵秣马，以出于实，实而与之战，破之易耳。彼之计必先出于声与形，而后出于实者。出于声与形者，期我惧而以重赂请和也。出于实不得已而与我战，以幸一时之胜也。（江标批：贿虏偷安，适以残民，伤吾国本，是虏未残我，而我先自残也。丑虏诡计，具在目中。）

欧阳修论西贼议和利害状

方今不羞屈志急欲就和者,其人有五:一曰不忠于陛下者欲急和,二曰无识之人欲急和,三曰奸邪之人欲急和,四曰疲兵懦将欲急和,五曰陕西之民欲急和。自用兵以来,居庙堂者劳于干运;在边鄙者劳于戎事。若有避此勤劳,苟欲陛下屈节就和而自偷,目下安逸,他时后患,任陛下独当。此臣所谓不忠之臣,欲急和者也。和而偷安,利在目下,和后大患,伏而未发,此臣所谓无识之人,欲急和者也。自兵兴以来,陛下忧勤庶政,今小人但欲苟和之后,宽陛下以太平无事,而望圣心怠于庶政,因欲进其邪佞,惑乱聪明,大抵古今人主忧勤,小人所不愿也,此臣所谓奸邪之人欲急和也。屡败之军,不知得人则胜,但谓贼来常败,此臣所谓懦将疲兵,欲急和也。此四者,皆不足听也。惟西民困乏,意必望和,请因宣抚使告以朝廷非不欲和,而贼未逊顺之意,然后深戒有司,宽其力役可也。(江标批:忠于谋国者不图苟安,而误主利身者往往以此败国,若秦桧是也。)

苏轼教战守策

夫当今生民之患,果安在哉?在于知安而不知危,能逸而不能劳。此其患不见于今,而将见于他日。今不为之计,其后将有所不可救者。昔者先王知兵之不可去也,是故天下虽平,不敢忘战。秋冬之隙,致民田猎以讲武,教之以进退坐作之方,使其耳目习于钟鼓旌旗之间而不乱,使其心志安于斩刈杀伐之际而不慑。是以虽有盗贼之变,而民不至于惊溃。○盖尝试论之:天下之势,譬如一身。王公贵人所以养其身者,岂不至哉?而其平居常苦于多疾。至于农夫小民,终岁勤苦而未尝告病,此其故何也?夫风雨霜露寒暑之变,此疾之所由生也。农夫小民,盛夏力作,而穷冬暴露,其筋骸之所冲犯,肌肤之所浸渍,轻霜露而狎风雨[十三],是故寒暑不能为之毒。今王公贵人处于重屋之下，出则乘舆，风则袭裘，雨则御盖，凡所以虑患之具，莫不备至；畏之太甚而养之太过，小不如意则寒暑入之矣。是故善养身者，使之能逸而能劳，步趋动作，使其四体狃于寒暑之变，然后可以刚健强力，涉险而不伤。夫民亦然。今者平治之日久，天下之人骄惰脆弱，如妇人孺子，不出于闺门。论战斗之事，则缩颈而股粟〔十四〕，闻盗贼之名，则掩耳而不愿听。而士大夫亦未尝言兵，以为生事扰民，渐不可长，此不亦畏之太甚而养之太过欤？且夫天下固有意外之患也。愚者见四方之无事，则以为变故无自而有，此亦不然矣。今国家所以奉西、北之虏者，岁以百万计。奉之者有限，而求之者无厌，此其势必至于战。战者，必然之势也，不先于我，则先于彼，不出于西，则出于北；所不可知者，有迟速远近，而要以不能免也。天下苟不免于用兵，而用之不以渐，使民于安乐无事之中，一旦出身而陷死地，则其为患必有所不测。故曰：天下之民，知安而不知危，能逸而不能劳，此臣所谓大患也。（江标批：三喻极切病源。）

苏辙民政策九

夫邻国之患，唯其相忌。而相伺则不敢相易，是以其虑详密而难图。今天国之不竞亦已久矣，彼其相视以为无能为者非一日也，然犹未肯释然而无疑。夫惟释然而无疑，而后其国可取。今吾犹有所龃龉于其间，彼以吾为犹有不服之心，是以君臣相视而未敢懈。盖古之英雄能忍一朝之耻，而全百世之利。臣以为当今之计，礼之当加，恭待之当加，厚使者之往，无求以言胜之，而其使之来者，亦无求以言犯之。凡皆务以无逆其心，而阴惰其志，使之深乐于吾之贿赂，而意不在我。而吾亦自治于内，搜兵拣马，择其精锐，而损其数，以外见至弱之形，而内收至强之实，作内政以寓军令。凡皆务以自损吾强大之势，而见吾衰弱之状，使之安然无所顾忌，而益以怠傲。不过数年，彼日以无备，而吾日以充实；彼犹将以吾为不足与也，而有无厌之求。彼怠而我奋，彼骄而我怒，及此而与之战，此所谓败事之胜，而弱中之强者也。嗟夫！方今之事，其势亦有二而已矣：能奋一朝之劳，而尽力以攻之，则其后可以大安，而其始也不免有岁月之勤；能忍一朝之辱，而自损以骄之，则其可以骤胜，而其始也不免有岁月之耻。此二策者，皆足以谋人之国、败人之兵而有胜矣。而臣窃谓今世之所安者，必其予之而骄之者也。嗟夫！知能攻之，则以洗天下之大惭；不能攻之，则骄之而图其后。未有不能攻之，又不能骄之，而拱手以望其成功者。(江标批：内既有畏战之实，而外又不能泯好战之名，徒取忌耳。)

李纲中兴十议

臣闻二帝三王皆有战绩，夫岂不欲坐致治安哉？势有所不能也。本朝艺祖、太宗，削平僭乱，混一区宇，用兵不过十万人，而天下承平垂二百年。夷狄宾服，外患不兴，豪俊销亡。内难不作，治既极矣，兵亦随废。至于近年有养兵之费，无训兵之法；有蓄兵之名，无用兵之实。军政大坏，故金人因之得以凌侮中国，而致靖康之祸也。夫秦、晋、齐、魏、韩、赵皆天下劲兵之地，古之为国者，得其一则足以战胜而霸诸候。今国家兼有之，而每与金人战，望风辄溃不能取胜，则积威约之渐也。昔周用乡遂之兵而无不胜，汉用羽林孤儿、七郡良家子而制服四夷，唐用府卫之兵而威振天下！然则有天下国家者，强兵战胜之术，概可睹矣。为今之计，莫若法乡遂、府卫之制，而寓兵于农；法羽林孤儿、七郡良家子，而参以募兵。改法更令，信赏必罚，以壮国威，以养士气，使之有勇而知方，然后兵乃可用也。昔勾践有会稽之耻，欲用其民，而五年休养，五年训练，卒以报吴。今天下之广，生齿之庶，休养训练，当以三年为期，则战可以得志矣。（江标批：①朱家弱势，病根在此。②大激法处。）

李纲中兴十议

臣窃以和战守者一理也。虽有高城深池，弗能守也，则何以战？虽有坚甲利兵，弗能战也，则何以和？以守则固，以战则胜，然后其和可保。陛下父兄况于虏庭，议者必以为非和，则将速二圣之患，而亏孝友之德。臣窃谓为天下者不顾其亲，顾其亲而忘天下之大计者，此匹夫之孝友也。昔汉高祖与项羽战于荥阳、成皋间，太公为羽军所得，其危屡矣，高祖不顾，其战弥厉，羽不敢害，而卒归太公。然则不顾而战者，乃所以归太公之术也。晋惠公为秦虏，吕郤谋立子圉以靖国人，秦不敢害，而卒归惠公，然则不恤敌国而自治者，乃所以归惠公之术也。今二圣之在虏庭，莫知安否之审，固臣子之所不忍言。无吾不能逆折其意，又将堕其计中，以和议为信然，彼必曰割某地以遗我，得金币若干则可。不然，二圣之祸且将不测。不予之，是陛下之忘父兄也；予之，则所求无厌。虽日割天下之山河，竭取天下之财用，山河财用有尽，而金人之欲无穷，少有衅端，前所予者，其功尽废，遂当拱手听命，必尽以天下畀之敌而后已。为今之计，莫若一切罢和议，专务自守之策，而战姑俟于可为之时。何哉？彼既背盟而劫质，地不可复予；惟以二圣在其国中，不忍加兵，俟其入寇，则多方以御之，所破城邑，徐议收复。治城壁，修器械，教水军，习车战，凡捍御之术，种种具备。使进无抄掠之得，退有邀击之患，则虽时有出没，必不敢深入而凭陵。三数年间，生养休息，军政益修，士气渐振，将帅得人，车甲备具，然可议大举〔十五〕，振天声以讨之，以报不共戴天之仇，以雪振古所无之耻。而彼亦将悔祸率从，銮舆有可还之理矣。(江标批:见得是。)

校勘记

〔一〕而乃使之去亲戚:“戚”应作“族”,据《旧唐书》卷一三九。

〔二〕大抵军中壮统:“统”应作“锐”,据《旧唐书》卷一三九。

〔三〕力势不支:“力”应作“乃”,据《旧唐书》卷一三九。

〔四〕在野者悉遭拘执:“拘”应作“劫”,据《旧唐书》卷一三九。

〔五〕恣其芟躁,尽其搜驱:“躁”应作“蹂”,据《旧唐书》卷一三九。

〔六〕得失之理:“理”应作“论”,据《旧唐书》卷一三九。

〔七〕备存史册:“册”应作“籍”,据《旧唐书》卷一三九。

〔八〕而人不堪:“人”应作“兵”,据《旧唐书》卷一三九。

〔九〕则险之不能恃,城之不能有也:应作“则险之不能有也”,据《旧唐书》卷一三〇。

〔十〕禁侵掠之暴以彰吾信:“掠”应作“抄”,据《旧唐书》卷一三九。

〔十一〕寇大至则谋其大以邀其归:“大”应作“人”,据《旧唐书》卷一三〇。

〔十二〕斯谓倒戈矛:“倒戈矛”应作“倒持戈矛”,据《旧唐书》卷一三九。

〔十三〕轻霜露而狎风南:“南”应作“雨”,据王水照选注《苏轼选集》第三三八页。

〔十四〕则缩颈而股粟:“粟”应作“栗”,据王水照选注《苏轼选集》第三三八页。

〔十五〕然可议大举:应作“然后可议举”,据《梁谿全集》卷五十九。

卷九

屯　田

赵充国上屯田奏一

臣闻兵者，所以明德除害也，故举得于外，则福生于内，不可不慎。臣所将吏士马牛食，月用粮谷十九万九千六百三十斛，盐千六百九十三斛，茭藁二十五万二百九十六石，难久不解，繇役不息。又恐他夷卒有不虞之变，相因并起，为明主忧，诚非素定庙算之策〔一〕。且羌虏易以计破，难用兵碎也。故臣愚以为击之不便。计度临羌，东至浩亹，羌虏故田及公田，民所未垦，可二千倾以上〔二〕，其间邮亭多坏败者。臣前部士入山，伐材木大小六万馀枚，皆在水次。愿罢骑兵，留弛刑应募，及淮阳、汝南步兵与吏士私从者，合凡万二百八十一人，用谷月二万七千三百六十三斛，盐三百八斛，分屯要害处。冰解漕下，缮乡亭，浚沟渠，治隍陿以西道桥七十所，令可至鲜水左右。田事出，赋人二十亩。至四月草生，发郡骑及属国胡骑伉健各千，倅马什二，就草，为田者游兵。以充入金城郡，益积畜，省大费。今大司农所转谷至者，足支万人一岁食。谨上田处及器用簿，唯陛下裁许。（江标批：且耕且守，深得古寓兵于农之遗意，须看他斟酌利害处，乃见其用心否?）

校勘记

〔一〕诚非素定庙算之策："算"应作"胜"，"策"应作"册"，据《汉书》卷六十九。

〔二〕可二千倾以上："倾"应作"顷"，据《汉书》卷六十九。

卷十

后　妃

张华女史箴

茫茫造化，二仪既分。散气流形，既陶既甄。在帝庖羲，肇经天人。爰始天妇，以及君臣。家道以正，王猷有伦。妇德尚柔，含章贞吉。婉嫕淑慎，正位居室。施衿结褵，虔恭中馈。肃慎尔仪，式瞻清懿。樊姬感庄，不食鲜禽。卫女矫桓，耳忘和音。志厉义高，而二王易心。玄熊攀槛，冯媛趋进。夫岂无畏，知死不吝。班姬有辞，割欢同辇。夫岂不怀，防微虑远。道罔隆而不杀，物无盛而不衰。日中则昃，月满则微。崇犹尘积，替若骇机。人咸知饰其容，而莫知饰其性。性之不饰，或愆礼正。斧之藻之，克念作圣。出其言善，千里应之。苟违斯义，则同衾以疑。夫出言如微，而劳辱由兹。勿谓幽昧，灵鉴无象；勿谓玄漠，神听无响。无矜尔荣，天道恶盈；无恃尔贵，隆隆者坠。鉴于小星，戒彼攸遂。比心螽斯，则繁尔类。欢不可以黩，宠不可以专；专实生慢，爱极则迁；致盈必损，理有固然。美者自美，翩以取尤。冶容取好，君子所仇。结恩而绝，职此之由。故曰：翼翼矜矜，福所以兴。靖恭自思，荣显所期。女史司箴，敢告庶姬！（江标批：皇妃之家，席荣恃宠，不顾其后，此箴宜日夕佩服。）

朋　党

欧阳修朋党论

大凡君子与君子以同道为朋，小人与小人以同利为朋，此自然之理也。然臣谓小人无朋，唯君子则有之，其故何哉？小人所好者利禄也，所贪者货财也，当其同利之时，暂相党引以为朋者，伪也；及其见利则争先，或利尽则交疏，甚者反相贼害，虽其兄弟亲戚不能相保。故臣谓小人无朋，其暂为朋者，伪也。君子则不然，所守者道义，所行者忠信，所惜者名节。以之修身，则同道而相益；以之事国，则同心而共济，始终如一。此君子之朋也。故为人君者，但当退小人之伪朋，用君子之朋，则天下治矣。（江标批：酷尽小人形状。）

抑　奸

苏轼大臣论下

天下之权在于小人，君子之欲击之也，不亡其身则亡其君。然则是小人者，终不可去乎？闻之曰：迫人者，其智浅；迫于人者，其智深。非才有不同，所居之势然也。古之为兵者，围师勿遏，穷寇勿追，诚恐其知死而致力，则虽有众无所用之。故曰：同舟而遇风，则吴越可使相救如左右手。小人之心，自知其负天下之怨，而君子之莫吾赦也，则将日夜为计，以备一旦卒然不可测之患。今君子又从而疾恶之，是以其谋不得不深，其交不得不合。交合而谋深，则其致毒也忿戾而不可解。故凡天下之患，起于小人而成于君子之速之也。小人在内，君子在外；君子为客，小人为主。主未发而客先焉，则小人之词直，而君子之势近于不顺。直则可以欺众，而不顺则难以令其下。故昔之举事者，常以中道而众散，以至于败，则其理岂不甚明哉！若夫知者则不然，内以自固其君子之交，而厚集其势；外以阳浮而不逆于小人之意，以待其间。宽之使不吾疾，狃之使不吾虑，啖之以利，以昏其智，顺适其意，以杀其怒。然后待其发而乘其隙，推其坠而挽其绝，故其用力也约，而无后患。莫为之先，故君子不怒而势不逼，如此者成功而天下安之。今夫小人急之则合，宽之则散，是从古以然也。见利不能不争，见患不能不避，无信不能不相诈，无礼不能不相渎，是故其交易间，其党易破也。而君子不务宽之以待其变，而急之以合其交，亦已过矣。君子、小人，杂居而未决，为君子之计者，莫若深交而无为。苟不能深交而无为，则小人倒持其柄而乘吾隙。昔汉高之亡，以天下属平、勃。及高后临朝，擅王诸吕，废黜刘氏。平日纵酒无一言，及用陆贾计，以千金交欢绛侯，卒以此诛诸吕，定刘氏。使此二人者而不相能，则是将相相攻之不暇，而何暇及于刘、吕之存亡哉！故其说曰：将相和调，则士豫附。士豫附，则天下虽有变而权不分。呜呼！知此其可以为大臣矣。(江标批：君子去奸，妙用尽在此篇。)

卷十一

货　赂

陆贽论止贿赂

朝廷之制，四方之所监临也。而宰司公受其贿，是亦无耻而不恕者与！孔子曰：大臣不可不敬也，是人之表也；迩臣不可不慎也，是人之道也。表倾则影曲，道僻则行邪。若大臣、迩臣，可以受财，则庶长、寀寮孰为不可？夫货贿上行，则赏罚之柄失；贪求下布，则廉耻之道衰。作法于凉，其弊犹贪；作法于贪，其弊斯乱。贿道一开，展转滋甚。鞭靴不已，必及衣裘；衣裘不已，必及币帛；币帛不已，必及车舆；车舆不已，必及金璧。日见可欲，何能自窒？于心已与交私，固难中绝其意，是以涓流不止，谿壑成灾；毫末既差，丘山聚衅。夫天下，公器也；王网，大权也。执大权者，不任其小数；守公器者，不狥于私情。任小数而御大权，则忿戾之祸起；徇私情而持公器，则奸乱之衅生。故《春秋传》曰："在上位者，洒濯其心以待之，而后可以理人。"言私曲之不可以莅众庶也。又曰："国家之败，由官邪也；官之失德，宠赂彰也。君人者将昭德塞违以临照百官，百官于是乎戒惧而不敢易纪律。"言贿利之不可以化百官也。又曰："长国家者，非无贿之患，无令名之难。诸侯之贿聚于公室，则诸侯贰。"言贪欲之不可以怀诸侯也。故《礼记》曰："天子微，诸侯僭，于是相觌以货，相赂以利，而天下之礼乱矣。"是知伤风害礼莫甚于私，暴物残人莫大于赂。利于绝私去贿者莫先于君主，务于爱人助礼者莫切于辅臣。然则君主辅臣之间，固不可语及于私贿矣，况又躬行乎？（江标批：朝廷之上，货赂公行，廉耻道丧，百官而象之，贪风大布、风化凌夷，谁为砥柱？）

封　建

陆机五等诸侯论

先王知帝业至重[一]，天下至旷[二]。旷不可以偏制[三]，重不可以独任；任重必于借力，制旷终乎因人[四]。故设官分职，所以轻其任也；并建五长，所以宏其制也。于是立其封疆之典，裁其亲疏之宜，使万国相维，以成磐石之固；宗庶杂居，而定维城之业。又有以见绥世之长御，识人情之大方，知其为人不如厚己，利物不如图身；安上在乎悦下，为己在乎利人。故《易》曰："说以使民，民忘其劳"[五]。孙卿曰："不利而利之，不如利而后利之利也。"是以分天下以厚乐，而已得与之同忧[六]；飨天下以丰利，而我得与之共害[七]。利博则恩笃，乐远则忧深，故诸侯享食土之实，万国受世及之祚矣[八]。（江标批：封建非徒□□利人，以网维天下也。

先王建万国亲诸侯，天下于无间，故天下者，封建宜先焉。）

士才守

苏轼留侯论

古之所谓豪杰之士，必有过人之节。人情有所不能忍者，匹夫见辱，拔剑而起，挺身而斗，此不足为勇也。天下有大勇者，卒然临之而不惊，无故加之而不怒。此其所以挟持者甚大，而其志甚远也。夫子房受书于圯上之老人也，其事甚怪；然亦安知其非秦之世有隐君子者出而试之？观其所以微见其意者，皆圣贤相与警戒之义，而世不察，以为鬼物，亦已过矣。且其意不在书，当韩之亡，秦之方盛也，以刀锯鼎镬待天下之士，其平居无事夷灭者，不可胜数，虽有贲、育，无所获施。夫持法太急者，其锋不可犯，而其势未可乘。子房不忍忿忿之心，以匹夫之力，而逞于一击之间。当此之时，子房之不死者，其间不能容发，盖亦危矣。（江标批：此叙留侯不能忍处。）千金之子，不死于盗贼。何者？其身可爱，而盗贼之不足以死也。子房以盖世之才，不为伊尹、太公之谋，而特出于荆轲、聂政之计，以侥幸于不死，此圯上老人所为深惜者也。是故倨傲鲜腆而深折之，彼其能有所忍也，然后可以就大事，故曰："孺子可教也。"〇且夫有报人之志，而不能下人者，是匹夫之刚也。夫老人者，以为子房才有馀而忧其度量之不足，故深折其少年刚锐之气，使之忍小忿而就大谋。何则？非有平生之素，卒然相遇于草野之间，而命以仆妾之役，油然而不怪者，此固秦皇之所不能惊，而项籍之所不能怒也。观夫高祖之所以胜，项籍之所以败者，在能忍与不能忍之间而已矣。项籍唯不能忍，是以百战百胜，而轻用其锋；高祖忍之，养其全锋而待其弊，此子房教之也。当淮阴破齐而欲自王，高祖发怒，见于词色，由是观之，犹有刚强不能忍之气，非子房其谁全之？太史公疑子房以为魁梧奇伟，而其状貌乃如妇人女子，不称其志气，噫，此其所以为子房欤！

苏轼伊尹论

办天下之大事者，有天下之大节者也。立天下之大节者，挟天下者也。夫以天下之大而不足以动其心，则天下之大节有不足立，而大事有不足办者矣。今夫匹夫匹妇，亦知廉洁忠信之为美也，使其果廉洁而忠信，则其智虑未始不如王公大人之能也。唯其所争者止于箪食豆羹，而箪食豆羹足以动其心，则宜其智虑之不出乎此也。箪食豆羹非其道不取，则一乡之人，莫敢以不正犯之矣。一乡之人，莫敢以不正犯之，而不能办一乡之事者，未之有也。推此而上，其不取者愈大，则其所办者愈远矣。（江标批：一篇眼目主意在“大节”二字。议论高、气魄亦高，可想见当你阿衡事业！）

纪纲风俗

朱熹辞崇政殿说书封事

至于振肃纪网，变化风俗，则臣前所谓勤于立政。而善政卒不得立者，但以一念之间未能去其私邪之蔽。是以朝廷之上，忠邪杂进，刑赏不分；士夫之间，志趣卑污，廉耻废坏，顾以为事理之当然，而不思有以振励矫革之也。盖明于内然后有以齐乎外，无诸已而后可以非诸人。今宫省之间，禁密之地，而天下不公之道，不正之人，顾乃得以窟穴盘据于其间，而陛下目见耳闻，无非不公不正之事，则其所以薰蒸销铄，使陛下好善之心不著，疾恶之意不深，其害已有不可胜言者矣。及其作奸犯法，则陛下又未能深割私爱，而付外廷之议，论以有司之法，是以纪纲不能无所挠败。而所以施诸外者，亦因是以扰吏民。御史有言亦无行，遣而或反得超迁。御史言及畿漕，则名补卿列而实夺之权，其所言者则虽量加绌削,而继以进用。从班之中贤否尤杂,至有终岁缄默,不闻一言以裨圣听者,顾亦随群逐队,排儹升补。其桀黠者乃敢造飞语,立横议,如臣前所陈者,而宰相畏其凶焰反挠公议。而从之台谏,亦不敢以闻于陛下而请其罪。陛下视此纪网为何?如可不反求诸身而亟有以振肃之耶?网纪不振于上,是以风俗颓败于下,盖其为患之日久矣。(江标批:纪纲风俗,皆由上人坏之,推求其始,深中病源,二句连下,千钧之力。)而浙中为尤甚。大率习为软美之态依阿之言,而以不分是非不辨曲直为得计。下之事上,固不敢少忤其意,上之御下,亦不敢少咈其情。惟其私意之所向,则千涂万辙,经营计较,必得而后已。甚者以金珠为脯醢,以符券为诗文,宰相可谄则谄,宰相近习可通则通,近习惟得之求,无复廉耻。父诏其子,兄勉其弟,一用此术,而不复知有忠义名节之可贵。其俗已成之后,则虽贤人君子亦不免习于其说,一有刚毅正直守道循理之士出乎其间,则群讥众排,指为道学之人,而加以矫激之罪,上惑圣聪,下鼓流俗。盖自朝廷之上,以及闾里之间,十数年来以此二字禁锢天下之贤人君子,复如崇宣之间,所谓元祐学术者排摈诋辱,必使无所容措其身而后已。呜呼!此岂治世之事,而尚复忍言之哉!又其甚者,乃敢诵言于众,以为陛下尝谓:今日天下幸无变故,虽有仗节死义之士,亦何所用?此言一播,大为识者之忧,而臣有以知其必非陛下之言也。夫仗节死义之士临患难而能外死生,则其在平世必能轻爵禄;临患难而能尽忠节,则其在平世必能不诡随。平日无事之时得而用之,则君心正于上,风俗美于下,足以逆折奸萌,潜销祸本,自然不至真有仗节死义之事。以天宝之乱观之,其将相贵戚近幸之臣,皆已顿颡贼廷,而起兵讨贼卒至于杀身灭族而不悔者,如巡远、杲卿之流,则远方下邑,人主不识其面目之人也。使明皇蚤得巡等而用之，岂不能消患于未萌？巡等蚤见用于明皇，又何至真为仗节死义之举哉！商鉴不远，在夏后之世，此识者所以深忧于或者之言也。陛下视此风俗为何？如可不反求诸身而亟有以变革之耶！

贾谊治安策

今民卖僮者，为之绣衣丝履偏诸缘，内之闲中，是故天子后服〔九〕，所以庙而不宴者也，而庶人得以衣婢妾。白縠之表，薄纨之裹，緁以偏诸，美者黼绣，是古天子之服，今富人大贾嘉会召客者以被墙。古者以奉一帝一后而节适，今庶人屋壁得为帝服，倡优下贱得为后饰，然而天下不屈者，殆未有也。且帝之身自衣皂绨，而富民墙屋被文绣；天子之后以缘其领，庶人孽妾缘其履：此臣所谓舛也。夫百人作之不能衣一人，欲天下亡寒，胡可得也？一人耕之，十人聚而食之，欲天下亡饥，不可得也。饥寒切于民之肌肤，欲其亡为奸邪，不可得也。国已屈矣，盗贼直须时耳，然而献计者曰“毋动为大”耳。夫俗至大不敬也，至亡等也，至冒上也，进计者犹曰“毋为，”可为长太息者此也。（江标批：奢侈是饥寒之本、盗贼之门，故正俗为亟。）

贡禹言风俗书

孝文皇帝时，贵廉洁，贱贪污，贾人、赘婿及吏坐赃者皆禁锢不得为吏，赏善恶〔十〕，不阿亲戚，罪白者伏其诛，疑者以与民，亡赎罪之法，故令行禁止，海内大化，天下断狱四百，与刑错亡异。武帝始临天下，尊贤用士，辟地广境数千里，自见功大威行，遂从欲〔十一〕，用度不足，乃行一切之变，使犯法者赎罪，入谷者补吏，是以天下奢侈，官乱民贫，盗贼并起，亡命者众。（江标批：武帝一生病根。）郡国恐伏其诛，则择便巧史书习于计簿能欺上府者，以为右职；奸轨不胜，则取勇猛能揉切百姓者，以苛暴威服下者，使居大位。故亡义而有财者显于世,欺谩而善书者尊于朝,悖逆而勇猛者贵于官。故俗皆曰:“何以孝弟为?财多而光荣。何以礼义为?史书而仕宦。何以谨慎为?勇猛而临官。”故黥劓而髡钳者犹复攘臂为政于世,行虽犬彘,家富势足,目指气使,是为贤耳。(江标批:古今一弊。)故谓居官而置富者为雄杰,处奸而得利者为壮士,兄劝其弟,父勉其子,俗之坏败,乃至于是!察其所以然者,皆以犯法得赎罪,求士不得真贤,相守崇财利,诛不行之所致也。今欲兴至治,致太平,宜除赎罪之法。相守选举不以实,及有赃者,辄行其诛,亡但免官,则争尽力为善,贵孝弟,贱贾人,进真贤,实廉〔十二〕,而天下治矣。

校勘记

〔一〕先王知帝业至重:“先王”应作“王者”,据《晋书》卷五十四。

〔二〕天下至旷:“旷”应作“广”,据《晋书》卷五十四。

〔三〕旷不可以偏制:“旷”应作“广”,据《晋书》卷五十四。

〔四〕制旷终乎因人:“旷”应作“广”,据《晋书》卷五十四。

〔五〕说以使民,民忘其劳:“使民”应作“使人”,“民忘”应作“人忘”,据《晋书》卷五十四。

〔六〕而已得与之同忧:“而已”应作“则已”,据《晋书》卷五十四。

〔七〕而我得与之共害:“我”应作“已”,据《晋书》卷五十四。

〔八〕万国受世及之祚矣:“受世”应作“传世”,据《晋书》卷五十四。

〔九〕是故天子后服:“故”应作“古”,据上海人民出版社《贾谊集》第一九〇页。

〔十〕赏善恶:应作“赏善罚恶”,据《汉书》卷七十二。

〔十一〕遂从欲:应作“遂从耆欲”,据《汉书》卷七十二。

〔十二〕实廉:应作“举实廉”,据《汉书》卷七十二。

卷十二

杂 纪

张九成状元策对

方当春阳昼敷,行宫别殿,花气纷纷,想陛下念两宫之在北边,尘沙漠漠,不得共此融和也,其何安乎?盛夏之际,风窗水院,凉气凄清,窃想陛下念两宫之在北边,蛮毡毳蔽,不得共此疏畅也,亦何安乎?澄江泻练,夜桂飘香,陛下享此乐时,必曰:西风凄劲,两宫得无忧乎?狐裘温暖,兽炭春红,陛下享此乐时,必曰:朔雪袤丈,两宫得无寒乎?至于陈水陆,饱珍奇,必投箸而起曰:雁粉腥羊,两宫所不便也,食其能下咽乎?居广厦,处深宫,必抚几而叹曰:穹庐区脱,两宫必难处也,居其能安席乎?今闾巷之人皆知有父兄妻子之乐,陛下虽贵为天子,富有四海,以金虏之故,使陛下冬不得温,夏不得清,昏无所于定,晨无所于省,问寝之私,何时可遂乎?在原之急,何时可救乎?日往月来,何时可归乎?每岁时遇物,想惟圣心雷厉,天泪雨流,抚剑长吁,思欲扫清蛮帐,以还二圣之车,此臣心之所以知陛下之心者如此。(江标批:何等痛切。)

王通中说节录

无赦之国,其刑必平;多敛之国,其财必削。○在险而运奇,不若宅平而无为。○其名弥消,其德弥长;其身弥退,其道弥进。○闻谤而怒者,谗之囮也;见誉而喜者,佞之媒也。绝囮去媒，谗佞远矣。(江标批：囮音哦。)

淮南兵略

虎豹不动，不入陷阱。麋鹿不动，不离罝罘。飞鸟不动，不挂网罗。鱼鳖不动，不擜唇喙。物未有不以动而制者也。(江标批：离音丽。)

附　录

江建霞像赞

章太炎

东吴菇芦，乃有江氏。
诵数之贤，一二三四。
虽未知时，主文善刺。
虽未知人，好龙亦至。
今也则亡，永壁永泗。

前四品京堂湖南学政江君传[①]

唐才常

君讳标，字建霞，江苏元和县人。幼丧父，孤贫力学，母华太夫人授以经史大义，过目辄不忘。比长，系心时变，日讨求中外强弱形势，慨然有矫世变俗之志。光绪十五年己丑，成进士，明年授职翰林院编修。是时出使大臣薛福成方

① 本文原载《亚东时报》第18号，署名"云梦残生"；《逸经》第22期也予登载，改题《清前四品堂湖南学政江君传》。录自湖南省哲学社会科学研究所编《唐才常集》。

殷忧世局，虑使才乏绝，不能与各国抗衡樽俎间，既见君，乃大喜，荐于朝。朝议狃于积习，视凡大臣保举人才例，交总署存记，未即用也。

二十年，视学湖南。故事，学臣虽赫奕为钦命官，自循例衡文外，无所为，不足表见当世。君既有所蕴蓄，不得志于时，乃思即一官操鼓舞天下之权。湖南在十八行省中[①]最顽固守旧，视西学如仇雠。君不计利害，毅然以辟道自任。下车之日，以舆地、掌故、算学试士，有能通地球形势及图算物理者，虽制义不工，得置高等。又许即制义言时事，一决数百年拘牵忌讳之藩篱。年馀，士习丕变，争自濯磨。又一年，举行选拔科，得知名士数十人[②]，物论翕服。君乃跃然谓诸生曰："湖南真人才渊薮哉！他日天纲溃弛，出而任天下事者，其在兹土乎！"

是时陈公宝箴奉命巡抚湖南，与君有夙契。既至，规画一切新政，惟君言是听。如矿务、学堂、报馆、南学会、保卫局，君皆力赞成之。绅士谭嗣同以仁勇明达闻天下，尤与君为莫逆交。君凡事推诚与人，绝无城府。遇事难行，集众婉商，娓娓敦劝，无毫厘专制意。比既施之实事，则坚忍强毅，务达其志而后已。故陈公及湘绅之通达者，皆喜君温厚，而又倚其坚毅能任大事。然君精神所专注，以变易民气与开通一省喉舌于不觉者，则校经学会、《湘学新报》，其改革之原也。世观于湖南开化进步之速，几莫解其所自。呜呼！非君，孰纲维是？

二十四年夏，皇帝毅然变法，思得人助理大政，因素耳君在湘名绩，特命以四品京堂候补，在总署章京上行

① 《逸经》作"湖南在各行省中"。

② 《逸经》作"得知名士数人"。

走。故事，庶僚以大臣保荐升迁者，必召见称旨，乃易阶。君时未复命，遽由七品洊升四品，且命迁阶后始入觐供职。异数隆恩，世罕伦比。君感激涕零，以身许国，急摒挡诸事为入都计。比党祸作，廷议落君职，锢之里第。

君幽忧侘傺，痛皇权之日削也，权奸之恣横也，谣诼之乱是非也，忠臣义士之阒无一人也，恒汲汲顾影拊心，中国之无可为，欲身为牺牲而不可得，辄诵庾子山"袁安念王室，傅燮悲身世"与夫"日暮途远，人间何世"之句，凄然泪下。盖其私忧窃叹，无生人之趣久矣。

今年九月杪，君至上海，客白岩龙平君家。同人见者，多骇其清癯有肺疾，令速就医，君怡然置之。未几返苏，遽以十月十九日卒于里第。君卒后，家匮甚，太夫人犹在堂，子女幼，行路皆惨凄为酸鼻。呜呼！昔之与君为久要，而又同以变法维新号于国中者，其若之何哉？人生固寄也。君憔悴尽职以死，死足以不疚，亦奚悲？独悲夫岌岌中国，当兹存亡绝续之交，维新首领又弱一个。《诗》曰："人之云亡，邦国殄瘁。"其是之谓欤！

君于学无所不窥，自历代典章、文物、金石、目录及新译泰西物理、图算诸书，皆能究极源委。其为诗文，援笔立就，有和平冲夷之致。遇事喜怒不形于色，毁誉杂出，未尝以介怀，尤非他新党剽急浮竞者所及。其不拘小节，世或以是疑之；然柔外刚中，天性素定，不足累其所守也。遭世大变，中道夭折，未能竟其所学，悲夫！

赞曰：痛乎往年谭复生之哭吴铁樵也，曰："中国遂乃不可为乎！铁樵而竟死也！"甫逾一年，而海内志士又以哭铁樵者哭复生矣。去年十月，君忽泣告余曰："中国遂乃不可为乎！复生而竟死也！"又甫逾一年，而海内志士又以哭复生者哭君矣。海内贤达人仅仅有此数，其涕泗几何，能堪几哭而堪几死耶？人或谓去岁若早入都，必与六烈士同死，顾幸裴回海上，得免于难，殆天所以厚君，而留待维新之用哉！然君不死于难，而死于疢疾忧愤，其趋死虽异，而天之务死之与其死于拳拳君国之心一也。六烈士死逾年，海外人士设纪念会以祭之。君之死也，宁遂无人纪念者乎？君于湖南得人最盛，异日树大节，倡大难，行大改革者，或即出君门下；不然，则皆与君雅素者也。中国果革政，所以纪念君者，必不后于六君矣。

按语两则

江建霞先生为清季开发新湖南之第一人。顷从友人处搜得唐佛尘先生所作传，亟录之，以公于研究戊戌政变历史者。

诲翁记

清季戊戌以前，湘省大吏锐意提倡新学者二人：一为巡抚陈宝箴，一则提学使江标。江君视学数年，毅然以转移风气为己任，全省陋俗颓风为之一变，一时爱国志士毕永年、谭嗣同、唐才常等多出其门下。近有人以己亥唐君才常所撰《江君传》及致江君书录寄逸经社。此二文，余则前未获见之。唐君于江君有师生之谊，所记殊有历史之价值，表而出之，亦一般谈掌故者所乐闻也。

冯自由附志

江建霞事实

叶昌炽

元和江建霞太史，名标，号师鄦，又自署笘誃。天姿英悟，妙解文章。与兄霄纬观察有双丁之目。丙戌、丁亥之间从余问字，同客岭峤。戊子、己丑联捷成进士，与余同入翰林，视学楚南。未报命，以病卒，年未四十。自建霞殁，而搜辑金石文字无相余者矣。建霞童时读书外家舅氏华笛秋先生，名翼纶，家富藏弆。耳濡目染，遂精鉴别。研精许学，酷嗜鼎彝文字。所作篆籀皆有古法，书画篆刻，旁逮天算格致，一见辄能深造，殆有宿慧。家本寒素，不善治生，起居服御如豪贵家，屡讽之而不能改也。京秩本清苦，长安又不易居，所得古器及宋元精椠名画，辄以易米。余所见书画之精，如郑元祐《侨吴集》，有黄荛翁跋沈西雍《访碑图》，逾时问之，已寄诸外府矣。奉使三湘，不名一钱，归装惟有辑刊《灵鹣阁丛书》五集五十六种，仿宋陈解元书棚本《唐贤小集五十家》。今遗书数十椟，其子孟聪茂才尚能守之，然精刻则寥寥无几矣。其嗜书出于天性，真知笃好，宋元刻本、旧钞旧校，源流真赝，了如指掌。辑《黄荛圃年谱》一卷。潘文勤师辑《士礼居藏书题跋记》网罗极博，建霞又遍访藏书家，得补遗一卷。天假之年，昌其名位，名山之藏，未知观止。崔骃以不乐损年，范滂以清流被锢，其命矣夫！

《碑传集补》卷九

江建霞京卿事实①

君江氏，讳标，字建霞，江苏元和人也。世有清德。父蕴之先生，讳云，生三子，长衡，次钧，君最幼。早孤而慧，太夫人挈至外家读书。十岁，学为诗古文辞，自比洪北江，以显亲报国为志。稍长，通许氏学，研究群经，旁通九流及史

① 该文作者不详，录自苏州大学图书馆藏江标等著《望岳图咏》。

志制度之学。弱冠补诸生,俞曲园樾、陶紫镇方锜见君所著,激赏之,名益盛。旋应高勉之学使钊中之聘,游楚北。嗣佐其妻兄汪柳门侍郎鸣銮校阅试卷,之山左,之粤东,南北奔走万馀里。一时知名士皆愿与纳交,学乃大进。时朝野方承平,君综览全局,窃独忧之,谓近百年学术不足以济变。法越事起,其言稍稍验,因益讲求经世之务,旁及泰西各种专门之学,靡不得其要领。盖君之见微知著,欲砻厉材器,为异日开新之用者。自此始既应有司试,王祭酒先谦嗟赏为过江第一流。光绪十四年,以优贡中式戊子科举人。己丑成进士,得馆选。乞假游日本,考察变法,所自及学校规制。明年散馆,授翰林院编修。既官京师,周旋诸公间,多所献替,时见采纳。二十年,东事起,廷议多主战,君上政府书,力言日人不可敌,海军不可恃,同洲之谊不可绝,并熟筹交涉及善后事,洋洋数千言,皆当时至计。且以此议邮致驻日使臣汪凤藻,使力与日本外部消弭其事,皆不省。台谏复攻主和议者,并及君。某侍御露章劾之,留中未下。以战事糜烂,乃服君深识,然已无及矣。先是薛侍郎福成疏荐黎庶昌等,其才皆可使绝国,君亦与焉。上固已心识之,是年八月拜督学湖南之命。履任后召见时,天语垂询沅湘间巨儒,且谕以崇正学为体、新学为用,以开通风气为首务;果有奇才,许破格奏荐。君感激受命。履任后,首整校经书院学规,捐俸增筑藏书楼,广购书籍图器,任人纵观,以开浚全省民智为已任。案试各郡,遴拔真才,激厉士气,以至所至悦服。复因考政有关防,不得与士绅议新政,遂锐意兼程并试,冬夏靡间,甫两载,岁科皆竣。乃得与湘抚陈中丞宝箴、绅士熊庶常希龄诸公往还商榷。首奏创《湘学报》,开学会于校经书院,并设新学官书局,创时务学堂。檄行各府州县,凡书院尽改课实学,且分设学会。次如行小轮,开官钱局，造土货，兴电灯，劝开内地各矿诸务。凡时局所亟、湘省所宜者，皆悉心擘画，次第推广。湘省风俗浑朴为天下最，骤语开新，则谣诼纷起，君夷然激劝，渐就范围。今且日新月盛，才彦坌涌，其势隆隆，转为天下倡，乃叹君筚路蓝缕之功为不可没也。二十三年春，德人游长沙，为湘民所拒，几酿巨衅，君彼此劝道，卒获无事。生平处事，善以无厚入有间，虽盘根错节，无不立解。然性尤方严，某制府子归应试，物议咸谓必列选拔，君平阅其文，遂置次等，人士益服其公。所特拔者，如唐才常、毕永年、任元德、樊锥、易鼐诸公，尤有国士之目。他如裁供张、严约束、禁枪冒，在君皆小节，不足述。继任者为徐太史仁铸，与官绅续开南学会，创《湘报》。时黄公度京卿遵宪由监道兼権臬篆，创保卫局，诸善政皆君发其端。由湘回籍，海上诸同志方兴报馆、学堂、学会，君皆助其事。二十四年春，入都复命，旋请假归。适新政之诏迭下，江西巡抚德寿公于南昌，江苏瞿学使鸿禨于江阴，皆议设学堂，争延君往主其事。君方在海上，拟设中立报馆，蕲开全国民智，为新旧学作调人，关系较大，故皆不应聘。七月中，特旨赏四品京卿，充总署章京，电谕着本省大吏敦促启行。时新旧党已有水火之势，君感特达之知，欲竭其智，计匡救弥缝之。方束装上道，而训政之诏已下。御史某衔君校试黜其子，以庇护新党劾之，罢职归吴下。杜门课子，偶作书画自遣，手携小印钤，其尾曰"廊庙江湖总圣恩"，盖虽放废，犹惓惓君国云。家本寒素，而临财不苟，好济人急，以是官橐萧然。奉太夫人极孝养，归田后，犹罄其赀经营新居，冀卜堂上欢然。拟以馀屋设阅书社，与朋辈及后进语，谆谆以厉学匡时相勖，其志未尝一日忘天下。卒以此，忧愤病肺炎，二十五年冬十月十九日终于里第，年四十岁。维新志士皆失声，虽未谋面者亦为位哭焉。君于学无所不窥，遗著甚多，皆未编次。刊行者止《黄荛圃年谱》、《红蕉词》数卷。在湘时曾刊《灵鹣阁丛书》、《唐人小集》、《沅湘通艺录》各种。妻汪鸣琼，钱塘世族，工书画。长子聪，未冠已补博士弟子员，能世其学。次子新，三子中，均幼。女子子三人。

记者曰：呜呼！天何祸我中国如是其酷耶？戊戌春夏间，新旧哄于野，满汉争于朝，而君莅湘三载，旧党翕然不闻有出而阻挠者，诚使早管枢密，开诚调护，宁知八月之变不消弭于无形乎？六君子既罹惨祸，君又抑郁以死，"人之云亡，邦国殄瘁"，悲夫！

江京卿传[①]

赵炳麟

江京卿名标，字建霞，江苏元和人也。三岁失怙，赖其母以育。七岁就傅，其母织纺以供学资。标长，事母孝敬，虑名之扬，无以显其亲也，为学愈力。第光绪己丑进士，改庶吉士。博极群书，穷览六略。尝闵国运日蹙，而外患无已时也，慨然曰："今日欲亨世屯，非详考各国形势利病，欲交涉措施之适当难矣。"乃与弟〔兄〕衡诣同文馆习外务，散馆授编修。出使英法大臣薛福成知标之博通古今也，荐标及王同愈、曾广钧，可备使才，记名枢府。标于是益穷世务，率时务诸士立强学会于京师。寻放湖南学政。湖南多气节之士，强干可任，而恶谈西艺独烈。标欲开其风气，扩其心智，创刻《湘学报》。学分数门，曰经、曰史、曰天算、曰时务。取士喜新奇文，不合于常格，湘人以此谤标。任满回京，路过申江，遇日本人某，谈亚洲大局，秉烛继夜。标曰："中日文

① 录自《赵柏岩文存》卷三。

字同，种类同，风俗同，壤地相近，教派合一。当和衷努力，约从相依，庶无唇亡齿寒之惧。若同室操戈，互相残贼，所谓韩卢东郭，徒利田翁也。”日人起而曰：“然哉！然哉！韩魏相争，齐楚构难，此六国之所以并于秦也。吾辈当勠力自强，共维大局。”乃立东亚同文会，中日士商联名者以万计。标至京，会变法议大行，标尝与江右陈炽、洮阳赵炳麟宴于江亭。酒阑巡行阶除，看西山巧老，苇海青漪，风泠泠然自东南来。炽笑曰：“如此好江山，使之奠如磐石者谁也？”标问曰：“新政大行，二公以成败何如？”炳麟曰：“天下之事难与图始，非常之举久而后效。今民利未兴而谣诼四起，不久即败耳！”标、炽合曰：“然欤！所见略同也。”未几，标得其母书，言年老多病，即请假归。而朝廷知标名，擢四品京卿，在总理衙门行走。标未就职，新政果败。言官见其擢官也，劾之落职。标奉其母，居于家，绝口不谈时务，数年卒①。

江标传

胡思敬

江标字建霞，江苏元和人。光绪己丑进士，官编修。好为骈体文，兼工绘事。讲金石目录，自三代鼎彝，秦汉六朝碑版，下至宋元明人书画，无不究心。尝游东泽，嬖一女子，欲委身事之，不果，影其小像归，题曰《东邻巧笑图》，遍征名人诗画，其豪拓不拘小节如此。视学湖南，时以变士风、开辟新治为己任。所取文多怪诞不中绳尺。又倡设《湘学报》。御史黄均隆劾之。时康有为已进用四卿，新入军机谭

① “数年卒”不确，应为一年后，即1899年卒。

嗣同与标尤善，与营解寝，均隆疏不报，且擢标四品京堂入总署。后革职，禁锢于家。

《碑传集补》卷九

江标传

江标字建霞，光绪己丑进士，改庶吉士，授编修。甲午授湖南学政，以实学励乡士。会与日本失和，战败割地偿金，愤甚，力求富强实学。即长沙旧有之校经堂，改订章程，分史学、舆地、算学、方言诸门以课士，讲求五洲形势，中外政教之异同，以正心术、敦品行、学求实用为诸生勉。湘人士之启闭塞而进开通，日趋新学途径，皆标提撕诱掖之功。任满，以四品京堂擢用。戊戌政变，为言官劾罢，未几卒。

《吴县志》卷六十八下《列传》七

江标传略

张鸣珂

江建霞标，元和人，由进士官翰林院编修。出汪郎亭侍郎之门。予癸巳入都，恒于侍郎所，谈宴甚洽。君工小篆，能刻画金石，又善作画。后视学湘中，画国朝诸名人著书之庐十六幅，镂板作诗笺行世，得者珍如球璧。

《寒松阁谈艺琐录》卷五

江标考略

蒋镜寰

江标字建霞，号萱圃，又字师鄦，又自署笘誃，清元和人。戊子、己丑连捷成进士，入翰林，视学楚南。幼时读书舅氏金匮华翼纶家，翼纶富于藏弆，耳濡目染，遂精鉴别。研精许学，酷嗜鼎彝文字，所作篆籀皆有古法。其藏书处曰"灵鹣阁"，尝刊《灵鹣阁丛书》，又辑《宋元本行格表》，《士礼居藏书题跋续记》。年四十病卒。

《吴中藏书先哲考略》

江标考略

江标，字建霞，号萱圃，清元和人。尝撰《宋元本行格表》，属湘潭刘肇隅编校之。刘既手自编写，间亦拾遗补阙之，私以例隐括之。其自四行至二十行与四部分列之数，及行字之先少后多，悉依江说，详注引用之书。其称景宋钞本、景元钞本、明翻宋本、明仿宋本者，苟非确有取证，则概附卷末焉。尝创《灵鹣阁丛书》。

杨立诚、金步瀛编《中国藏书家考略》第二十六页

哭季弟

江衡

艰难况味久同谙，昆季中年共苦甘。
连折两枝天太忍，孤支一木我何堪。仲弟先二年亡。

小宋科名特占先，一帆风利达前川。
昙华隐现何匆促，离合悲欢止十年。

惯典朝衣购素缣，嗜书成癖债频添。
黄金挥尽寻常事，愿得邺侯二万签。

俸米长安臣朔饥，俄分南楚与西岐。
河梁一别三年久，同是投身宦海时。

新学湘中提倡初，因时立术未为疏。
纵教说尽生公法，尽有顽人石不如。

无端蜮射中危机，三字衔冤难保非。
元祐毁碑终有日，可怜墓草已添肥。劾语含混，有“难保非”云云，是“莫须有”工对。

一霎浮荣四品官，殓时英气尚眉端。
剧怜震旦何时旦，长夜漫漫一例看。

饥驱不合作闲人，出处两难嗟我身。
此后晨昏谋色笑，只愁无语慰慈亲。余以道员指分浙江，正拟赴引，猝遭此变，嗒然中止。

挽江建霞京堂联

俞樾

建霞编修，待旨用四品京堂，旋被褫职。曾视湖南学，刻有《灵鹣阁丛书》。

无妄福，无妄灾，孤负此金马门前，雍容大作手；
非常人，非常遇，流传得灵鹣阁上，荟蕞小丛书。

挽江标联

叶昌炽

藏书纪事，幸附丛编，簜节言旋，张范盛名撄党禁；
士礼征文，遂成绝笔，菟裘未筑，应刘幽愤损天年。

光绪己亥十月廿九日

《缘督庐日记钞》卷八

挽江建霞联

丁立钧

为国碎身，君死在庚年前可矣；
要终原始，此狱候再世后定之。

元和江建霞标

黄遵宪

南岳云开荜路初，归来秋雨卧相如。
零星几卷灵鹣阁，只算江郎制锦馀。

《人境庐诗草》

吊江建霞文

冒广生

君之生平，墓则有志；君之禁锢，史则有记。悠悠之口，滔滔之世。吾姑略焉，详吾交际。往岁戊戌，八月凉秋。君新获罪，星言写忧。佳人南国，大道朱楼。我归握手，海水西头。君顾我言，惟可饮酒。英英白云，万事苍狗。我竹攒肠，我碑衔口。陶然引满，便尽一斗。寒雨连江，落月照屋。别君一年，岁序其速。西崦丛桂，东篱早菊。书来召我，同赏幽独。践君之约，扁舟半塘。讶君憔悴，颇失故常。忧不永年，文能命伤。我时不言，我心惶惶。而君意气，仍复飙举。弹筝酒歌，命俦啸侣。金贵曹祝，一时缟纻。白足枯禅，红妆少女。招寻山寺，宝笈云签。元僧善继，明臣宋濂。血书黯黯，《莲华》、《华严》。标题岁月，顶礼观瞻。所嗟我居，距君数里。东西张角，艮坤韦李。紫蟹初霜，白鱼上市。曾过君庐，共饭欢喜。我家水绘，征君手翰。阅年二百，绢素飘残。兕觥归赵，薄俗则难。非君雅谊，谁结古欢。君有画图，曰灵鹣阁。徐淑秦嘉，题者合作。不鄙谓我，过江索诗。我诗甫成，君已长辞。与君之别，日月几时。颇闻君行，申江之湄。寄我画扇，长堤柳枝。情文不已，媵之以词。陈王书来，谓君已死。落叶哀蝉，凄风满纸。芳昌依然，琴尊已矣。曾谓交君，缘尽于此。君病同我，常拙谋生。米盐琐屑，子母权衡。既非性近，亦由习成。生前汲汲，身后空名。君有老母，年已垂暮。德妻令子，擗踊叫慕。谓天盖高，而莫余顾。谓地盖厚，而莫余诉。我思汉唐，讫宋讫明。兰摧膏煎，千古伤情。生别恻恻，死别吞声。谁与哭君，青蝇营营。呜呼哀哉！

《近代文电随钞》

闻江建霞京卿卒于苏州感赋二首

郑孝胥

西北空忧倚盖倾，伤心诸子共时名。

先登已作行间气，定论终推牖下荣。

著述蚤成酬短景，风流顿尽薄馀生。
兰膏煎后天年夭，一叹吾徒意未平。

诏书夕下震朝端，江郑同登世所看。
不出固应全首领，独存真欲裂衣冠。
龙颜日角萦魂梦，玉宇琼楼警岁寒。
极目茫茫天又阔，泪河莫为助波澜。

《海藏楼诗》卷四

谭嗣同谈江标[①]

溯自三十年来，湘人以守旧闭化名天下，迄于前此三年犹弗瘳，此莫大之耻也。愚常引为深痛，而思有以变之，则苦力莫能逮。会江建霞学政莅湘，遂以改本县书院请，欣然嘉许。而他州县亦即相继以起。未几，义宁陈抚部持节来，一意振兴新学。两贤交资提挈，煦翼湘人，果始丕变矣。至今日人思自奋，家议维新，绝无向者深闭固拒顽梗之谬俗，且风气之开，几为各行省冠。

两年间所兴创，若电线，若轮船，若矿务，若银圆，若铸钱，若银行，若官钱局，若旬报馆，若校经堂学会，若舆地学会，若方言学会，若时务学堂，若武备学堂，若化学堂，若藏书楼，若刊行西书，若机器制造公司，若电灯公司，若火柴公司，若煤油公司，若种桑公社，农矿工商之业，不一而足。近又议修铁路及马路。其诸书院亦多增课算学、时务，乌睹所谓守旧闭化者耶！此其转移之机括，厥惟学政一人操之。何则？以督抚之位尊权重，宜乎无不可为，及责以学校之

① 据中华书局1981年版《谭嗣同全集》上册第269—270页。

事，何以教育，何以奖掖，何以涤瑕，何以增美，则其位其权，皆成渺不相涉。学校废则士无识，士无识则民皆失其耳目，虽有良法美意，谁与共之？此故非学政莫能为力矣。

方江学政之至也，谤者颇众。及命题喜牵涉洋务，所取之文，又专尚世俗所谓怪诞者拔为前茅，士论益哗。至横造蜚语，钳构震撼，而江学政持之愈力，非周知四国之士，屏斥弗录。苟周知四国，或能算学、方言一技矣，文即至不通，亦褒然首举之。士知终莫能恫喝，而己之得失切也，乃相率尽弃其俗学，虚其心以勉为精实，冀投学政之所好，不知不觉，轩然簇然，变为一新。虽在僻乡，而愚瞽虚骄之论，亦殆几绝矣。班孟坚曰："利禄之途使然，在上者其慎所以导之之具。"《传》曰："上有好者，下必有甚焉者矣。"顾意诚否耳，何患民弗从哉。

诸新政中，又推《湘学报》之权力最大。盖方今急务在兴民权，欲兴民权在开民知。《湘学报》实巨声宏，既足以智其民矣，而立论处处注射民权，尤觉难能而可贵。主笔者为同县唐绂丞拔贡才常，嗣同同学，刎颈交也。其品学才气，一时无两。使节抵湘，行自知之，要皆江学政主持风会之效也。

《谭嗣同致徐仁铸书》

梁启超忆江标

一

二十八省中，湖南人气最可用，惟其守旧之坚，亦过他省，若能翻然变之，则天下立变矣。江建霞顷督湘学，此君尚能通达中外，兄与之厚，盍以书鼓动之。今其于按试时非曾考经古者，不补弟子员，不取优等，而于经古一场，专取新学，其题目皆按时事，以此为重心，则禄利之路，三年内湖南可以丕变矣。

《与穰卿足下书》（六月一日）

二

余生平所历，镂刻于神识中最深者，莫如丁酉、戊戌间之在长沙。时义宁陈公为抚军，其子伯严随侍，江建霞、徐研父先后督学，黄公度、陈臬、谭壮飞、熊秉三、唐绂丞以乡党之秀左右其间，咸并力一致，以提倡当时所谓新学，而余实承乏讲席。未几，建霞受代去，舣舟待发，来时务学堂与余别，绂丞方赠余一菊花砚，壮飞为之铭，铭曰："空华了无真实相，用造莂偈起众信。任公之研佛尘赠，两公石交我作证。"建霞睹之，曰："此铭镌刻，岂可委石工，能此唯我耳，我当留一日，了此因缘。"遽归舟，脱冠服，向夕，褐裘抱一猫至，且奏刀，且侃侃谈当世事，又泛滥艺文，间以诙谑。夜分，余等送之舟中，翦烛观所为日记，忽忽将曙，建霞转相送于江岸，蒙蒙黄月，与太白残焰相偎煦，则吾侪别时矣。自尔竟不复相见。今遂二十六年，建霞墓木既拱，同人亦零落略尽，余研固早已殉戊戌之难，而此情此景，犹萦旋吾脑际如昨日也。

《饮冰室合集·文集》之四十四下
第三十一页至三十二页

《浏阳兴算记》摘录[1]

唐才常

元和学使江公按临是邦，才常乃纠同人刘善涵、涂儒

① 《浏阳兴算记》见《唐才常集》第158页，又见《湘报》第45号。

嚣、罗棠等[1]，首以改革南台书院章程请。江公瞿然曰："久矣夫，余之辍食弃餐，抚剑东向，欲求振刷于是邦也。不图义声首唱，与余耿耿之心相符契者，有浏人士也！"急檄下县官行无怠，县官未即应也。

元和江公曰："余尝至日本，见其人民聪秀，而性强悍，乡曲豪举游侠之雄，遍于八洲三岛。其明治以前，杀朝臣，攻使馆，劫师船，纵横犇毂，飙忽万状。有处士十六人者，戕法兰西人，及临刑时，戮至十四人，慷慨就死，无少瑟缩，法使乃反袂掩面，泣不忍视，曰：'停刑停刑。'夫其桀悍若此，以云更变，难乎难矣。然自叠遭挫辱以来，瞿然于闭关销港之非，而一意开通，大修学制，为亚东雄国。吾之以日本望湘人士也久矣，今其气象，庶几近之！"又语才常曰："余初出都时，或怵之曰：'湘人以守旧闻天下，子莅湘毋言时务，不然且立蹶。'比至湘，则殊不然。与士大夫言，皆怆念世局恤恤然忧，皇皇然惧。又以史学、掌故、舆地、算学策士，则崇闳之论，明达之儒，往往而有。于是乃叹魏默深、郭筠仙、曾劼刚诸先生之流风未沫也。又益喜兹邦之热力迸奋，忠爱缠绵，为中国聪强之嚆矢也。然非浏人一举而破其扃，而通其阂，则吾乌知是邦趋向之颛壹，血性之充周，至于如此矣。吾子勉乎哉！"

我的先师江建霞先生

石陶钧[2]

我从一八九五年二月起脱离了家塾，至一九〇二年十

---

① 《湘报》作"刘君淞芙、涂君质初、罗君召母等"。

② 石陶钧(1880—1948)，号醉六，湖南邵阳人。

二月止，历八年之久的长期都在这类型中，但可分为前期四年，后期四年。我的少年生活，在前期中，由我父兄方面转移到我先师江建霞先生，这是我生唯一的极有兴趣的遭遇。先生名标，江苏元和人，是权奇倜傥的翰林，就是考试至最后以次及第的幸运者。他少年失父，其母华太夫人教之成人。既显达，以阮元、纪昀自许，博学多通。惟不喜八股文。当一八九四年中倭战役时，他独有所觉察，深信满清必亡中国，否则中国必亡满清。次年负提督湖南学政的使命，三月到邵阳行岁试。我受试史学词章，以第一人入学为秀才。这是我的生活进入考试类型之始，同时也是我破坏考试类型生活之始。原来我的脱离家塾，是入城应试，是第一次远去乡村。自家到邵阳城五十里，当然不算什么远，不过城中已有更远来的佳客，带来大城市的文化正在候着我，这就是江先生。我初次去访他，是他叫学官约我去的。还有李本深、蔡艮寅（艮寅，世所称松坡先生，后改名锷）等。蔡、李亦此次中试者，年幼于我一二岁。先生问："邵阳先辈魏源，你们知得吗？读过他的书吗？你们要学魏先生讲求经世之学。中国前途极危，不可埋头八股试帖，功名不必在科举。"他这一段话，把生长在静水湾的我，忽然启示了一个新的宇宙。我顿时感到我如须接受城市的影响，这城市还不是邵阳，至少应该是这佳客或魏先生所经历过的那些城市。因为邵阳只知道八股文应试，而这佳客反以抛弃八股，不必应试指导其新入门的学生，我当然"欲罢不能"的接受他的指导。这明明是才进入考试类型的生活，就要破坏这生活的发端。及我再度谒见先生之日，他已准备送我与公溥入长沙校经书院肄业。这书院不讲学，山长杜贵墀仅月考的以经史题试诸生作文，虽不课八股，仍是考试。

四月，我同公溥到长沙，注籍于书院，而我却住于叶德辉家，从叶受经学，也是先生所介绍的。先生颇好言通经致用，正是“中学为体、西学为用”之说的前导，认叶有考据之学，以为可师。八月，先生自湘南返长沙，乃不满叶所持论，命我从叶家转住督学官署内萱圃。圃有藏书二万馀卷，我始发愤作汗漫的博而寡要的纵览。先生长子孟聪，与我同年生，亦同受课，直到一八九六年秋间，未尝稍懈。谭延闿与我订交，即先生于萱圃所介绍（谭亦出先生门下）。其后民国九年，谭为我题跋《灵鹣遗墨》，还忆旧事说：“逡巡引退，自愧弗如。”可见当日情景，甚为谭所健羡。我今虽不能为斯宾纳乍（通译斯宾诺莎），先生实是冯安德。我不能不说我从符号生活窥见中国文化的梗概，实江先生有以启之。先生于一八九七年十二月督试事毕。在湘三年，除职务应尽者外，其特殊事绩如创办《湘学报》，改建校经书院图书馆、自捐廉俸购置所谓洋务或时务图书不下七千种，又自编刻《灵鹣阁丛书》，我尝为之校理，且与唐才常共负《湘学报》历史掌故撰文之责。每值先生輶轩巡试，我则居书院；及归长沙，我复返官署。三年之中，始终在先生薰陶之下，发起并守成了许多自由研究，已自忘其在考试类型生活中度日。

可惜好景不长。当先生离湘之辰，我与刘焕辰本已决计随行赴沪，先生且言为我徐图海外留学。不意叶德辉以诡计与强力困我两人于斗室中，先生遍索我等不得，明知系叶作祟，舣舟不发，更托王先谦、梁启超、熊希龄先后与叶妥协。叶竟不承认，先生只得怏怏行。及我等自由，先生已片帆远去。我愤不可耐，遂永与叶绝。次年，所谓戊戌政变之年，先生忧时疾世，时由通信示我以今后为学谋国的方术，显为“排满复汉”说张目。不幸，一八九九年十一月二十一日，即以四十之壮龄逝世。我每悼念先生，同时亦遗憾叶德辉。时代当改革之际，新旧纷争，涉及个人，往往如此。

石陶钧《六十年的我》节录

保荐使才疏甲午

薛福成

奏为保荐使才以资造就而备任用恭折仰祈圣鉴事：

窃惟数十年来，瀛环诸国，舟车相达，琛赆相输，始而通商，继而传教，又继而遣使。于是境壤则与彼毗连，条约则许彼通行，军制则参彼规模，船械则仿彼制造。交涉之端日益广，需才之事日益多，而握其大纲，泛应咸宜者，尤以豫储使才为急务。当夫安危得失，事机呼吸之秋，无使才则口舌化为风波，有使才则干戈化为玉帛。平时遇事措注利弊，所倚亦复动关全局。臣愚以为使才之选，宜识形势，揣事情，谙公法，究约章，其端甚多，其用甚殷。西洋诸国经理外务，莫不用专门名家。内则自外部司员洊升大臣，外则自随员领事洊擢公使，往往数十年不改其途。惟其练之也久，故其审之也详。伏念皇上御极之初，始议遣使东西洋诸国，敕令内外大臣各举所知。圣谟广远，备极周详，只以风气初开，所求未至。中外所荐，既属寥寥，其官阶较显、声望较著者，或颇惮于远役，不欲自羁，或稍谢于尊长，未敢自信。每值更换之际，时虞选择之艰。至于通事之流，非不谙究语言，难免沾染洋习；梯荣之士，非不高谈时务，或仅掇拾绪馀。此辈舍短取长，只任随员翻译；提挈纲领，专倚使臣惟是。大猷不裕，不可济艰难；大本不端，不足资矜式。以中国幅员之广，聪明才杰之多，诚令导之有恒，养之以渐，庸讵不能励彼豪俊，宏此远谟？臣窃思贤才荟萃之地，莫如翰林院衙门。国家设官初意，惟翰林不任以职事，盖欲扩其器识，以待大用，冀其无事不习，无职不宜也。往者，粤、捻诸寇势焰甚张，赖曾国藩、骆秉章、胡林翼、李鸿章等由翰林出膺巨任，而大难以平。迩来翰林人员稍形拥挤，往往有通籍二十年未得一差、未转一阶者。由诚圣主俯念时艰，激励俊彦，俾珍日力，共勉壮犹，则以黼黻之才，出润敦槃之色；以羽仪之选，懋成樽俎之功。乘时建树，谁曰非宜？导之豫斯储之博，储之博斯选之精。臣于翰林人员熟识甚寡，偶知一二，谨陈梗概：查翰林院编修曾广钧，系曾国藩之孙、曾纪泽之胞侄，才华卓越，博览多识，经世筹略，尤所饫闻。方其年未弱冠，前大学士左宗棠与谈洋务，竦然惊异，推奖甚至。翰林院编修江标，研究群书，好学不倦，留心时事，志趣卓然。翰林院编修王同愈，谙晓舆图，兼涉西学，周历边塞，能耐劳苦。以上三员，年力均富，倘蒙敕下总理衙门存记，酌备出使之选，该员知有以自效，当奋宽闲之岁月，研远大之经纶。即迟之一二十年，该员等资望弥深，器识弥宏，授以重职，必有明效。斯途既辟，赓续无穷。似亦圣主因时提倡，转移气运之要端也。臣奉使欧洲，默察情势，深知使才关系颇巨，有所见闻，不敢缄默。仍当随时留心访察，仰副朝廷旁求之意。所有保荐使才缘由，理合恭折具陈，伏乞皇上圣鉴训示。谨奏。

《薛星使海外文编》卷二

江标任满循例具奏折①

(1898年1月11日)

头品顶戴湖南巡抚陈宝箴跪奏，为学政任满，循例具奏，恭折仰祈圣鉴事：

---

① 据《光绪朝朱批奏折》第十二册第817—818页。

窃各省学政任满,例应由督抚将考试声名,办事若何据实具奏。兹查湖南学政臣江标,自光绪二十年十一月十二日至任后,迄今届满三年,该学政已将湖南各属岁科考试及考优考拔录科各事务先后办理完竣。臣查该学政学术淹贯,智识闳通,衡文备极精详,去取胥归允当,士林推服,谊无间言。且本忠爱之忱,力求有用之学,湘中士习,渐次改观,于造就人材之方,殊多裨益。理合据实恭折具奏,伏乞皇上圣鉴。谨奏。

朱批:知道了。

光绪二十四年八月二十二日谕

(1898 年 10 月 7 日)

湖南巡抚陈宝箴以封疆大吏滥保匪人,实属有负委任,着即行革职,永不叙用。伊子吏部主事陈三立,招引奸邪,着一并革职。候补四品京堂江标、庶吉士熊希龄庇护奸党,暗通消息,均着革职,永不叙用,并着地方官严加管束。钦此。

江标夫人汪鸣琼致谭延闿书①

(1915 年)

祖庵世兄伟鉴:

昨午由银行汇下百圆,当即持单去取。屡承惠赐,受领

① 今按:江标逝世时年仅四十岁。上有高堂老母,下遗稚儿,生活维艰,时常得到江标的门生故旧帮助,此信乃江标夫人汪鸣琼收到江标门生谭延闿赠款之后,将江标遗作《来蝶仙堂诗画册》书稿作为回赠,由此可窥江标身后事之一斑。《来蝶仙堂诗画册》后归江苏国学图书馆(今南京图书馆),于 1937 年影印出版流传。

之下，感激非浅矣。刻下在书箧中检得老师遗存当年画册乙卷，兹乘舍亲华君来沪之便，带呈奉赠，以作纪念物耳。蔡世兄处近日有来信否？念甚。馀候续布，专肃鸣谢，敬请台安。

太夫人前叩安。

师母归兰陵氏裣衽

廿二晚

题影印江标《来蝶仙堂诗画册》诗

熊希龄

凄风残月古燕台，梦里春明至可哀。
寂寞草堂人去后，可怜仙蝶不归来。

白头重读故人词，画社题终甲午时。
泥爪不胜今昔感，伤心国难尚如斯。

怆然泪堕党人碑，国瘁人亡胡可为？
幸有楚材能纵起，沅湘兰芷劫遐思。

锋镝光阴四二年，劫馀遗墨尚依然。
人间犹有河汾义，记此师生文字缘。

叶昌炽与江标师友录

——《缘督庐日记钞》摘抄

清光绪壬午八年

二月初一日

江生标来从游，郎亭所荐。

《缘督庐日记钞》[1]卷二，四十一页上

六月十二日

江建霞来云："新得《陈实父先生家友朋手札》中，胡竹邨多至数十通，段若膺一札已抽去。"是可惜也。

《日记》卷二，四十三页下

七月初六日

得建霞书，附来《陈硕夫先生册叶》一本。

《日记》卷二，四十四页下

十月十二日

得建霞书，其友人托销《天一阁书目》文选楼本，因即留之，价洋三枚。

《日记》卷二，四十六页上

十月廿九日

得建霞书，以新刊《留沤吟馆词》一册见赠。

《日记》卷二，四十六页上

十二月十八日

得建霞书，知明年就鄂中高学使馆。

《日记》卷二，四十七页上

清光绪癸未九年

六月廿八日

建霞来云："陶子缜编修藏有《大藏音义》为诸儒未见之本，共一百卷，从其中搜缉《仓颉篇》逸文较孙伯渊所刻者多至两倍。许慎《淮南子注》亦一巨册，他可知矣。编修甚秘其书，不轻示人。"又以翼甫所作《送行序并诗四

① 《缘督庐日记钞》以下简称《日记》。

首》见示。

《日记》卷二，五十二页

八月十二日

建霞来云："月内赴山东学幕。"

《日记》卷二，五十二页下

八月十三日

得建霞书，论祥禫之异，颇有折衷。附来新刊《金山钱氏书目》，内有《文子》校勘记，谓《文子》皆袭《淮南子》，历举两书文同者条分缕晰，抉摘精审，其见甚卓。是书自唐以来不废，今所传注且有三家，则未可以伪而弃之也。《文子》明代刊本有道潜堂刻吴勉学《二十二子》本、国朝缵义本、守山阁本、菇里瞿氏有朱弁注钞本、徐灵府注有四库著录本。拟会校作一札记，惜借书难耳。

《日记》卷二，五十二页至五十三页

十一月廿八日

得孙汶民及建霞山左书，据云山左铜器极多，两君及惕身各有所得，汶民在灵石曾见《杨氏宋存书屋书目》，艺芸、士礼所藏大半在其中也。

《日记》卷二，五十七页上

清光绪甲申十年

七月廿日

得建霞两书，知山左造象有二百馀种，又新得元刊《李翰林集》。

《日记》卷三，十七页下

九月三十日

建霞一函云："新见牟陌人廷相手校汲古本《说文》、《易林》、庄刊《淮南》、孙刊《晏子》、明程荣本《韩诗外传》、毕刊《吕览》、卢刊《逸周书》、明本《韩非》，朱墨烂然，惜未过录。又陈仲鱼先生文孙，尚守遗书百箧，流寓济南，宋本已化云烟，元刊及手校各本多有在者，柳门能得之矣。”又云：“新得旧籍多种，以嘉靖本《嘉祐集》为最。”并寄篆书《说文部首》一册，仿石鼓文，颇有进境。此子天分绝人，余所见蒯礼卿外，殆无其匹。今更能潜心朴学，真不可量矣。

《日记》卷三，三十页

清光绪乙酉十一年

三月初二日

又得建霞山左书，知方为《黄荛圃年谱》，可云先得我心。又云：“郎亭谋刻《硕父先生师友渊源录》。”又寄来大明湖汇泉寺经幢拓本后云：□先有愿造孔雀院菩萨前面香幢子，永充供养，清信男弟子宋严温，妻女弟子裴氏，长男延祚，新妇刘氏，院主尼智佺，功德主善德广严妙惠，广遇妙证，同光四年二月九日建。

《日记》卷三，三十七页

四月十三日

得建霞书云：“东昌杨氏藏《咸淳临安志》百卷全帙，即《竹汀日记》所载刘燕庭藏本。荛圃手校本至有八十馀种之多。过商河于城隍庙廊下搜得周显德二年经幢。”

《日记》卷三，四十二页下

六月初七日

严子范自济南来云：“得之、建霞已南归，建霞在济南为余购得经幢百馀种。”闻之欣忭。

《日记》卷三，四十五页下

九月初九日

建霞来饭，谈陈寿卿收藏之富为古今所未有，印举已成书，铜印至数千。又云："尹氏所得《朱博颂》不可信，《茹珍墓志》已在王莲生处。千佛山造像，寺僧涂以朱漆，为敛钱计，不令人拓，虽学使亦无如何也。"

《日记》卷三，五十一页上

九月十六日

建霞来，携示新得书籍数种，以元刊《辅教编》为甲，宋释契嵩撰，引大小徐《说文》及诸经传，与行世本有异同，惜只一卷，非完本矣。契嵩《镡津集》，四库著录。

《日记》卷三，五十一页下

九月十七日

又访建霞，见旧抄本《皇明通识》，明宣城吴冏与其侄肃公撰，又严久能《蕙櫋杂记》，吾家十如老人录本。借归《虞山小史》七本。无撰人，高丽人录本。据建霞云：出自钱东涧。又《爱日精庐藏书志》一部。

《日记》卷三，五十一页下

九月廿八日

柬建霞，还元刻《辅教编》残本，明钞《测元海镜》，旧抄《衍极》有苏齐校语，元刻明印本《艺文类聚》，元刻本《李翰林集》，王子底《然脂集》手稿残本，元刻《礼记》，巾箱本《陈澔集说》，沈小宛批注《遗山集》，寥寥数语，不能附刻《石湖诗》后也。

《日记》卷三，五十二页

十月廿三日

访建霞，见新得宋刻《近思录》，高氏妙赏楼旧藏本。又携归《聊城杨氏宋存书室宋元本书目》，后附朱子清《结一庐书目》。

《日记》卷三，五十三页上

十月廿七日

阅建霞所记《山左金石志》未收，新出汉魏六朝碑目如左：

汉

麃孝禹碑河平三年　费县今在李山农宗岱处

君车图正阴有题字　潍县陈氏

琅琊太守朱博颂德残碑　诸城尹彭寿家

无盐太守刘曜碑残石　同治庚午出芦泉山阳土阜中，《隶释》著录之

东平州学明伦堂下

普照寺汉画像

伏生受经图画像　沂州琅琊书院

兖州刺史杨叔恭残碑八分书建宁四年　滕县今在安马楼庄内

永□七年残碑　滕县马氏家藏

建康元年残碑上有二人　鱼台马氏家藏

晋

明威将军郭休碑八分有阴泰始六年　掖县宋氏家藏

北魏

赵㻻造像记皇兴三年　黄县

高贞碑正光四年　德州州学

马鸣寺根法师碑　乐安大王桥泰山行宫

张白妃造像记天平二年　乐安

中坚将军墓表即鞠彦云墓志正光四年　黄县

北齐

广古寺造像天保九年

鲁彦昌造像天保六年二幅

张龙伯造像天保元年　诸城尹彭寿家

朱口思等一百人造像记河清四年　高苑

邑义一百人造灵塔记武平三年十二月　滋阳在兖州考院
普照寺造像　兰山
洪兴寺造像　兰山
许始等造像　兰山
韦本振等题名　邹县
韦子深等造像四面碑　邹县
晋暒康邕题名　邹县
韦太阳等造像　邹县

北周

小铁山摩崖佛经铭乙咸韬八分书大象元年　邹县
赵郅李巨教摩崖题字　邹县
宁朔将军孙洽等题名　邹县

隋

刘景茂造像　千佛山
宋叔敬造像　千佛山
开皇十年吴口造像　千佛山
开皇十五年女红花等造像　千佛山
玉怀贤妻邓敬造像　神通寺千佛崖
景龙元年僧无畏造像　神通寺千佛崖
阳照寺造像　乐安城西南八十里
龙华寺碑正书　博兴城东二十五里近名白鹊桥
比邱尼静观造像开皇六年　历城
千佛山邓景造像　历城
邑子元等造象有侧　历城
千佛山李景崇造像　历城
吴口造像　历城
许道等造像三种　历城
宋口等造像　莱阳

宋僧海妻张公主造象　历城

杨文盖造像　历城

比邱僧智照造像　历城

佛说出家功德经　嘉祥

王昕造无量寿佛碑　益都

涅槃经　汶上

五峰山莲华洞大象主钟崔等五十四人题名　长清

《日记》卷三，五十四页至五十七页

十一月廿一日

申季晨来，《古籀疏证》已蒇事矣，籀篆皆出建霞手。

《日记》卷三，五十七页下

十二月初三日

为建霞作《辅教编》跋。

《日记》卷三，五十八页上

清光绪丙戌十二年

正月初三日

建霞来，述其外家华氏藏书甚富，有名湛恩字紫屏者，尤好事，陆存斋所得北宋本《白帖》即其物。殁后三子，一筮仕浙中为县令，一为参将，一家食，俱不好古。建霞曾见有元刻纂图互注本《六子·群雅》随意弃掷，即扃闭者亦多饱蠹腹，然向之或借或售则护持如头目脑髓，可谓书之一劫。建霞又云："昆山赵君静函，名元益，亦华氏甥，有《史载之方》宋本售于皕宋楼，今藏书尚多，能读能守。西塘桥蔡氏藏钞本最多，黄荛圃《士礼》单疏即归其家，可以问津，索价一叶一饼金。"

《日记》卷四，一页下

正月初八日

建霞招饮，遍观所藏古匋器及《硕庭彝器拓本》二册，钱乙生藏《雁足灯》拓本一帧，旧抄明《唐肃集》一本，有荛圃跋滂喜斋刻所未收者也。借归高深甫《燕闲清赏笺》一册，陈文述《碧城仙馆诗》一册。

《日记》卷四，二页上

正月十一日

柬建霞，送去《古籀》润笔十金，假归《月河精舍丛抄》，《吹网录》，《鸥陂渔话》，《无锡县志》，旧抄《丹崖集》，《萍洲可谈》，宋刊《近思录》。

《日记》卷四，二页下

二月初二日

为建霞跋抄本《萍洲可谈》，伪书也，与《说郛》本、《秘笈》本、《守山阁》本全不合。朱彧，宣和间人，而书中所及有朱文公、杨诚斋、周益公事，其为书估伪作，以欺不学者无可疑。卷端有徐健庵、汪阆原藏印非伪为者，二家亦为所蒙耳。

《日记》卷四，五页

二月初九日

建霞正取第六，曹揆一元忠首列，申季徒师郑兄也。

《日记》卷四，六页下

二月十二日

岁考建霞得首列，可谓破格拔人。吾乡后起，庶几知向学乎？曹吴县首列。

《日记》卷四，六页下

二月二十日

访建霞，见其所得齐天保口年面伏奴造象，高五六寸。又出其新得吉金拓本，皆退楼恒轩物也，间有藏滂喜斋者。又假归《隋淳于俭墓志铭》一纸，据云：东省新出土志云："君讳俭，字德素，冀州清河人也。春秋六十三卒。妻武威孟氏。以开皇八年合葬于磐阳城西南黄山东北孝水里，陵墓存焉。"同至考棚见申季、孟午、丁泳之丈。在衡吟馆见前秦《邓太尉祠碑》及《化度重摹本》，论直未谐。

《日记》卷四，六页至七页

三月初二日

得建霞书，示书目一纸，皆士礼旧物，直六十三元。

西谿丛语二卷　旧抄本　有跋有印

逸老堂诗话二卷　旧抄本　有跋有印

松崖随笔一册　复翁手抄　有跋有印

老学庵笔记三册　顾黄二家校跋印记

郑桐庵文集一册　郑手稿，华山大师批　荛翁跋

鸡窗丛话一册　旧抄本　有跋

虎丘志　成化本　有跋有印

《日记》卷四，七页至八页

四月初五日

建霞来云："在沪得沈西雝《河朔访碑图手卷》，汤雨生、潘绂庭丈皆有题跋。又在龙门书院见拜经楼所藏书，中有刘绩《霏雪录》。又赵静涵藏《惠松崖日记》，一为先生手迹，一则荛圃与其仆张泰合抄。

《日记》卷四，八页上

四月十二日

建霞来谈云："《仪顾〈堂〉集》前二卷考证之文，皆出于粤人某，存斋购得之攘为己集之弁冕，实亦不佳也。"

《日记》卷四，八页下

四月十九日

建霞来云:“《慧琳音义》,上海姚君文栋从朝鲜得大字本,将付石印。”

《日记》卷四,九页上

四月二十日

访建霞,出示沈西雝《河朔访碑图》,潘星斋丈所绘,引首五篆字黄寿凤笔也,汤雨生、黄安涛、周沐润、吾家十如老人、释达受祖观皆有诗。又《陈言夏手稿》一册,皆为人代作祭文,注明代某某,牧斋、稼轩、钱履之、孙本芝居多。

《日记》卷四,九页上

四月廿三日

从师鄦借《聊城杨氏宋元本书目》一册,其在山东时手录也,后附朱子清《结一庐书目》。

《日记》卷四,十六页上

七月初三日

得建霞书,知同幕有程蒲生,绩溪人,工词章经学。又往延无锡华若溪世芳,工天算,师鄦表兄也。

《日记》卷四,十九页下

九月十九日

适得郎亭、建霞两书,知二十左右按临潮州,约廿三四日始毕,为期尚宽,即复函如约。

《日记》卷四,二十七页至二十八页

十月十二日

黎明解维,午后至一沙滩,广十馀亩,其平如掌,偕操羖等复登岸徘徊,题名其上。酉刻抵潮州东关外湘子桥,有津吏讥察,至西关泊。上岸偕操羖、若溪同进试院,见郎亭学使。同幕祁子枞、顾蓉舫承皋、程誉卿惟祺、钱冠英皆同乡。又汪薇卿鸿祺、介石鸿钧皆学使之弟。绩溪程蒲生秉铦、歙程履新祚昌、章门王仲兰仁照、阳湖陆惕身尔昭、赵叔垣侃、江宁刘禹门翼程及建霞共十有三人。

《日记》卷四,二十九页下

十月十四日

建霞见示《荛圃四跋》,据云:皆赵静庵物,有跋无书,以赠芾卿矣。

《日记》卷四,三十页下

十一月初四日

今日易舟而陆,四鼓即起蓐食束装,黎明乘篮舆山行,风甚厉。五里峡水,五里黄塘,五里岐岭。十里蓝关,为龙川县界,岭上有韩文公庙,偕芍溪入庙瞻仰,壁间有嘉庆丁丑老隆分司赵慎畛《重修蓝关道路记》,有朱琫《蓝关辨》,力言文公诗“雪拥蓝关”即此地,不当在蓝田。凿空无据,较之谢公争墩更无理矣。又七里通衢,在巡检署饭,蓉舫、仲兰、建霞、冠瀛皆以失道向隅。又十里为两口塘,五里秦岭,亦以仰止文公名。五里兴龙庵,十五里老龙,复登舟,舟大而华,余与操羖、若溪、建霞同船,是夜即泊于此。

《日记》卷四,三十五页

十一月初五日

风大作,寒甚。辰刻开船,水浅风急,榜人不善驾驶,行至午后,前船皆不可即,孤行可虑,建霞作札致惕身请援,二鼓始以八人来,竭力前行,平明方与大队合,喧呶终夜不得交睫,惫不可言……

《日记》卷四,三十五页下

十二月初一日

辰刻偕操羖、芍溪、建霞同游丰湖书院,从小西门出,烟水渺茫,中亘两堤,如长虹,约半里许。自堤达院门前,一联云："人文古邹鲁，山水小蓬瀛。"程乡宋湘笔。掌教梁星海太史鼎芬昨日自省归，向未识荆，不便通谒，即藏书处小憩。架有沈西雝《常山贞石志略》，一翻帘有本愿寺五幢，封崇、临济、开化、开业各寺经幢，当属张韶翁图之。旋至后面流览，有小阁倾陊，中绘东坡像，望对岸浮图高耸，群山拱峙，为湖中最胜处。湖心有亭翼，然无舟不得登，即循堤归，进大西门。顺途阅肆，见观海楼刻《苏帖》赵书《金刚经》。午后登舟，至黄昏行四十里，至博罗县城外泊。二鼓后，复解维。

《日记》卷四，三十七页

十二月廿七日

午后偕建霞同出闲步。先至双门底，在骨董铺购古镜一枚，其文非篆非隶，疑是辽金人国书。又至华宁里书肆，见《粤东金石略》及叶东卿刻《王复斋钟鼎款识》，许以二金，尚不售。

《日记》卷四，三十八页上

清光绪丁亥十三年

正月廿一日

蒲孙云："江西毛庆蕃实君，癸酉孝廉，博学能诗。"师鄦云："在齐鲁间见其题壁诗甚多。"得旧拓《右军帖》一册，有朱笔释文，细审的是覃谿笔，首有恭甫印"听雪煮茶亭子"一印，又有"□谿"一印，上一字已蚀。

《日记》卷四，四十页上

正月廿七日

从居停借《楹书隅录》一部，聊城杨勰卿太史记其父至堂河帅所藏书也……建霞云："其嗣君为丙子孝廉内阁中书，性豪侈，不能乘骑而以二百金购良马，俾奴子罄控纵送以为乐。又因岁暮空匮，以所藏朝珠命奴子出售，久之无问津者，大怒，即以赐其奴，直千金不顾也。”

《日记》卷四，四十三页

二月初三日

至濠畔街阅肆，建霞欲购铜鼓，索直三十金，不成。

《日记》卷四，四十四页上

六月十七日

仁斋寄示石刻二种，一为元魏时刻经，一为唐经幢，皆无年月。适芍溪、建霞启行，即托带一函覆之，留唐幢，还魏石。

《日记》卷四，五十七页上

八月十一日

建霞书来云：“操羖故后，百物荡析，有至好某专心注力觅其遗物，且百计减其值。”果有此事，真堪腹痛，但细思不得其人也。又云：“张塘桥蔡氏主人身故，遗书尽出，陆润斋得其上乘，姚念慈次之，西蠡、翼甫得其一鳞片爪，叔朋则终日泉与书交战，一事未成也。”

《日记》卷四，六十三页至六十四页

八月十三日

尹伯圜来，察其学问志趣，不过如吾郡徐翰卿之流。余初从建霞闻其名，甚慕之，而所见乃不逮所闻。校邠国公《功德铭粹编》，颇有误字。

《日记》卷四，六十四页上

八月二十日

得建霞书，以经幢二种见贻，启函视之，其一为岱岳题名碑之侧，非经幢也；其一赵州景祐幢不全本，余藏有全拓，但此本拓在百年前，神采奕奕，余旧藏本所不逮耳。建霞云：其书可匹眉山，更上则《马鸣寺根法师碑》也。可谓知言。

《日记》卷四，六十五页

十月十一日

得建霞书云：新得元纂图本《扬子法言》。

《日记》卷四，七十二页上

十二月廿一日

建霞自苏州来，见示《阙史》抄本，有“赵辑宁印”、“素门”、“古欢书屋”、“摛藻堂藏书印”、“平阳季子收藏图书”五朱记，盖由小山堂而入汪氏也。又抄本《元城语录》一册，每卷有“钱谦益印”及“家在虞山之麓尚湖之滨号渔樵子”大方印。又抄本《乌台诗案》，前有“士礼居藏”印，后有吴枚庵跋云：“右宋蜀人明九万著，盖录东坡下御史狱大案，附以初举发章疏及谪官后表章、书启、诗词。《马氏通考》作十三卷，疑是三卷之讹。今藏弆家已无完本，查初白从娄东吴西斋借抄仅有公案、章疏，而谪官后所录阙焉。乾隆甲午岁除传青芝山堂所藏花山马氏本，盖即从吴本出也，延陵生吴翊凤书于奇怀堂。”

《日记》卷四，七十九页

十二月廿二日

建霞述在沪上晤凌霞子与藏旧抄本甚多，又在醉六堂书肆见劳季言手校本。

《日记》卷四，七十九页下

清光绪戊子十四年

六月廿六日

建霞赠《唐莱州刺史德政碑》一通，又残经幢一通，仅存三面，其一面亦不全，有朝请郎守北海县令顾口昌等题名，云在山左所得。

《日记》卷五，十九页上

八月初二日

得建霞书，知在考市新得《水经注》王伯申校本，明钞本《姑苏名贤小纪》有"半查马氏丛书楼"印，又焦氏《国史经籍志》首册蒋子遵手钞有跋，又有"南昌彭氏知圣道斋图记"。又见巾箱本《论孟注疏》，每叶廿行，二十三字，格外后半叶上方有"论疏"诸字，中心记字数，遇宋讳加围。据云雕印精美，若为廖氏群玉世彩堂本，则至宝矣。即盱江覆本，亦不失买王得羊也。

《日记》卷五，二十三页下

九月初三日

建霞来畅谈，以新得旧抄《吴郡名贤小纪》见示，出自丛书楼；又宋刻巾箱本《论语正义》，纸墨不古，明藩府刻耳。

《日记》卷五，二十五页上

九月初六日

得建霞书，寄赠佛象幢拓本共六面，魏元象元年张敬造，凡分三层，上刻佛象，中造象人姓名，下序赞，笔法精整，北书中之上品。

《日记》卷五，二十五页上

九月初七日

于地展阅建霞所赠幢，欢喜赞叹，为作二跋，并请西蠡题额。

《日记》卷五，二十五页下

九月十二日

建霞来夜饭，为言笛秋先生所藏书画为其甥慈溪令邹君以三千金购去，有拓本一篋求售，因属图之。

《日记》卷五，二十五页下

九月十五日

余四十初度，建霞招游虎阜，以病辞之。午后来，以匋器拓本五十馀种为寿。

《日记》卷五，二十五页下

九月十七日

建霞、得之招游虎阜，在县桥巷回真道院前下船……既至虎阜云岩寺，建霞遍拓摩崖题名及显德经幢，最后在五十三参之上得崇祯己卯石幢，亦为妄人磨刻七如来。

《日记》卷五，二十六页上

九月廿二日

晨至电局探南闱信，但知筱渭、建霞同捷。旁午人持千佛名经来。郡城自江氏昆仲外，孙宗华、王毓祥、马嘉桢、周应政、沈维骥、陈世垣、陶惟坻、陶治元、唐继盛共十一人。黄昏知屺怀中六十七名，太仓沈子复嘉澍亦捷，皆主公羊旧谊者也。

《日记》卷五，二十六页下

九月廿四日

得建霞书，附来石田山水一轴，因文天爵、王济之约同游不果而作。质之西蠡，谓有骏骨之叹，因即还之。

《日记》卷五，二十六页下

九月廿六日

访建霞，见旧书十馀种，云在世经堂携归，刘彦清所藏也。以明本《史记》为最佳，非王刻，非柯刻，亦非秦藩本。察其纸墨，总在正统以前。又明刻本苏颍滨《古史记》，《徐武子选杜诗》，手抄本《吴山尊韩晏合刻》，皆精好。闻上驷皆为姚彦侍、蒋香生所得。

《日记》卷五，二十七页上

十月初五日

西蠡出所藏赵承旨行书千文、米虎儿山水手卷见示。

建霞携方兰坻所画《耆年服物图》，眼镜、汤婆等物无所不具，殊有别趣。

《日记》卷五，二十八页上

清光绪己丑十五年

正月十七日

建霞与郎亭自旱道同进京来云："在苏得元刻小字本《盐铁论》、周香严校《唐语林》，有黄荛圃跋。"又云："泖生书尽出。"又云："山左道中所见经幢皆改为琭璹，与吾乡之改镌七如来佛号，同为一厄。"

《日记》卷五，四十九页下

正月十八日

建霞在厂肆新得祁刻初印本《说文系传》，有苗仙麓手校数十则在眉端。

《日记》卷五，四十九页下

正月廿九日

昨建霞云："含英阁有宋石幢一座，索直二十金。"今日再同往视，是元祐年刻。予以十金，亦不允。

《日记》卷五，五十一页上

二月十二日

建霞来谈云："朱子安治中藏有唐荆川所校《晋书》，又有《裘杼楼书目》，子安尊人《修伯先生日记》数册，述所藏所见版本甚详。"

《日记》卷五，五十三页上

二月十六日

再同以《明四忠遗墨》属建霞署首。四忠者，杨忠烈公涟、赵忠毅公南星、黄忠节公淳耀、陈忠裕公子龙也。忠毅自书诗稿在削职追赃时作，其言沉痛伊郁，不堪卒读。忠烈则与其乡长官论灾歉书也。

《日记》卷五，五十三页下

二月十九日

郑庵丈奉敕校《通鉴辑览》，招偕再同往相助，即联舆赴之。以懋勤殿钞本对通行本，颇有异同，尽一卷而毕。同校者郎亭、鹤巢两丈，建霞、花农、廉生、梦花、芾卿、子培、子封、许子源及梁君某。子培云："新在隶古斋得《南诏德化碑》、《韦皋碑》。"因急偕建霞往访，亦选得《韦皋碑》一通，唐宋碑、造像、经幢十馀通。

《日记》卷五，五十四页上

二月廿四日

得建霞书，附来《秦姚兴弘治九年造象》一通，其末有云："爰刻诸石，以铭寸心。"安有六朝人而为此语者？赝品无疑矣。

《日记》卷五，五十五页上

三月廿六日

建霞来谈，见示曹刻《集韵》，有"大兴翁氏石默书楼"印，覃溪先生物也。又明嘉靖刻《淮南子》三十八卷，无高诱注，每卷首行题"汉太尉祭酒臣许慎记，上明后学闽中王蓥、太原传霖蜀雅甘来学重刊"。后有跋题"嘉靖之上章摄提格玄月既望后学闽中王蓥书于仕学堂之龙雷窟"。

《日记》卷五，五十六页下

三月廿九日

赴芾卿斋见屺怀、建霞、娄县张锡恭问远、华亭雷瑨君曜同游法源寺，观唐辽诸石刻。又过崇效寺，牡丹未放，丁香花已盛开……建霞又从李书估处取到元刻《袖珍小儿方》、《仁斋伤寒直指源流至论》，皆有泖生丈藏印，尚有钞本甚多。芾卿、屺怀即联舆往观，余以天色已晚，恐城门上键，即归。

《日记》卷五，五十六页下至五十七页上

四月初二日

访建霞晤云："见元至正刻《玉篇》，明宣德本《广韵》，书估以宣字挖改大字充大德本，不知宣德下尚有辛亥，大德无辛亥也。"又见陈仲鱼校《华阳国志》，内钞配两卷，仲鱼先生手录，前有"王臣恭靖廷印"，秦中藏书家也。

《日记》卷五，五十七页下

四月初九日

会榜揭晓，清晨至屺怀寓避嚣。坐甫定而捷音至，屺怀中第十二名。报者哗于门，嚣愈甚。不得已仍返馆，则报者亦至，幸中第八名。午后知建霞亦获隽，同人连茹而升，足张我军。

《日记》卷五，五十七页下

四月初十日

午后从刘次芳都谏处询得余卷与建霞同出第十四房，房师周郁斋先生名云章，闽县人，内阁中书，即往投贽。

《日记》卷五，五十八页上

四月廿四日

黎明至西苑门听宣，状元张建勋，广西临桂人。余列二甲第二十名，屺怀二甲第六名，建霞二甲第十三名。

《日记》卷五，五十八页上

四月廿九日

午后建霞来，知朝考已揭晓，建霞及屺怀俱一等。余至二鼓后，始得信列二等五十四名。咫尺蓬山，仍为罡风引去，惟有自讼而已。

《日记》卷五，五十八页

四月三十日

建霞来，知余卷在麟芝庵手未黏一签而置下等，写作之不能胜人可知矣。

《日记》卷五，五十八页下

五月初十日

得报，知奉旨改为庶吉士。午后建霞持来点用全单，江苏得馆选者共九人，统计朝殿覆试名次，余在十二三之间，竟得不次点用，殊为非分，外间恐不免浮言。然余自榜发后，朝贵之门从不敢轻投一刺，在当轴过采虚声则有之，在余则问心无愧也。

《日记》卷五，六十页下

五月十九日

再同招游积水潭，见瞿子玖前辈、贵喆生给谏、文小浦、张子芾、屺怀、建霞，喆翁出示米南宫三札真迹。

《日记》卷五，六十页下

六月初二日

得郑庵书以《克鼎》拓本一纸见贻，属为释文。甫展函，建霞来传示廉生书述师意甚急，如不应命，以后所索拓本，皆将谢绝。遂招西蠡来同释。

《日记》卷五，六十一页上

六月廿六日

再同、建霞新得古币甚多，余索得六品安阳服营马。

《日记》卷五，六十二页上

六月廿九日

至陶然亭，应建霞之招，见杨叔乔、文道希、黄季度。季度收藏字画甚富，尽携以来，有贯休画《三教同源图》及《面壁图》，张南山考为东坡携至岭外，虽不可信，然必非宋以后物。又陆叔平画山水立幅及便面、王雅宜书宫词百首、仇唐人物、四王山水，皆至精。《邵瓜畴画山水卷子》有覃溪题小楷至二万馀字，精妙不可思议。

《日记》卷五，六十二页上

七月初三日

午后西蠡招饮，至则无客无肴无酒。坐良久，其亲弗家送馔来，建霞亦至，不至如东坡之设皛饭，幸矣。见所得《弇州四部稿》。

《日记》卷五，六十二页上

七月十四日

建霞来，偕赴厂肆购雅雨堂刻《金石录》一部，《裴岑纪功碑》朱拓一通，又《龙兴寺道德经幢》开元二十三年刻，有宋端拱间题字，孙赵所未著录。又《华阴华岳庙程琳题名记》。

《日记》卷五，六十三页上

清光绪庚寅十六年

四月十三日

从建霞处得家书，附来新吾函并经幢一包云："沈君伯云所藏，共五十馀种，欲举以相贻。"喜甚。及启视，则仅《湖州天宁寺幢》八种，余亦有藏本，馀皆风峪石经，非石幢也，为之爽然若失。

《日记》卷六，十一页下

四月十九日

午后报录人至，知余列一等第十二名，江苏一等五人，屺怀居首，刘振青次之，余又次之，橘农、胜之又次之。建霞、峨山、叔和、咏春皆列二等。

《日记》卷六，十二页上

四月廿一日

夜屺怀、建霞来谈，知建霞为高阳所抑，屺怀适遇河阳，余与咏春前辈同为仲约阁学所阅，咏春竟遭辣手。余首鼠两端，尚不至为所勒帛，幸矣。

《日记》卷六，十二页上

四月廿八日

黎明赴西苑门听候引见，蒙恩授编修，屺怀、橘农、振青、建霞、胜之、咏春前辈皆留馆，刘峨山改部属，孙叔和改知县。

《日记》卷六，十二页上

十月廿八日

凤石前辈为郑庵师视疾。夜校《盐铁论》元本，为建霞所藏，出于麻沙书肆，亥豕迷目，而时有一二绝佳处，古本所以可宝也。

《日记》卷六，二十一页至二十二页

十一月十九日

建霞赠《唐人写经》手卷及日本刻《多贺城碑》阁臂各一，颇精。

《日记》卷六，二十二页下

十一月二十日

访建霞，观《唐人写经》长卷。

《日记》卷六，二十二页下

十二月初四日

夜作七律二首，为建霞题《募梓图》，图系方殀江为江子屏先生作，安邑宋葆淳跋。

《日记》卷六，二十三页上

十二月十五日

建霞招番膳，纵观《唐人写经》十馀卷，及元刻《集千家注杜诗》，末卷中一叶有“积庆堂刊”木记，板心有“至正戊子印”五字。又《董文敏题陈眉公东佘山居七律三十首墨迹》，又《东佘山图》四幅，每幅系以小诗。又《王惕夫曹墨琴合璧册》，《惕夫自写论帖诗》，每一诗即仿所论石刻，体精绝旧，为吾家十如老人所藏，载入《鸥陂渔话》。又《顾恂堂画册》十幅，有郭频伽题小诗。

《日记》卷六，二十三页至二十四页

清光绪辛卯十七年

正月十五日

建霞、胜之来，同游厂肆，得陈文庄《无梦园集》一部，共二函廿册，分十四集。以杜诗"岂有文章惊海内，漫劳车马驻江干"分编，文体纤仄，不出公安、竟陵二家。以乡先喆遗书，损四金购之，可谓好事矣。

《日记》卷六，二十四页至二十五页

六月初四日

得建霞书，附来《溪州铜柱铭拓本》，木斋同年所贻也。

《日记》卷六，三十二页上

六月廿六日

得建霞书，以黎莼斋观察所刊《汗简笺正》四册见贻。

《日记》卷六，三十三页上

七月廿九日

建霞新得《大房山投龙璧记》原石，旧藏瑢贝勒邸第，今为一碑估撵至，索值四十金，尚不昂也。《投龙璧记》开元廿七年张湛词，外间久无拓本，前日李云从以一通求售，以为旧拓，而不知其石之已出也。

《日记》卷六，三十六页至三十七页

八月二十日

建霞来送别，辰刻登程，仲午送至通州始别去。在通雇漕船一艘，价津笺十一千。

《日记》卷六,三十七页上

清光绪壬辰十八年

闰六月十二日

访建霞畅谈,见汪厚斋《溪亭独坐图》有孙渊如、梁山舟诸人题,又有《张匠门手札》,《黄野鸿自书诗册》。

《日记》卷六,四十七页上

闰六月十八日

仲约侍郎招天宁寺,偕蒿隐、佛青、梦花、礼卿、道希、建霞、西蠡、木斋、静偕、仲弢、子培、子封、艺风、柚岑。秋暑甚酷,席散徘徊至日昳始进城。天宁寺在彰义门外,乔木千章,浮图百尺,幽旷之致,较龙泉、悯忠诸刹为胜。

《日记》卷六,四十七页上

七月十三日

至建霞处,见陆纯伯云:"厂肆新见元刻《庄子口义》。"后至厂肆流览,得《尧峰文钞》一部。

《日记》卷六,四十八页上

八月十二日

李云从来,得《韩显宗墓志》一通,西蠡以为好事者赝造,建霞以为木刻,皆吹毛之论也。

《日记》卷六,五十页下

九月十五日

午后建霞来谈,携桂未谷所摹《渔洋禅悦图》见示,翁覃溪题诗,精妙不可思议。

《日记》卷六,五十二页上

九月廿六日

屺怀招广和居,同裴伯谦、蒿隐见明程模《白潭图》手卷,周臣画,有模自撰《白潭生传》,题诗者共十七家,始王雅宜，讫周公瑕，中有皇甫子深，袁尚之昆季文雁、门彭。席散，复偕建霞至蔚若新居，在阎王庙街，岳大将军钟琪旧第也。夜读《文庄集》。

《日记》卷六，五十二页至五十三页

清光绪癸巳十九年

二月廿三日

建霞赠《刁遵》、《王僧》两志。

《日记》卷六，五十八页下

二月廿四日

隶古碑估，来得《刁魏公志》，胜于建霞所贻。

《日记》卷六，五十八页下

三月十四日

建霞招广和居，座有江西高孝廉次圃，善相人，遍谈座客，皆奇中，于余独不验。仲约侍郎亦善谈风鉴，每见余必熟视且曰："是非余所知也。"岂皆以余为壶子邪？座尚有沈君笛伊，新自墨洲归。徐君积馀，润山鹾使之侄。得宝元年经幢一通。

《日记》卷六，五十九页下

四月十六日

建霞约往陪莒上两观见凤石、绂卿诸君。存斋云厂肆所见以明抄本《太平御览》为佳册，在苏见《刘完庵集》未得也。

《日记》卷六，六十页上

七月廿三日

木斋、静偕、建霞招饮，见宋拓《洛神赋》、旧拓《房玄龄碑》。

《日记》卷六，六十二页上

清光绪甲午二十年

二月廿八日

闻大考前列喧传一等五人，道希、佩鹤、伯揆、戴鸿慈、陈兆文。咏春在二等前列，蔚若、颖芝皆二等。即往蒿隐处观全单，余与屺怀、韶臣、建霞、小山、礼卿、子封、蔚庭皆三等。静皆、研芙在三等末，子献四等。此次己丑一科全军皆没，惟恽薇生二等前列，尚可望转坊阶耳。木斋诸君在闱中闻此信，当以不预考为幸矣。

《日记》卷七，三页至四页

五月廿三日

建霞赠明俞琬纶《自娱集》二册，长洲人，前有文文肃序。

《日记》卷七，五页上

七月二十日

耄估来，得《朱永隆造象》、《于府君义桥石象碑》各一通。栩缘自东瀛致建霞书，述日、高起衅之始，屡次请添兵、请撤馆，当轴皆不省。又附管见八则，亦颇中肯綮，近数日内邸钞无非祝嘏折子，则其凿枘宜矣。

《日记》卷七，六页

清光绪丙申二十二年

十一月廿八日

阅《灵鹣阁丛书》三集，内多彝器目，有蒲生、洨民遗著。

《日记》卷七，三十八页上

清光绪丁酉二十三年

正月十八日

得建霞书，征刻潘文勤师《海东金石记〔苑〕》、《蒿隐遗稿》，闻粲林客腊廿五日作古，天乎夙老不幸为鄙人之续，其将何以为情乎？

《日记》卷七，四十页上

清光绪戊戌二十四年

二月十八日

王两时来述建霞临行与焕彬交哄，几成笑柄。秦介侯来言南汇书院掌教乏人，邑令延夏冰夫中翰，诸生不服，欲俟学使案临递呈，指名延鄙人承乏，愧不敢当，属其婉辞。

《日记》卷七，五十八页下

闰三月十九日

建霞来，并呈所刻拙著《藏书纪事诗》，尚精好。渠作一序，其门人湘潭刘茂才肇隅任校勘，附一跋于后。

《日记》卷七，六十一页

五月初七日

至建霞处，以寿文属其染翰。建霞赠金石书三种：《醴泉》一册，系县志中抽出残本；后附《大名府金石志》，仅十馀叶；《金华府》一册，仅十叶，其郡人王家齐编次，同治癸亥刊于岭南，向来所未见也。

《日记》卷七，六十二页至六十三页

七月廿七日

得及庵柬，建霞赏四品京堂，并闻在总理衙门行走。校邠师身后受特达之知，建霞又抟摇欲上。若仆之碌碌无能，将填沟壑，真所谓蜂腰矣。可愧！可愧！新政谕旨及各衙门条奏累牍难罄，惟瑞景苏学士请南漕改折裁并卫弁、屯田由地方官征粮，优贡沈兆祎呈请推广邮政、裁撤驿站，皆为至当不易之论。

《日记》卷七，六十六页下

八月二十日

凤石新生子周晬，往贺，同乡皆集。闻有密谕查办一单二三十人，惟知刑部洪汝冲、工部李岳瑞及建霞在其列，馀不知也。又闻译署需才，诏征吴怀壬、邵小村两公。中朝之乏才，亦可见矣。

《日记》卷七，七十一页上

八月廿一日

阅邸钞：湖南巡抚陈宝箴封疆大员，滥保匪人，着革职，永不叙用。伊子陈三立引进奸邪，着一并革职。四品京堂江标、庶吉士熊希龄庇护奸党、暗通消息，均着革职，永不叙用，交地方官严加管束。灵鹣目动而言肆，趾高而气扬，早知其有今日。但聚什伯飞扬假诡之士沉顿在下，衮衮诸公，恐亦未能高枕而卧也。

《日记》卷七，七十一页下

九月初三日

得郎亭师书，为灵鹣惴惴，而不知其已揭晓矣。

《日记》卷七，七十二页下

清光绪己亥二十五年

一月廿九日

得允之书，建霞新遭回禄，尽失所有，祸不单行，可怜可叹。

《日记》卷八，三页上

十月廿八日

凤石来传建霞噩耗，云得自蔚若，闻之骇极，犹冀其非真也。

《日记》卷八，十三页下

十月廿九日

昨闻建霞噩耗,惊怛不寐。晨起即以一函询蔚若,还书云得自翛闲,十九日知其病笃,二十日闻易箦矣。旋子沂得家书,云鄙人前寄一函,廿一日到,已不及见,其所辑《荛圃年谱》尚在案头也。呜呼!建霞竟死矣,天生美才不善用之,摧残沮抑,至于不永其年,良可痛惜。余所著《藏书纪事诗》以此得罪枢要,十年沉顿,悔读《南华·秋水篇》矣!潘文勤师欲付梓,甫发德音,骑箕遽去。今建霞刻成而逝,岂真为不祥之物邪?以一联挽之云:"藏书纪事,幸附丛编,簜节言旋,张范盛名撄党禁;士礼征文,遂成绝笔,菟裘未筑,应刘幽愤损天年。"

《日记》卷八,十三页下

十二月初四日

善化俞伯钧同年来久谈,不满于叶焕彬云建霞在湘,士论有去思,皆平情之论也。

《日记》卷八,十五页下

清光绪庚子二十六年

十月初三日

度门无事,检点箧中长物,尽作金杯之羽化。五百经幢馆图两帧,一为子枞同年笔,一建霞所作,两君皆已作古人,无从补绘。此等物洋兵土匪视为土苴,必归夫己氏之橐毫无疑义,可恨已极。

《日记》卷八,六十五页下

江标著述目录

红蕉词一卷

(清)江标撰 清光绪中元和江氏师鄦室刻本

民国十二年(1923)又满楼丛书本

宋元行格表二卷

(清)江标辑　清光绪二十三年(1897)元和江氏刻本

民国三年(1914)上海文瑞楼石印本

声类考逸二卷

(清)江标辑　未刻,已佚

西政通考一卷

(清)江标辑　未刻,已佚

西学通考一卷

(清)江标辑　未刻,已佚

仓颉篇辨证四卷

(清)江标辑　未刻,已佚

古匋录一卷

(清)江标辑　未刻,已佚

水经注引书目一卷

(清)江标辑　未刻,已佚

咸同两朝中俄交涉记二卷

(清)江标辑　未刻,已佚

古泉精拓本一卷

(清)江标　王廉生选　民国十二年(1923)上海神州国光社据稿本影印

黄荛圃先生年谱二卷

(清)江标撰　清光绪中元和江氏刻《灵鹣阁丛书》本

士礼居藏书题跋续录一卷

(清)黄丕烈撰　江标辑　未刻,刻入《灵鹣阁丛书》者,系缪荃孙辑录本。

沅湘通艺录八卷(又名:江宗师试牍)

(清)江标辑　清光绪中元和江氏刻《灵鹣阁丛书》本

新学分类文编

（清）江标评选　清光绪中石印本

格致精华录四卷　附德国议院章程、合盟纪事本末

（清）王仁俊撰　江标编次　清光绪二十二年（1896）石印本

中外经济政治汇考十六卷

（清）江标辑　清光绪二十七年（1901）石印本

政治经济言十二卷

（清）江标辑　清光绪二十八年（1902）富强斋石印本

来蝶仙堂诗画册一卷

（清）江标撰辑　民国二十六年（1937）国学图书馆据稿本影印

修书图一卷

（清）江标撰辑　民国苏州振新书社据稿本影印

江标刻书目录

留沤吟馆词草一卷

（清）沈蓥撰　清光绪六年（1880）元和江氏师鄦室刻本

红蕉词一卷

（清）江标撰　清光绪中元和江氏师鄦室刻本

宋元名家词十五种十七卷

（清）江标辑　清光绪二十一年（1895）湖南思贤书局刻本

子目：

信斋词一卷　（宋）葛郯撰

乐斋词一卷　（宋）向滈撰

晦庵词一卷　（宋）朱熹撰

竹洲词一卷　（宋）吴儆撰

虚斋乐府一卷　（宋）赵以夫撰

和清真词一卷　(宋)杨泽民撰
风雅遗音二卷　(宋)林正大辑
文山乐府一卷　(宋)文天祥撰
雪坡词一卷　(宋)姚勉撰
演山词二卷　(宋)黄裳撰
松雪斋词一卷　(元)赵孟頫撰
雪楼乐府一卷　(元)程文海撰
古山乐府一卷　(元)张野撰
雁门集一卷　(元)萨都剌撰
云林词一卷　(元)倪瓒撰

唐人五十家小集

(清)江标辑　清光绪二十一年(1895)江氏灵鹣阁据南宋书棚本景刊于湖南使院。卷首题:南宋书棚本《唐人小集》,光绪二十一年乙未影刻于湖南使院,元和江标记。

子目:

王勃集二卷　(唐)王勃撰
杨炯集二卷　(唐)杨炯撰　宋睦亲坊本
卢照邻集二卷　(唐)卢照邻撰　用两种宋版并合
骆宾王集二卷　(唐)骆宾王撰　南宋陈道人家本
唐司空文明诗集三卷　(唐)司空曙撰　宋临安府刊本
李端集三卷　(唐)李端撰　书棚本
耿湋诗集一卷　(唐)耿湋撰　影刻陈思本之一
严维诗集一卷　(唐)严维撰
唐灵一诗集一卷　(唐)释灵一撰　菏泽李龏编
唐皎然诗集一卷　(唐)释皎然撰
华阳真逸诗二卷　(唐)顾况撰　影南宋书肆本
戎昱诗集一卷　(唐)戎昱撰

戴叔伦集二卷　(唐)戴叔伦撰　宋书坊本

权德舆集二卷　(唐)权德舆撰　江氏家藏

羊士谔诗集一卷　(唐)羊士谔撰

吕衡州诗集一卷　(唐)吕温撰　宋十行十八字本

朱庆馀诗集一卷　(唐)朱庆馀撰　宋睦亲坊陈家刻

刘沧诗集一卷　(唐)刘沧撰

卢仝集三卷　(唐)卢仝撰

喻凫诗集一卷　(唐)喻凫撰

项斯诗集一卷　(唐)项斯撰

唐求诗集一卷　(唐)唐求撰

曹邺诗集二卷　(唐)曹邺撰

崔涂诗集一卷　(唐)崔涂撰

张蠙诗集一卷　(前蜀)张蠙撰　江氏得南宋书棚本精刊

刘驾诗集一卷　(唐)刘驾撰　宋十行本

唐李推官披沙集六卷　(唐)李咸用撰　宋十行十八字临安府棚本

刘叉诗集三卷　(唐)刘叉撰　陈宅书籍铺本　南宋刻

苏拯诗集一卷　(唐)苏拯撰

江标按：苏拯，“拯”字，许书作“抍”，今题书衣从之，影宋刻。

章孝标诗集一卷　(唐)章孝标撰

宋临安府棚北大街睦亲坊南陈宅刊本

于濆诗集一卷　(唐)于濆撰

李丞相诗集二卷　(南唐)李建勋撰　宋十行本

唐女郎鱼玄机诗一卷　(唐)鱼玄机撰　南宋陈道

人精刊临安府棚北睦亲坊南陈宅书籍铺印

唐贯休诗集一卷 （唐）释贯休撰

唐齐己诗集一卷 （唐）释齐己撰

僧无可诗集二卷 （唐）释无可撰

刘兼诗集一卷 （唐）刘兼撰

王周诗集一卷 （南唐）王周撰 宋十行本

储嗣宗诗集一卷 （唐）储嗣宗撰

章碣诗集一卷 （唐）章碣撰

李远诗集一卷 （唐）李远撰 宋陈氏坊本

会昌进士诗集一卷 （唐）马戴撰 宋睦亲坊陈宅刻本

林宽诗集一卷 （唐）林宽撰

罗邺诗集一卷 （唐）罗邺撰 宋十行小字本

秦韬玉诗集一卷 （唐）秦韬玉撰

殷文珪诗集一卷 （唐）殷文珪撰

唐尚颜诗集一卷 （唐）释尚颜撰

于武陵诗集一卷 （唐）于武陵撰

无名氏诗集一卷 南宋书棚本

张司业乐府集一卷 （唐）张籍撰 宋睦亲坊本

灵鹣阁丛书[①]七集

（清）江标辑 清光绪二十一年乙未至二十三年丁酉(1895—1887)校刻于湖南使院。

子目：

第一集

韩诗遗说 二卷 订讹 一卷 （清）臧庸辑 陶

---

① 《灵鹣阁丛书》第七集未行世，书板刻成只印过红印本，现藏苏州市图书馆。

方琦校

尚书大传补注　七卷　(清)王闿运撰

校定皇象本急就章　一卷　(清)钮树玉校

说文解字索隐　一卷　补例　一卷　(清)张度撰

汉事会最人物志　三卷　(清)惠栋辑录

绿友臆说　一卷　(清)王筠撰

安邱王绿友先生教童子法　一卷　(清)王筠撰

洨民遗文　一卷　(清)孙传凤撰

钦定四库全书总目提要四部类叙　一卷　(清)江标辑

先正读书诀　一卷　(清)周永年辑

第二集

朔方备乘札记　一卷　(清)李文田撰

使德日记　一卷　(清)李凤苞撰

德国议院章程　一卷　(清)徐建寅译

英轺私记　一卷　(清)刘锡鸿撰

新嘉坡风土记　一卷　(清)李钟珏撰

中西度量衡表　一卷

光论　一卷　(清)张福僖译

人参考　一卷　(清)唐秉钧撰

积古斋藏器目　一卷　(清)阮元藏辑

平安馆藏器目　一卷　(清)叶志诜藏辑

清仪阁藏器目　一卷　(清)张廷济藏辑

怀米山房藏器目　一卷　(清)曹载奎藏辑

两罍轩藏器目　一卷　(清)吴云藏辑

木庵藏器目　一卷　(清)程振甲藏辑

梅花草庵藏器目　一卷　(清)丁彦臣藏辑

簠斋藏器目　一卷　(清)陈介祺藏辑

窸斋藏器目　一卷　（清）吴大澂藏辑

天壤阁杂记　一卷　（清）王懿荣撰

董华亭书画录　一卷　（明）董其昌撰　（清）青浮山人辑

画友诗　一卷　（清）赵彦修撰

士礼居藏书题跋记续录　二卷　（清）黄丕烈撰（清）缪荃孙辑

江宁金石待访目　二卷　（清）严观撰

山左南北朝石刻存目　一卷　（清）尹彭寿撰

第三集

汉鼓吹铙歌十八曲集解　一卷　（清）谭仪撰

碧城仙馆诗钞　八卷　（清）陈文述撰

听园西疆杂述诗　四卷　（清）萧雄撰

琼州杂事诗　一卷　（清）程秉钊撰

匪石山人诗　一卷　（清）钮树玉撰

衍波词　一卷　（清）孙荪意撰

第四集

文史通义补编　一卷　附钞本目　一卷　刊本所有钞本所无目　一卷　（清）章学诚撰

和林金石录　一卷　诗　一卷　（清）李文田撰　附和林考　一卷　（清）黄楙材撰

前尘梦影录　二卷　（清）徐康撰

西游录注　一卷　（清）李文田撰

澳大利亚洲新志　一卷　（清）吴宗濂　赵元益译

张忆娘簪华图卷题咏　一卷　（清）江标辑

第五集

国语校文　一卷　（清）汪中撰

嘉荫簃藏器目　一卷　（清）刘喜海藏辑

爱吾鼎斋藏器目　一卷　(清)李璋煜藏辑
石泉书屋藏器目　一卷　(清)李佐贤藏辑
双虞壶斋藏器目　一卷　(清)吴式芬藏辑
簠斋藏器目第二本　一卷　(清)陈介祺撰
选青阁藏器目　一卷　(清)王锡棨藏辑
藏书纪事诗　六卷　(清)叶昌炽撰

第六集

沅湘通艺录　八卷　四书文　二卷　(清)江标辑
日本华族女学校规则　一卷
黄荛圃先生年谱　二卷　(清)江标撰

第七集

绛云楼书目补遗　一卷　(清)钱谦益藏
静惕堂书目　二卷　(清)曹溶藏
汪胡尺牍(汪喜孙、胡培翚与陈硕甫书)　二卷
定庵馀集　一卷　(清)龚自珍撰
笏庵词　一卷　(清)潘志万撰
翁氏家事略记　一卷　(清)翁方纲撰

师郮室目录丛刻三种

常熟瞿氏铁琴铜剑楼藏宋元本书目
聊城杨氏海源阁藏书目
丰顺丁氏持静斋宋元校钞名本书目
(清)江标辑　清光绪二十三年(1897)元和江氏刻本

龚定盦先生己亥杂诗①

(清)龚自珍撰　清光绪二十三年(1897)元和江氏影刻本

① 该书板刻已成,未刷印。

江标灵鹣阁藏书目录

小　序

“真赏斋中有仲宣，铭主绝品不论钱。甘陵钩党人间籍，天上樵阳作散仙。”上录七绝是叶昌炽《藏书纪事诗》中对灵鹣阁主江标藏书之概括叙述。江标生才百日即遭父丧，从小就读于外家。舅氏华翼纶是金匮藏书名家，江标自幼耳濡目染，遂精鉴别。他好书成癖，随幕游历各地，常常流连于市井书肆之中。一遇精椠旧抄，就爱不释手，每倾囊买得，日积月累，藏书渐富，铭其藏书室曰“灵鹣阁”。江标家本清寒，常以精椠易米。过眼云烟，随聚随散。谢世后遗书虽有数十椟，然精椠则已寥若晨星。最后一部分藏书在一九三七年“八一三”日寇狂炸闸北的战火中，毁于江标儿子江新（小鹣）上海闸北北宝兴路底寓所静园。江氏灵鹣阁藏书，未见有专目传世。今从清人诗文别集、叶昌炽《缘督庐日记抄》、江标友朋书札以及各图书馆藏书等资料中，搜佚采微，辑成《江氏灵鹣阁藏书目录》。

经　部

刊正九经三传沿革例一卷

(宋)岳珂撰　清嘉庆甲戌十九年扬州汪氏刻本　一册

礼记

元刻本

论语正义二十卷

明藩府刻本

孟子字义疏证三卷

(清)戴震撰　日本抄本　一册

论孟注疏

宋刻巾箱本　廿四册　(叶昌炽《缘督庐日记钞》云:每叶二十行,二十三字,格外后半叶上方有论疏诸字,中心记字数,遇宋讳加围,据云雕印精美。若为廖氏群玉世彩堂本,则至宝矣。即盱江覆本,亦不失买王得羊也。)

大学古本说一卷

(清)李光地撰　榕村全书本　一册

方言十三卷

(汉)杨雄撰　(晋)郭璞注

续方言三卷

(清)杭世骏辑

续方言补一卷

(清)程际盛辑　清光绪辛卯十七年思贤讲舍刻本　三册

说文校定本十五篇

(清)朱士瑞撰　清同治乙丑四年刻本　江标题签　一册

说文系传四十卷

(南唐)徐锴撰　清道光己亥十九年寿阳祁氏刻本　清苗仙麓校　八册

说文系传校录三十卷

(清)王筠撰　清咸丰丁巳七年刻本　四册

汲古阁说文订一卷

(清)段玉裁撰　清同治壬申十一年刻本　江标校　一册

段氏说文注订八卷

(清)钮树玉撰　清道光癸未三年刻本　二册

说文解字木说笺异二卷

(清)莫友芝撰　清同治癸亥三年湘乡曾氏刻本　江标跋　一册

说文发疑六卷

(清)张行孚撰　清光绪癸未九年刻本　江标题识　三册

说文经斠十三卷　正俗一卷

(清)杨廷瑞撰　清光绪辛卯十七年刻澂园丛书本　二册

说文逸字辨证二卷

(清)李桢撰　清光绪乙酉十一年畹兰室刻本　二册

读说文杂识一卷

(清)许棫撰　清光绪辛巳七年鄂眉刻本　江标跋　二册

古籀拾遗三卷　附政和礼器文字考一卷

(清)孙诒让撰　清光绪戊子十四年刻本　江标题识　一册

辅教编残存一卷

(宋)释契嵩撰　元刻本　一册

叶昌炽《缘督庐日记钞》云:引大小徐《说文》及诸经传,与世行本有异同,惜只一卷,非完本。契嵩《镡津集》,四库著录。

仓颉篇三卷

(清)孙星衍辑　清乾隆毕氏经训堂刻本　江标校　一册

复古篇十二卷　附录一卷

(宋)张有撰　清乾隆辛丑四十六年安邑葛氏刻本

四册

乐曾轩稿一卷

(宋)张维撰　清乾隆辛丑四十六年安邑葛氏刻本　一册

汗简笺正八卷

(清)郑珍撰　清光绪己丑十五年刻本

汉魏音四卷

(清)洪亮吉撰　清光绪丁丑三年刻洪北江全集本

集韵十卷

清曹楝亭刻本

叶昌炽《缘督庐日记钞》云:有大兴翁氏石默书楼印,覃溪先生物也。

六书韵征十六卷

(清)安吉撰　清道光丁酉十七年亲仁堂刻本　四册

顋经笔记一卷

(清)陈倬撰　清元和陈氏自刻本　一册

史　部

史记一百三十卷

(汉)司马迁撰　明刻本

叶昌炽《缘督庐日记钞》云:非王刻,非柯刻,亦非秦藩本。察其纸墨,总在正统以前。

金史详校十卷　附史论五答一卷

(清)施国祁撰　清光绪庚辰六年会稽章氏刻本　十二册

古史六十卷

(宋)苏辙撰　明刻本

资治通鉴刻本识误三卷

（清）张敦仁撰　清光绪丙戌十三年新阳赵氏刻本　江标校　二册

金源札记二卷　附又札一卷　史论五答一卷　吉贝居暇唱一卷

（清）施国祁撰　清嘉庆壬申十七年浔溪吉贝居刻本　二册

阙史

抄本

叶昌炽《缘督庐日记钞》云：有赵辑宁印、素门古欢书屋、摛藻堂藏书印、平阳季子收藏图书五朱记，盖由不山堂入汪氏也。

皇明通识五藩梼乘二卷

（清）巫峡逸人撰　旧抄本　二册

史目表二卷

（清）洪饴孙撰　清光绪戊寅四年刻本　江标题签并眉批　一册

前汉匈奴表三卷　附录一卷

（清）沈惟贤撰　铅印本　江标题识　二册

百夷传一卷　东国史略六卷

（明）钱古训撰　清抄本　二册

吴郡名贤小纪（又名：姑苏名贤小纪）

明抄本

碑传集一百六十四卷

（清）钱仪吉撰　清江苏书局刻本　六十册

词林典故六十四卷

（清）朱珪等撰　清光绪丁亥十三年刻本　三十四册

郑康成年谱一卷

（清）侯登岸撰　清道光戊戌十八年刻本　一册

阎百诗年谱一卷

(清)张穆撰　清䃭虬亭刻本　一册

罗壮勇公年谱二卷

(清)罗思举撰　清光绪间振绮堂丛书本　江标题识　一册

潘文勤公年谱一卷

(清)潘祖年撰　潘氏家刻本　一册

楚汉诸侯疆域志三卷

(清)刘文淇撰　清光绪丙子二年金陵书局刻本　江标题识　一册

吴疆域图说三卷

(清)范本礼撰　清光绪戊子十四年江阴南菁书院刻本　江标题识　一册

虞山小史

朝鲜抄本　七册

无锡县志四十二卷

(清)徐永言修　严绳孙、秦松龄纂　清康熙庚午二十九年刻本

黔史四卷

(清)犹法贤撰　清光绪戊子十四年刻本　江标题识　一册

黔记三卷

(清)李宗昉撰　清光绪丙戌十二年刻本　一册

水经注四十卷

(北魏)郦道元撰　王伯申校本

水经注图及附录二卷

(清)汪士铎撰　清湖北书局刻本　一册

湘城访古录十七卷

(清)陈运榕撰　清光绪甲午二十年刻本　六册

汉官旧仪二卷　补遗一卷

(汉)卫宏撰　福建翻刻武英殿丛书本　一册

礼部则例二卷

清刻六部则例全书本　二册

大清律例四十七卷

清乾隆五年修　京坊本　二十六册

舆地碑记目四卷

(宋)王象之撰　清潘氏滂喜斋刻本　江标题识　二册

金石学录四卷

(清)李遇孙撰　清道光壬午四年芝省斋刻本　江标跋　二册

中州金石目四卷

(清)姚晏撰　清咫进斋丛书本　二册

吴兴金石记十六卷

(清)陆心源撰　清光绪庚寅十六年刻本　江标题签　四册

筠清馆金石文字五卷

(清)吴荣光撰　清道光壬寅二十二年自刻本　江标校并跋　五册

随轩金石文字九种

(清)徐渭仕撰　清同治戊辰七年刻本　江标题签　八册

来斋金石刻考略二卷

(清)林侗撰　清道光辛丑二十一年春晖堂刻本　二册

汉碑录文四卷

(清)马邦玉撰　清道光刻本　江标跋　四册

汉东海庙碑残字一卷

清两罍轩模刻宋拓本　一册

双钩化度寺碑一卷

清两罍轩模刻宋拓本　一册

多贺城碑阁臂一卷

日本刻本

秦姚兴弘始九年造象一通

叶昌炽《缘督庐日记钞》云：其末有云："爰刻诸石，以铭寸心。"安有六朝人而为此语者？赝品无疑矣。

赵州景祐幢不全本

叶昌炽《缘督庐日记钞》云：此本拓在百年前，神采奕奕，其书可匹眉山，更上则马鸣寺根法师碑也。可谓知言。

大房山投龙壁记

唐开元廿七年张谌词

钱乙生藏雁足灯拓本

一帧

隋淳于俭墓志铭

一纸

硕庭彝器拓本

二册

沈西雝河朔访碑图一卷

稿本　汤雨生、潘绂庭题跋

叶昌炽《缘督庐日记钞》云：《沈西雝河朔访碑图》，潘星斋所绘，引首五篆字，黄寿凤笔也。汤雨生、黄安涛、周沐润、吾家十如老人、释达受祖观，皆有诗。

千甓亭古砖图释二十卷

（清）陆心源撰　清光绪辛卯十七年石印本　江标题签　三册

国史经籍志首册

(明)焦竑撰　清蒋子遵抄本　有跋　有南昌彭氏知圣道斋图记

经籍访古志六卷　补遗一卷

(日)涩江全善、森立之撰　清光绪乙酉十一年铅印本　江标题识并校注

汲古阁珍藏秘本书目一卷

(清)毛扆撰　清嘉庆庚申五年吴门黄氏士礼居刻本　江标跋　一册

渔洋书跋二卷

(清)王士祯撰　清啸园刻巾箱本　江标题签　二册

琴清阁书目一卷

旧抄本　江标题识　一册

聊城杨氏宋存书室宋元本书目一卷　附朱子清结一庐书目一卷

江标抄本　一册

爱日精庐藏书志三十六卷　续四卷

(清)张金吾撰　清光绪丁亥十三年铅印本

汪郎亭钞丛书目一卷

清汪鸣銮抄本

书抄阁藏书跋语一卷

抄本

荛圃四跋

叶昌炽《缘督庐日记钞》云：据云皆赵静庵物，有跋无书，以赠芾卿矣。

子　部

盐铁论十二卷

(汉)桓宽撰　元刻小字本

叶昌炽《缘督庐日记钞》云：为建霞校《盐铁论》元本，出于麻沙书肆，亥豕迷目，而时有一二绝佳处，古本所以可宝也。

近思录十四卷

（宋）朱熹、吕祖谦撰　宋刻本

儒门正宗类编二十二卷

（清）邹世照撰　清光绪丙戌十一年刻本　二册

男齿谱九卷　女齿谱三卷

（清）易宗涒辑　清雍正乙巳三年赐书堂刻本　二十册

入学图说二卷

（明）权近撰　日本庆安元年十月吉日安田十兵卫刻本　二册

韩非子二十卷　晏子春秋八卷

清嘉庆丙子二十一年至戊寅二十三年全椒吴氏刻本

袖珍小儿方　仁斋伤寒直指源流至论

元刻本

步天歌一卷　经星汇考一卷　上元甲子恒星表一卷

清江南制造局刻本　一册

谈天十八卷

（英）伟烈亚力口译　（清）李善兰删述　铅印本　三册

恒星说一卷　附艮庭小彗一卷

（清）江声撰　清光绪刻本　一册

测圆海镜十二卷

（元）李治撰　明钞本

九章算术细草图说十卷

（清）李潢撰　清李氏刻本　八册

开方指南

（清）蔡尔光撰　清乾隆年间钞本　二册

求是斋算学四种四卷

(清)张楚钟撰　清同治癸酉十二年张氏家刻本　二册

代数术二十五卷

(英)华里司撰　江南制造局刻本　六册

数理学九卷　附一卷

(英)棣么甘撰　清光绪元和江衡校刻本　四册

唐太宗屏风书释文一卷

清道光己酉二十九年日本刻本　一册

渔洋禅悦图一卷

(清)桂馥摹　翁方纲题诗

顾惕堂画册十幅

(清)郭频伽题诗

东佘山图四幅　附小诗

溪亭独坐图一卷

(清)孙星衍　梁山舟等题

耆年服物图一卷

(清)方兰坻绘

归石轩画谈三卷

(清)杨翰撰　清同治刻本　二册

画学心印八卷

(清)秦祖永撰　清光绪戊寅四年朱墨套印本　八册

玉台画史五卷　别录一卷

(清)汤漱玉撰　清道光癸卯二十三年汪氏振绮堂刻本　一册

梦园书画录二十五卷

(清)方濬颐辑　清光绪丁丑三年方氏刻本　十二册

书画所见录三卷

(清)谢堃撰　清光绪庚辰六年刻本　四册

自怡悦斋书画录三十卷

(清)张大镛撰　清道光壬辰十二年刻本　十五册

穰梨馆过眼录四十卷

(清)陆心源撰　清光绪辛卯十七年刻本　十册

衍极五卷　考释一卷

(元)郑杓撰　刘有定释　抄本　(清)翁方纲校

艺概六卷

(清)刘熙载撰　清同治癸酉十二年刻本　江标题识　二册

学古编一卷

(元)吾邱衍撰　日本刻本　一册

论印绝句一卷　附续编一卷

(清)吴骞辑　清光绪己卯五年葛元煦刻本　江标批校　一册

书画缘画宗姓类十二卷　书谱姓类二十卷

(清)沈辰辑　清嘉庆丁巳六年刻本　十二册

高深甫燕闲清赏笺

手稿　一册

董文敏题陈眉公东佘山居七律三十首

墨迹　一册

王惕夫曹墨琴合璧册一卷

墨迹　一册

叶昌炽《缘督庐日记钞》云:惕夫自写论帖诗,每一诗即仿所论石刻,体精绝旧,为吾家十如老人所藏,载入《鸥陂渔话》。

淮南子二十八卷

(汉)刘安撰　明嘉靖年间刻本

叶昌炽《缘督庐日记钞》云:无高诱注,每卷首行题汉太尉祭酒臣许慎记，明后学闽中王鎣、太原传霖、蜀雅甘来学重刊。后有跋题嘉靖上章摄提格玄月既望后行闽中王鎣书于仕学堂之龙雷窟。

颜氏家训二卷

(北齐)颜之推撰

颜氏学记十卷

(清)戴望撰　清光绪甲午二十年龙山白岩书院刻本　四册

东湖丛记六卷

(清)蒋光煦撰　清云自在龛重刻别下斋本　三册

履园丛话二十四卷

(清)钱泳撰　清道光戊戌十八年刻本　八册

述学三卷

(清)汪中撰　清汪氏家刻本　二册

鸥陂渔话三卷

(清)叶廷琯撰　清同治己巳八年刻本　三册

元城语录三卷

(宋)马永卿撰　抄本　一册

叶昌炽《缘督庐日记钞》云：每卷有钱谦益印及"家在虞山之麓尚湖之滨号渔樵子"大方印。

吹豳录五十卷

(清)吴颖芳撰　清《月河精舍丛抄》本

老学庵笔记十卷

(宋)陆游撰　清光绪丁丑三年湖北书局刻本　一册

香祖笔记十二卷

(清)王士祯撰　清康熙己酉八年刻本

居易录三十四卷

(清)王士祯撰　清康熙年间刻王渔洋遗书本　八册

潜研堂答问十二卷

（清）钱大昕撰　清光绪辛巳七年刻巾箱本　四册

湘城遗事记九卷

（清）陈运溶撰　清光绪乙未二十一年萃文堂刻朱印本　四册

萍洲可谈三卷

（宋）朱彧撰　抄本

鸡泽胜录一卷

（清）程鸿诏撰　清光绪刻本　江标题识　一册

唐人写经手卷一卷

一切经音义二十五卷　附华严经音义二卷

（唐）释玄应撰　清同治八年刻本　江标批并跋　四册

艺文类聚一百卷

（唐）欧阳询撰　元刻明印本

集　部

然脂集二百三十卷

（清）王士禄编　稿本　存三十三卷　十一册

现藏上海图书馆，仅有九册，有江标题识二叶。又见《历代妇女著作考》著录："（清）王士禄编。士禄字子底，新城人。未经刊印。山东省立图书馆曾藏有传抄本，战后散佚。现上海图书馆藏有手稿本九册，存风雅四卷，又卷一至卷十五，卷二十一至三十三（内缺卷十六至二十）。前有引用书目一卷，《宫闺氏籍艺文考略》五卷，存卷一、卷二（卷三至卷五缺，余藏有钞本）。有江标题识二叶。今虽仅存残本九册，然明清之间闺秀别集，大都散失，而遗文佚篇，幸赖此以传，至可贵也。"

楚辞十七卷

(汉)刘向编　王逸章句　清同治壬申十一年金陵书局刻本　四册

楚辞释十一卷

(清)王闿运撰　清光绪乙未二十一年李氏刻红印本一册

靖节先生集十卷　评陶汇集一卷　年谱考异二卷

(清)陶澍集注　清道光庚子二十年刻本　四册

李太白集三十卷

(唐)李白撰　元刻本　八册一匣

叶昌炽《缘督庐日记钞》云:李翰林集,元刻。

集千家注杜诗二十二卷

(宋)徐居仁编　元刻本

叶昌炽《缘督庐日记钞》云:末卷中一叶有积庆堂刊木记,板心有“至正戊子印”五字。

徐武子选杜诗

抄本

昌谷集四卷

(唐)李贺撰　(明)曾益释　明刻本　二册

唐求诗集一卷

(唐)唐求撰　宋刻本　一册

权德舆集二卷

(唐)权德舆撰　宋刻本　一册

李义山诗集十六卷

(唐)李商隐撰　(清)姚培谦笺注　清乾隆己未四年刻本　四册

苏文忠公诗集五十卷

(宋)苏轼撰　(清)纪昀评注　清同治己巳八年韫玉山房朱墨套印本　八册

苏诗补注八卷　附志道集一卷

(清)翁方纲注　清乾隆壬寅四十七年刻本　二册

乌台诗案

(宋)苏轼撰　抄本

叶昌炽《缘督庐日记钞》云:前有士礼居藏印,后有吴牧庵跋云:右宋蜀人明九方著,盖录东坡下御史狱案,附以初举发章疏及谪官后表章书启诗词。马氏《通考》作十三卷,疑是三卷之讹。今藏弆家已无完本。查初白从娄东吴西斋借抄,仅有公案、章疏,而谪官后所录阙焉。乾隆甲午岁除传青芝山堂所藏,花山马氏本,盖即从吴本出也。延陵生吴翊凤书于奇怀堂。

集说

(元)陈澔撰　巾箱本

遗山集四十卷　附录一卷

(金)元好问撰　(清)沈小宛批注

叶昌炽《缘督庐日记钞》云:寥寥数语,不能附刻石湖诗后也。

丹崖集一卷

(明)唐肃撰　旧抄本　(清)黄丕列跋　一册

叶昌炽《缘督庐日记钞》云:荛圃跋,滂喜斋刻所未收。

山窗馀稿一卷

(明)甘复撰　明刻本　(清)黄荛圃校并跋　一册

梅村集四十卷

(清)吴伟业撰　清顺治庚子十七年刻本　十二册

受庵诗草一卷

(清)严咸撰　清光绪丁亥十三年湘绮楼刻本

绿溪初稿一卷　诗四卷　词一卷　咏史偶稿一卷

(清)靳荣潘撰　清乾隆丁酉四十二年刻本　三册

频罗庵遗集十六卷

江标集

(清)梁同书撰　清嘉庆丁丑二十二年修绠山房刻本　六册

茗柯文初编一卷　二编二卷　三编一卷　四编一卷

(清)张惠言撰　清嘉庆己巳十四年张氏秋树根斋刻巾箱本　江标跋　三册

张皋文遗集一卷

(清)张惠言撰　清抄本　(清)陈斌跋　一册

诒晋斋集八卷

(清)永瑆撰　清光绪己卯五年刘晚荣藏修书屋刻本　三册

蕙櫋杂记一卷

(清)严元照撰　清抄本

问梅诗社诗画册一卷

(清)黄丕烈等撰　稿本

碧城仙馆诗钞八卷

(清)陈文述撰　清嘉庆乙卯二十四年刻本

麋园诗钞一卷

(清)毛国翰撰　清光绪庚寅十六年刻本　一册

磵东诗钞二卷

(清)欧阳辂撰　清光绪己丑十五年刻本　一册

研六室文钞十卷　补遗一卷

(清)胡培翚撰　清光绪戊寅四年世泽楼刻本　四册

桂馨堂集十三卷

(清)张廷济撰　清道光戊申二十八年刻本

青溪旧屋文集十一卷

(清)刘文淇撰　清光绪癸未九年刻本　江标题识　二册

曝书亭集诗注二十二卷

(清)杨谦注　清嘉庆庚申五年三有堂刻本　十册

西垣诗钞二卷　黔苗竹枝词一卷

(清)毛贵铭撰　清光绪甲申十年刻本

续东轩遗集一卷

(清)高均儒撰　清光绪辛巳七年刻本　一册

仰萧楼文集一卷　国朝经学名儒记一卷

(清)张星鉴撰　清同治丁卯六年刻本　一册

通艺堂集二卷

(清)刘毓崧撰　清光绪庚寅十六年思贤讲舍刻本　一册

荔雨轩文集六卷

(清)华翼纶撰　清光绪癸未九年刻本　二册

云海楼诗稿四卷

(清)王治模撰　清光绪乙亥元年刻本　二册

白华绛柎阁诗初集十卷

(清)李慈铭撰　清光绪庚寅十六年刻越缦堂集本　二册

等闲阁诗钞一卷　诗话六卷

(清)张敬谓撰　清光绪癸巳十九年刻本　四册

梵隐堂诗存十卷

(清)释祖观撰　清同治丙寅五年刻本　二册

磨绮堂诗存一卷　附寿梅山房诗存一卷

(清)丁蓉缓撰　清光绪甲申十年刻本　一册

舫庐文存内集四卷　附外集一卷　馀集一卷

(清)张寿荣撰　清光绪癸未九年刻本　四册

师伏堂骈文一卷

(清)皮锡瑞撰　清光绪乙未二十一年师伏堂刻本　一册

来蝶仙堂诗画册一卷

(清)江标等撰　手稿本　一册

黄野鸿自书诗册一卷

稿本　一册

陈言夏手稿一卷

稿本　一册

叶昌炽《缘督庐日记钞》云:皆为人代作祭文,注明代某某,牧斋、稼轩、钱履之、孙本芝居多。

陈实父先生家友朋手札一卷

稿本　一册

张匠门手札一卷

稿本　一册

白石词集一卷

(宋)姜夔撰　清乾隆陈氏初刻本　江标批点　一册

日本乐府六十六阕一卷

(日)赖襄撰　美浓牧韧信侯注　日本文政十二年刻本　一册　江标题识

丛　书

唐人五十家小集

(清)江标辑　清光绪二十一年(1895)元和江氏灵鹣阁据南宋陈道人本景刻于湖南使院

灵鹣阁丛书七集

(清)江标辑　清光绪中元和江氏辑刻本

后　记

余从事图书馆古籍工作逾三十年，在整理古籍文献中，读到江标著的《宋元行格表》，此乃古籍版本鉴定工作的重要参考工具书，遂开始留意搜集江标有关版本目录的著作。随着资料的积累，逐渐加深了对江标的认识。江标是清末维新派人士，是戊戌变法的重要活动人物之一。又是一位满腹经纶的学问家、藏书家，精于鉴别和目录之学。

一百二十多年前的戊戌变法，是甲午战争之后救亡图存的爱国运动，尽管它只历经一百零三天，昙花一现，但它对社会变革和思想解放的启蒙作用是不容低估的。历史是一个大舞台，在这场资产阶级改良主义运动中，康有为、梁启超、谭嗣同等曾风动一时的人物为众人所熟知，而在他们周围还有一批有胆有识的活动家却鲜为人知，江标就是其中的一个。人们对这些人物之所以比较陌生，是因为留下的文字资料太少，或者说记载他们言行的文献散失太多。但只有将这些次重量级人物的言行和活动轨迹汇总起来，康、梁这样的领军人物才会显得更加魁梧，戊戌维新变法运动的内容也会更加丰满。出于这样的考虑，我萌生了辑录《江标集》的念头。

江标是维新变法的思想者，也是推行新政、变法革新的实践者。百日维新期间，各种口号、主张、奏折、诏书纷纷扬扬，而真正付诸实践的有多少？时任湖南学政的江标在湖南改革之举，不愧为维新变法画上浓墨重彩的一笔，并屡遭顽固派的反对、围攻和诟谤，但江标坚持不屈，持之愈力。诚如谭嗣同所言："方江学政之至也，谤者颇众。及命题喜牵涉洋务，所取之文，又专尚世俗所谓怪诞者拔为前茅，士论益哗。至横造蜚语，钳构震撼，而江学政持之愈力。"不知不觉，湖南之陋风顽习变为一新，人思自奋，家议维新，风气之开，几为各行省冠。江标维新变法的作为功不可没，历史不应忘记他。

本书的编录，始于上世纪七十年代末改革开放之初，至一九八四年完成初稿，一九八七年完成增订稿。承蒙中华书局应允，列入近代史编辑部的出版计划。书稿送至出版社后，由于种种原因，出书计划一再延宕。光阴荏苒，余在等待中退休了。二十年后的二〇〇七年夏，突然接到中华书局历史编辑室欧阳红女士电话，告诉我她已在筹划编辑出版《江标集》有关事宜，这一消息顿使我喜出望外，感慨万千。改革开放三十年来，随着我国经济建设事业的蓬勃发展，出版事业也欣欣向荣，中华书局不愧为我国著名出版社，诚信守约，至为感动。

二十多年来，《江标集》始终萦绕我的心头，其间不断留意搜寻有关江标点点滴滴的资料，包括江标科举考试的乡试、会试完整朱卷共十一篇，从中可以读出江标早期的思想脉络。又增补了十封书简，其中七封是江标致盛宣怀的信，从中可以窥见江标改革言行的一斑。此次对二十多年前的书稿重新审读，内容也作了重新编排。

回想二十多年前，大力支持并悉心指导我编纂《江标集》的上海图书馆馆长、版本目录学家老前辈顾廷龙先生和版本目录学家潘景郑先生均已仙逝。当我此次整理校阅《江标集》时，始终未能忘怀两位前辈对我的指点和帮助。

顾先生生前多次指导我搜寻江标有关资料的方向和线索，还特地为本书题写书名，已成遗墨，弥足珍贵。潘先生曾热心帮助我寻找江标后人，以进一步征集江标资料的遗存。潘先生是苏州人，与江标同乡，但经多方寻觅，终未获得有关线索，只得作罢。年初我在一次信手闲读中，偶见江标后人信息的线索，几经周折，终于找到现居云南昆明的江标孙子江端先生的音讯，江端为江标第二个儿子、雕塑家江新（江小鹣）之子。从江端先生处证实，江标身后，其遗稿由夫人汪鸣琼、儿子江新保存，但遗稿的大部分毁于一九三七年日寇“八一三”大轰炸的火海中。抢救出来的少数遗稿，随着江标夫人汪鸣琼、儿子江新的去世而流失。江端先生退休后，曾专程去老家寻访亲友、寻找老宅和江标墓，一无所获。此次江端先生之婿陆建初先生给我提供江标致孙传凤的三封书简，深表谢意，并已补入书中。每当发现一点江标著述及有关资料，我都十分欣喜，此种心情，读者不难理解。

在本书辑录过程中，承蒙上海图书馆、北京图书馆（中国国家图书馆）、华东师范大学图书馆、苏州大学图书馆、复旦大学图书馆等热心相助，又蒙中华书局陈铮先生、欧阳红女士和责任编辑张玉亮先生的热情关心和帮助，谨致以衷心的感谢。当这本书即将付梓的时侯，我特别怀念已故前辈顾廷龙、潘景郑两位先生，以告慰之。由于本人水平所限，本书辑录中难免存在不足的疏漏之处，恳切希望得到读者的批评指正。

郑 麦